基礎知識と実務がマスターできる いまさらシリーズ
Q&A

改訂版

いまさら人に聞けない

「労働基準法」の実務

吉田正敏＋坂口育生 [著]

セルバ出版

改訂版　はじめに

　いま、労働環境が厳しく揺れ動いています。パートタイム労働者や派遣社員等のいわゆる非正規社員が増加し、わが国の労働者３分の１を占めるに至って、"賃金格差"が問題となっています。"ワーキングプア"という言葉さえ生まれています。

　また、行き過ぎた成果主義の中で、長時間労働が常態化しています。その結果、過労死や過労自殺が問題となっています。また"サービス残業(賃金不払残業)"が横行しています。"偽装請負"といった法令違反もあります。

　そして、職種や勤務地を限った「限定正社員」や、金を支払えば解雇を有効とする「解雇の金銭解決法」などの制度導入が取りざたされています。これによっても、労働環境が大きく変化します。

　いままさに、企業のコンプライアンス(法令遵守)が問われています。企業のもつ社会的責任の中で、もう一度コンプライアンスを見つめ直すときではないでしょうか。労働基準法は、その中核にあります。

　社員が安心して働くことのできる環境をつくり、良好な労使関係を醸成しなければなりません。それが企業を発展させる原動力です。良好な労使関係の醸成のためには、労働基準法の遵守が不可欠です。

　そのためにも、労働基準法等をしっかりと確認し、遵守していただきたい、そういう思いで執筆しました。

　本書は、日常起こり得る実務上の問題をQ&A方式で解説しています。労働基準法等の入門書として、企業の人事・労務担当者はもちろん経営幹部の皆さん、また働くすべての人々にお読みいただき、お役に立てることができればと願っています。

　なお、改訂版では、全般的な見直しと、①時間外労働の月６０時間を超えているときの割増賃金の扱い、割増率を25％上乗せして50％のときの扱い（労働基準法の改正）、②期間雇用者が５年を超えたときの無期雇用者への転換の扱い（労働契約法の改正）、③65歳までの雇用の義務化で対象者を限定できる措置の廃止と経過措置（高年齢者雇用安定法の改正）等の追加・修正を行っています。。

　　2013年4月

　　　　　　　　　　　　　　　　　　　　　　　　吉田　正敏
　　　　　　　　　　　　　　　　　　　　　　　　坂口　育生

改訂版　いまさら人に聞けない「労働基準法」の実務　Q＆A　目次

はじめに

①　労働基準法の基礎知識
- Q1　労基法ってどういう法律のこと························ 8
- Q2　労基法が適用される事業所は······················· 11
- Q3　労基法の労働者・使用者ってどういう人のこと········ 13
- Q4　労働者代表ってどういう人のこと····················· 15
- Q5　労基法の関連法規ってどれ・その役割は ·············· 17
- Q6　労働審判制度ってどういう制度のこと ················ 18
- Q7　人事労務の仕事と労基法との関係は··················· 20

②　労働条件・採用内定・身元保証(労働契約)の実務ポイント
- Q8　雇用契約・労働契約ってどういう契約のこと··········· 22
- Q9　労働契約における使用者・労働者の義務は············· 25
- Q10　労基法に違反する労働契約は······················· 26
- Q11　身元保証の期間・賠償責任の範囲は················· 27
- Q12　労働条件ってなに・その明示のしかたは·············· 29
- Q13　採用内定・採用内定取消の扱いは··················· 32
- Q14　試用期間ってなに・解約権の行使は················· 34
- Q15　賠償予定・前借金相殺・強制貯金を禁止するわけは···· 36

③　解雇・懲戒解雇(労働契約の解除)の実務ポイント
- Q16　辞職と合意解約の違いは··························· 38
- Q17　退職届の撤回・無効・取消の可否は·················· 39
- Q18　退職後の競業避止義務の有効性は··················· 40
- Q19　退職勧奨・退職強要ってどんなとき・その行使要件は ··· 42
- Q20　解雇制限ってなに・その禁止要件は·················· 44
- Q21　普通解雇の要件・正当性の基準は··················· 47
- Q22　整理解雇要件ってなに・その行使要件は·············· 49
- Q23　懲戒解雇ってなに・その行使要件は·················· 51
- Q24　解雇予告ってどんなとき・手当支払の必要は········· 53
- Q25　退職時の証明書の交付は··························· 58
- Q26　退職者の金品・私物は返還するってホント············ 60
- Q27　高年齢者雇用安定法の改正内容は··················· 61

④ 賃金の実務ポイント

- Q28 男女同一賃金の原則の主旨は……………………… 64
- Q29 賃金ってなに・その種類は……………………… 66
- Q30 賃金支払の原則ってどういう原則のこと…………… 68
- Q31 賞与の性格・その支給要件は……………………… 70
- Q32 退職金の性格・その種類は……………………… 72
- Q33 退職金の不支給・減額事由の要件は……………… 74
- Q34 非常時・休業時の手当支払要件は………………… 78
- Q35 最低賃金の種類・適用は…………………………… 80
- Q36 出来高払制の保障給支払ってどんなとき…………… 83
- Q37 倒産したときの賃金立替払は……………………… 84
- Q38 倒産したときの賃金の扱いは……………………… 86
- Q39 成果主義賃金ってなに・移行時の問題は…………… 88

⑤ 労働時間の実務ポイント

- Q40 労働時間の原則・特例は…………………………… 91
- Q41 休日の扱いは………………………………………… 95
- Q42 労働時間の規制内容は……………………………… 97
- Q43 労働時間ってどういうこと………………………… 98
- Q44 三六協定ってなに・その役割は…………………… 100
- Q45 非常事由による時間外・休日労働の扱いは………… 104
- Q46 深夜労働ってなに・その適用範囲は……………… 105
- Q47 割増賃金ってどんなとき・算定基礎は…………… 107
- Q48 時間外労働が月60時間を超えるときの割増賃金は… 110
- Q49 労働時間の扱いは…………………………………… 112
- Q50 労働時間制と変形労働時間制の違いは…………… 114
- Q51 1か月単位の変形労働時間制の要件は……………… 116
- Q52 1年単位の変形労働時間制の要件は………………… 118
- Q53 1週間単位の変形労働時間制の要件は……………… 124
- Q54 変形労働時間制での時間外労働の扱いは…………… 126
- Q55 フレックスタイム制の要件は……………………… 128
- Q56 事業場外労働のみなし制ってなに・その要件は…… 130
- Q57 裁量労働制ってどういう制度のこと……………… 132
- Q58 専門業務型裁量労働制の要件は…………………… 134
- Q59 企画業務型裁量労働制の要件は…………………… 136
- Q60 在宅勤務の扱いは…………………………………… 142
- Q61 労働時間規制の適用が除外されるのは……………… 144

⑥ 休憩・年次有給休暇の実務ポイント

- Q62　休憩時間の与え方は　146
- Q63　休憩時間の与え方・行動制限のしかたは　148
- Q64　休日の与え方は　150
- Q65　代休・振替休日ってどういうこと・その違いは　152
- Q66　年次有給休暇の与え方は　154
- Q67　年次有給休暇の時季変更権ってなに・その行使は　158
- Q68　退職時の年次有給休暇・計画年次有給休暇の与え方は　160
- Q69　育児・介護休業法ってなに・その適用は　162
- Q70　育児・介護休業法の実務ポイントは　164

⑦ 安全衛生・労働災害の実務ポイント

- Q71　労働災害ってどういうこと　166
- Q72　労基法と労働安全衛生法の関係は　168
- Q73　労働安全衛生法の適用対象は　170
- Q74　安全衛生管理体制づくりで求められるのは　172
- Q75　小規模事業所の安全衛生管理体制のあり方は　174
- Q76　安全衛生教育のあり方は　176
- Q77　労基法と労災保険法の関係は　178
- Q78　労災保険法の適用対象は　180
- Q79　労災保険の業務上災害の範囲は　182
- Q80　労災保険の通勤災害の範囲は　184
- Q81　過労死・過労自殺の認定基準は　186

⑧ 年少者・妊産婦・職業訓練の実務ポイント

- Q82　最低年齢っていくつ・その年齢確認は　190
- Q83　18歳未満者の扱い方は　192
- Q84　未成年者の労働契約は　194
- Q85　女性の保護と労働条件は　196
- Q86　妊産婦の就業制限は　198
- Q87　育児時間・生理休暇の与え方は　200
- Q88　産前・産後の休業は　202
- Q89　公民権行使の時間は　204
- Q90　年少者の職業訓練の実施要件は　205
- Q91　外国人労働者の職業訓練の実施要件は　206

⑨ 就業規則・人事労務の実務ポイント

- Q92　就業規則ってなに・その役割は　208

Q93	就業規則の構成・記載事項は	210
Q94	就業規則の作成・周知・届出の手続は	212
Q95	就業規則に定めができる制裁は	214
Q96	意見聴取・届出・周知をしなかったときは	216
Q97	就業規則の効力はいつから	218
Q98	就業規則の内容が法違反のときは	219
Q99	就業規則の変更による労働条件の不利益変更は	220
Q100	労働協約と就業規則の力関係は	222
Q101	配転命令ってなに・有効要件は	224
Q102	配転命令が無効になるのはどんなとき	226
Q103	出向ってなに・有効要件は	228
Q104	出向が無効になるのはどんなとき	230
Q105	転籍ってなに・有効要件は	232
Q106	海外への出張・出向・転籍の扱いは	234
Q107	昇格・昇進・降格の扱いは	236
Q108	労使慣行の意味・その効力は	238
Q109	セクシャル・ハラスメントの意味・防止義務は	240
Q110	パワー・ハラスメントの意味・防止義務は	242

⑩ 監督機関・期間雇用者・契約社員等の実務ポイント

Q111	労基法の監督機関は	244
Q112	労基法違反の罰則は	246
Q113	期間雇用者の契約解消は	248
Q114	期間雇用者は5年を超えると無期雇用者になれるってホント	250
Q115	パートタイム労働者の労働条件は	252
Q116	契約社員の労働条件・労働契約の解消は	254
Q117	社外労働者の意味・使用者責任は	256
Q118	業務請負と派遣の違いは	258
Q119	外国人労働者の雇用上の注意点は	262

◇本書では、次の略語を使用しています。

労基法	労働基準法	基発	労働基準局長名で発する通達
労基監督署	労働基準監督署	発基	労働基準局関係の事務次官名で発する通達
労災保険法	労働者災害補償保険法		
パートタイム労働法	短時間労働者の雇用管理の改善等に関する法律	基収	労働基準局長が疑義に応えて発する通達

Q1 労基法ってどういう法律のこと

Answer Point

♤労働基準法（以下、労基法と略称します）に定める労働条件は最低の基準です。
♤労基法の基準を下回る労働条件は無効となります。
♤労基法の各条文には、使用者の禁止項目の規定が多くみられます。
♤労基法に違反した場合には、使用者に刑事罰を科す罰則規定が設けられています。

♠労基法は労働条件の最低基準を規定

労基法は、図表1の憲法25条、憲法27条の規定を受けて昭和22年9月1日に施行されました。

労基法1条には「労働条件は、労働者が人たるに値する生活を営むための必要を充たすべきものでなければならない」「この法律で定める労働条件の基準は最低のものであるから、労働関係の当事者は、この基準を理由として労働条件を低下させてはならないことはもとより、その向上を図るよう努めなければならない」と規定されています。

すなわち、労基法は、労働条件の最低の基準を定めたものであり、最高の基準を定めたものではありません。

【図表1　憲法の規定】

>憲法25条
>すべての国民は、健康で文化的な最低限度の生活を営む権利を有する。
>②　国は、すべての生活部門について、社会福祉、社会保障及び公衆衛生の向上及び増進に努めなければならない。
>
>憲法27条
>すべての国民は、勤労の権利を有し、義務を負う。
>②　賃金、就業時間、休憩その他の勤労条件に関する基準は、法律でこれを定める。
>③　児童は、これを酷使してはならない。

♠労働条件というのは

ここでいう労働条件とは、賃金、労働時間、休日、休暇、雇用、災害補償、安全衛生など、労働者の職場での一切の待遇をいいます。

後述する労基法の構成（図表3）にみるとおり、第2章から第10章にわたって規定されています。

【参照法令・条文】憲法25条、27条　労基法1条

♠労基法には多くの禁止項目がある

労基法の特徴の1つとしてあげられるのが、図表2のように禁止事項が多く規定されていることです。これは、労働者の保護のために労働条件の最低基準を規定していることによります。

【図表2　労基法の主な禁止項目】

項　目	内　容
① 国籍による差別の禁止	国籍には人権も含まれます。
② 信条による差別の禁止	特定の宗教的または政治的信念による差別的取扱いの禁止。
③ 社会的身分による差別の禁止	受刑者や破産者等の差別的取扱いの禁止。
④ 募集・採用・賃金等の差別の禁止	女性に男性と均等な機会を与えて差別的な取扱いの禁止。
⑤ 強制労働の禁止	暴行・脅迫・監禁等の精神または身体の自由を不当に拘束する手段で労働者本人の意志に反して労働を強制することを禁止。
⑥ 中間搾取の禁止	労働者の賃金をピンハネするような行為の禁止。

♠労基法の構成は

労基法は、図表3のように1章から13章までの構成になっています。

【図表3　労基法の構成】

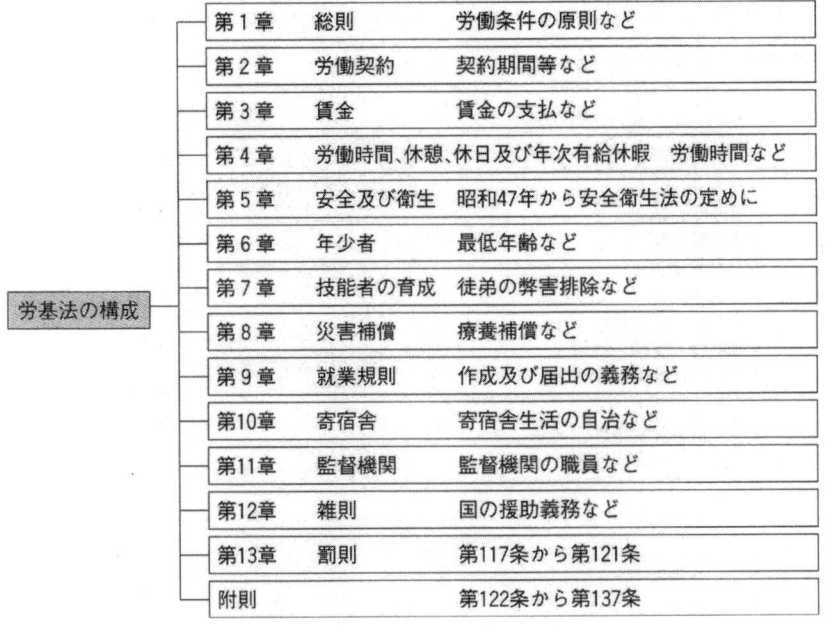

【参照法令・条文】憲法25条、27条　労基法1条

憲法と労基法の関係を図示すると、図表4のとおりです。

【図表4　憲法と労基法の関係】

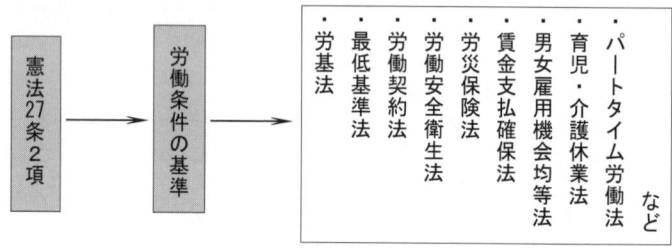

♠労基法の特徴の1つは両罰規定

　労基法の各条文は「使用者は……してはならない」「使用者は……しなければならない」と規定され、社長や会社という表現ではなく、使用者という表現になっています。

　これは、労基法の履行にあたっての責任の主体を明らかにするためのものです。

　行為実行者の使用者は勿論こと、違反行為をした者が、事業主のために行為した代理人、使用人その他の従事者である場合には、事業主に対しても各本条の罰金刑が科されます。これを両罰規定といっていますが、厳しい罰則の規定となっています。

　主な罰則についてみると、図表5のとおりです（詳しくはQ112参照）。

【図表5　労基法の罰則】

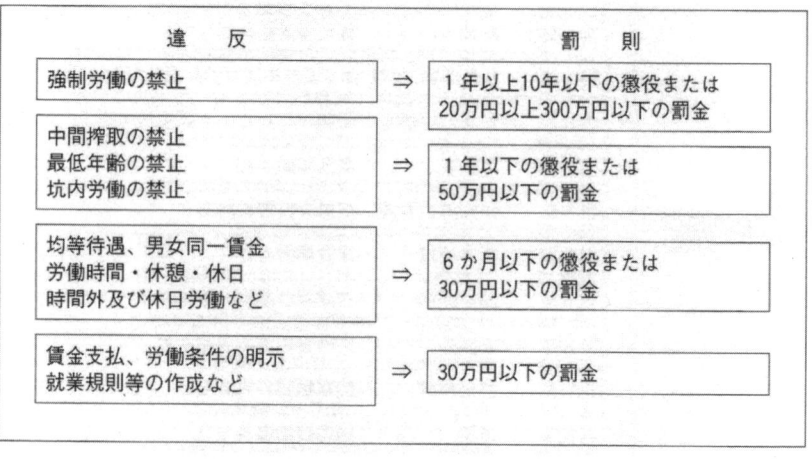

【参照法令・条文】労基法117条～120条

Q2　労基法が適用される事業所は

Answer Point

♤ 労基法は、船員法の規定を受ける人や国家公務員・地方公務員等の一部を除いて、日本国内のすべての事業または事業所（以下、事業所といいます）について適用されます。
♤ 同居の親族のみを使用する事業所および家事使用人については、適用されません。
♤ 労基法は、日本国内で働く外国人についても適用されます。

♠日本国内でのすべての事業所に適用

　事業所とは、継続的に業を行っている場合であり、営利事業であるか、非営利事業であるかは問われません。
　図表6（12ページ）をみてください。
　労基法別表1に規定されている事業所です。日本国内でのすべての事業所は、労基法が強制適用され、そこで働く労働者は外国人であれ、アルバイト・パートタイマーであれ、労基法によって最低基準の労働条件が適用されることになります。

♠労基法の適用単位は

　労基法が適用される事業は、工場・事務所・店舗等のように一定の場所で相関連する組織のもとに業として継続的に行われる作業の一体をいうとされていますから、おおむね1つの場所で継続的に作業が行われていれば、事業となります。
　しかし、規模が著しく小さく、独立性が乏しい出張所等は、労基法の事業にはなりません。

【図表7　労基法の適用単位】

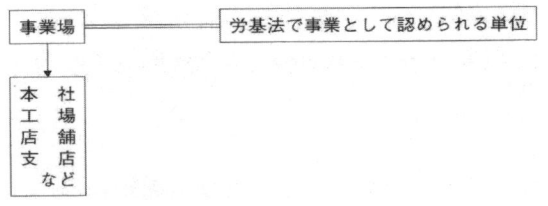

【参照法令・条文】労基法116条 労基法別表1

【図表６　適用事業所】

適用事業所
- ① 物の製造、改造、加工、修理、洗浄、選別、包装、装飾、仕上げ、販売のためにする仕立て、破壊・解体または材料の変造の事業（電気、ガスまたは各種動力の発生、変更・伝導の事業及び水道の事業を含みます）
- ② 鉱業、石切り業その他土石または鉱物採取の事業
- ③ 土木、建築その他工作物の建設、改造、保存、修理、変更、破壊、解体またはその準備の事業
- ④ 道路、鉄道、軌道、索道、船舶または航空機による旅客または貨物の運送の事業
- ⑤ ドック、船舶、岸壁、波止場、停車場または倉庫における貨物の取扱いの事業
- ⑥ 土地の耕作・開墾または植物の栽植、栽培、採取・伐採の事業その他農林の事業
- ⑦ 動物の飼育または水産動植物の採捕・養殖の事業その他の畜産、養蚕または水産の事業
- ⑧ 物品の販売、配給、保管、賃貸または理容の事業
- ⑨ 金融、保険、媒介、周旋、集金、案内または広告の事業
- ⑩ 映画の製作または映写、演劇その他興行の事業
- ⑪ 郵便、信書便または電気通信の事業
- ⑫ 教育、研究または調査の事業
- ⑬ 病者または虚弱者の治療、看護その他保健衛生の事業
- ⑭ 旅館、料理店、飲食店、接客業または娯楽場の事業
- ⑮ 焼却、清掃またはと畜場の事業

　労基法では、事業として認められる単位を事業場といいます(図表７参照)。
　例えば、三六協定を締結する支店が独立した事業であれば、事業場となり、支店単位で締結することになります。

Q3 労基法の労働者・使用者ってどういう人のこと

Answer Point

♤労働者とは、①業種の種類を問わず、②事業所に使用される者で、③賃金を支払われる者をいいます。
♤使用者とは、①事業の労働者に関する事項について、②事業主のために行為するすべての者をいいます。

♠労働者というのは

　労基法でいう労働者とは、職業の種類を問わず、事業所に使用される者で、賃金を支払われる者をいいます。

　ここで大事なのは、「使用される者であるか否か」「賃金を支払われる者であるか否か」という労働者性の判断です。

　通常は、事務所、工場で使用され賃金をもらっていますので、一般的に労働者といえますが、この労働者性の判断が難しい場合については、従来、個別ケースについての裁判例や行政解釈によって判断基準が積み上げられてきています。

♠労働者性の判断についての判断基準は

　では、どのような行政解釈かというと、昭和60年労働省労基法研究会報告と平成8年労基法研究会の労働契約等法制部会労働者性検討専門部会報告の2つの報告が出ています。昭和60年の報告は傭車運転者、在宅勤務者の労働者性の判断基準、平成8年の報告は建設手間請従事者・芸能関係者についての労働者性の判断基準がそれです。

　それによると、労働者性の有無は、図表8のように、まず契約当事者間に使用従属性があるか否かによって判断する必要があります。

【図表8　労働者性の判断基準】

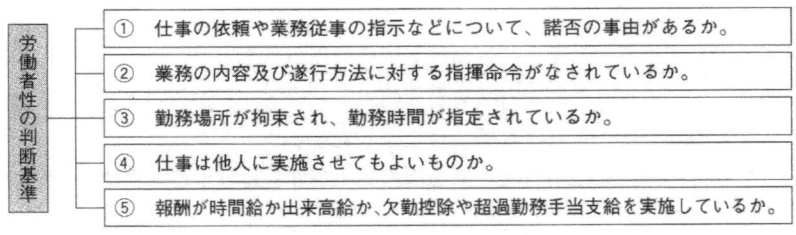

図表8の判断基準でも、判断が困難なときは、図表9の点を考慮して、最終的に労働者であるか否かを判断します。

【図表9　図表8の基準で判断が困難なときの追加基準】

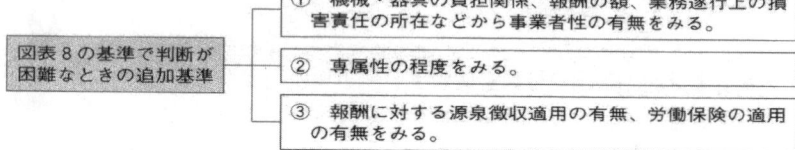

労働者であるならば、労基法が適用され、業務上の災害や通勤途上の災害に労働者災害補償保険法(以下、労災保険法と略称します)が適用されますが、「労働者でない」ということになるならば、労基法も適用されませんし、労災保険法も適用されません。

♠使用者というのは

労基法でいう使用者とは、事業主または事業の経営担当者その他その事業の労働者に関する事項について、事業主のために行為するすべての者をいいます。

「事業主」とは、個人企業にあっては企業主個人であり、法人にあっては法人そのものをいいます。

また「使用者」とは、部長、課長等の形式にとらわれるのではなく、実質的に一定の権限が与えられているか否かで判断すべきであり、単に上司の命令の伝達者に過ぎない場合は使用者とはみなされないとされています。

♠使用者が守るべき原則は

労基法は、労働条件の決定について、労働者と使用者が対等の立場で決定しなければならないと規定しています。これを労働条件の対等決定の原則といっています。

これは、使用者が労働条件を一方的に決定したり変更したりすることはできず、あくまでも労働者と使用者が対等の立場で協議して決めなければならないという原則を明らかにしたものです。

♠労働者・使用者は労働協約等の誠実履行義務がある

労基法は、労働者と使用者は労働協約・就業規則・労働契約を順守し、誠実にその義務を履行しなければならないと規定しています。

これは、労働者も使用者も、就業規則等を遵守し履行する誠実履行義務があるということです。

【参照法令・条文】労基法9条10条75条〜88条121条　労災保険法1条

Q4　労働者代表ってどういう人のこと

Answer Point

♤労働者代表は、労働者を代表して使用者と協議し、労使協定を締結する権限をもっている人のことです。
♤労働者過半数代表は、事業場の労働者全員を代表して労基法の定める事項について権利を行使します。

♠労働者代表というのは

　労働者代表とは、労働者を代表して使用者と協議し、労使協定を締結する権限をもっている人のことです。具体的には、図表10のことを労働者代表と呼んでいます。

【図表10　労働者代表】

労働者代表
- ❶ 過半数労働組合：事業場の労働者の過半数で組織する労働組合があるときはその労働組合の代表者
- ❷ 過半数代表者：事業場の労働者の過半数で組織する労働組合がないときは労働者の過半数の代表者

♠労働者代表が関与する労使協定締結事項は

　労働者代表が関与する労使協定締結事項は、図表11のとおりです。

【図表11　労働者代表が関与する労使協定締結事項】

労働者代表が関与する労使協定締結事項
① 就業規則作成手続の意見聴取
② 賃金の一部控除
③ 年次有給休暇中の賃金
④ 年次有給休暇の計画的付与
⑤ 労働者が使用者に委託する給与の一部貯金
⑥ 1週間単位の変形労働時間制
⑦ 1か月単位の変形労働時間制
⑧ 1年単位の変形労働時間制
⑨ いっせい休憩の例外
⑩ 時間外休日労働
⑪ 事業場外労働のみなし時間
⑫ 専門業務型裁量労働制
⑬ 企画業務型裁量労働制
⑭ 継続雇用の対象者を限定する基準（高齢法）

♠過半数代表者の要件は

　過半数代表者の要件は、①使用者の利益を代表するような管理監督者でないこと(労基法41条2号)、②選出方法は、就業規則に関する意見を提出するために、労働者の代表を選出するということを明らかにし、実施される投票、挙手等の方法による手続により選出された者であることが規定されています。

　なお、労働者代表は、労働者の立場を代弁し、使用者と対等に交渉できることが求められているため、労働者が過半数代表者になろうとしたこと、過半数代表者であること、過半数代表者として正当な行為をしたことを理由として、不利益的な取扱いをすることはできません。

♠過半数代表者の選出方法は

　過半数代表者の選出方法は、図表12の方法のいずれかで行うのが一般的です。

【図表12　過半数代表者の選出方法】

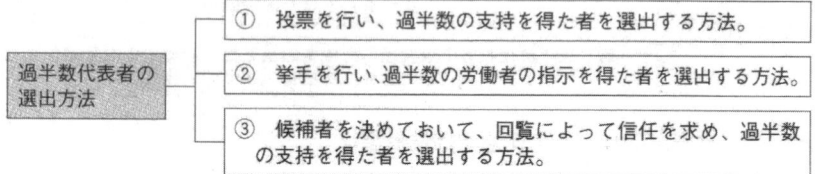

♠過半数代表者とは認められない選出方法は

　図表13の場合の選出方法は、過半数代表者と認められません。

【図表13　過半数代表者とは認められない選出方法】

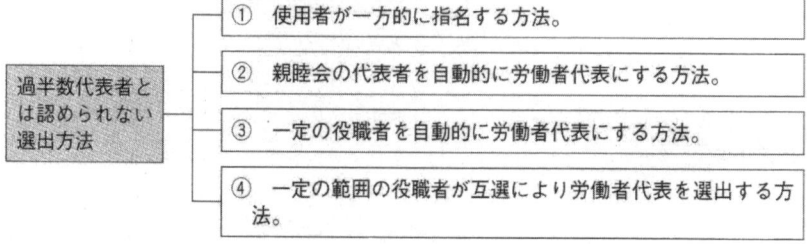

　なにも労使間に争いごとがない場合は、労使協定の代表者の選出については問題のないところですが、「個別労働紛争」が多発している昨今においては、労働者の代表の選出方法が不適切であれば、労使協定そのものの有効性が問われます。

【参照法令・条文】労基法41条2号 労基法施行規則6条の2

Q5 労基法の関連法規ってどれ・その役割は

Answer Point

♤一般的に労働関係を取り扱う多数の法令・通達・行政解釈・裁判例を総称して「労働法」と呼びますが、「労働法」という名のついた個別の法律があるわけではありません。
♤労基法の関連法規＝労働法は、さまざまな役割を果たしています。

♠労基法の関連法規＝労働法というのは

　労働法とは、労働者を保護し、支援するために規定されている多数の法令・通達・裁判例(判例)の総称です。

♠労基法の関連法規の役割は

　労基法の関連法規とその役割は、図表14のとおりです。

【図表14　労働法のさまざまな役割】

区分	関連法律とその役割	
❶ 労使関係	労働契約法 労働組合法 労働関係調整法	労使の自主的な交渉で合理的な労働条件の決定・変更 労働者の団結権や団体交渉権 公正な労使関係を調整し労働争議を予防
❷ 安全衛生	安全衛生法	労働者の安全衛生
❸ 労働条件や給与	パートタイム労働法 最低賃金法 賃金支払確保法 育児・介護休業法	パートタイマーの労働条件 労働者の賃金の最低基準 賃金の支払 育児や介護のための休業
❹ 雇用条件	職業安定法 男女雇用機会均等法 高年齢者雇用安定法 労働者派遣法 障害者雇用促進法	職業の安定、失業者救済 雇用の男女差別の禁止 60歳以上の雇用の確保 派遣労働者の就業条件 身体障害者の雇用の促進
❺ 職業訓練	職業能力開発促進法	職業訓練
❻ 労働保険、社会保険	労災保険法 労働保険徴収法 雇用保険法 健康保険法 厚生年金保険法	業務上・通勤途上の災害給付 労働保険の成立及び徴収 失業及びその予防の給付 業務外災害、疾病の給付、出産に関する給付 年金の給付
❼ 個別労使紛争解決	個別労働関係紛争解決促進法 労働審判法	労働者個人と使用者との労働紛争の解決処理

注　法律名の長いのは省略しています。

【参照法令・条文】労基法1条　労働組合法1条　労働関係調整法1条　社労士法2条別表1　労働契約法1条

Q6 労働審判制度ってどういう制度のこと

Answer Point

♤労働審判制度は裁判に比べ、手続が簡単なのが特徴です。
♤全国 50 か所の地方裁判所に労働審判委員会が設けられています。
♤裁判官が務める審判官と労働問題に詳しい専門家2人の計3人が紛争の中身を調べます。
♤約3か月以内に解決策を示す審判(裁判の判決にあたります)を下します。

♠労働審判制度の概要は

労働審判制度の概要は、図表 15 のとおりです。

【図表 15 労働審判制度の概要】

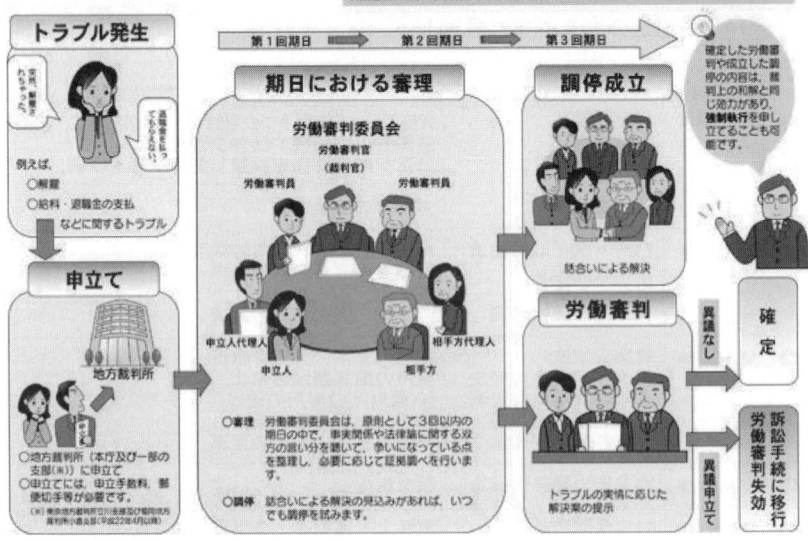

(出典:最高裁ホームページより)

♠労働審判制度の特徴は

労働審判制度は、増加する労働者個人と経営者との間で起こる解雇や賃金不払などの個別労働関係の紛争を迅速に解決する機関として、司法制度改革

【参照法令・条文】労働審判法

推進本部の労働検討委員会で新設が決まった機関です。
　この専門機関は、各地方裁判所に設置され名称を労働審判委員会といいます。
　労働審判制度の大きな特徴の1つは、3回の期日で審理を終結することです。
　概ね3か月程度で審理し、調停か審判が言い渡される迅速な紛争解決を目指していることです。
　そして審判が出されてから2週間以内に異議が出されなければ、通常の裁判の確定判決と同様の効力を持ち、強制執行が可能となります。
　労働審判に対して異議の申立があった場合には、労働審判手続の申立にかかる請求については、労働審判手続の申立のときに、労働審判がなされた地方裁判所に訴えの提起があったものとみなされます。
　労働審判を行うことなく労働審判事件が終了した場合についても、同様とされます。これらの場合における訴えの提起の手数料については、労働審判手続の申立について納めた手数料の額を控除した額とされています。

♠労働審判制度で扱われるトラブルは
　労基法違反が明らかな場合は、労基監督署の労基監督官による指導、是正で終結をします。
　例えば、①残業したにもかかわらず、時間外手当が支払われていない場合、②時間外手当の割増率が間違っている場合、③解雇予告手当を支払わず即時解雇した場合、④三六協定が締結されていないのに時間外労働をさせた場合等々。この場合は、明らかに労基法違反であり、労働審判法の範疇に入りえない問題です。
　しかし、「①のその残業そのものが残業なのか、労働時間なのか ③の解雇そのものが無効なのか、有効なのか」と労基法での判断がつきにくい場合が多々生じます。その場合の労働紛争の解決策として「都道府県労働局に設置されている紛争調停委員会によるあっせん」と「裁判所に設置されている労働審判制度」があります。
　「あっせん」の場合は、主として弁護士さんによる1人の調停委員が労使の言い分を聞いて「ざっくりとした解決」が図られますが、「ざっくりとした解決を望まず、白黒をはっきりつけたいがあまり時間を要したくない」場合は「労働審判制度」で解決が図られます。
　一般的に訴訟になると、解決までに約4年の月日を要するといわれています。その解決を早めるのが労働審判制度です。

Q7 人事労務の仕事と労基法との関係は

Answer Point

♤人事労務の仕事は、採用から退職まで、多岐にわたっています。
♤各企業で一番求められているのは、「コンプライアンス＝法令遵守」です。
♤人事労務の「コンプライアンス＝法令遵守」は、労働条件の最低基準である労基法の遵守です。

♠法令の遵守は当たり前

　労基法をはじめとする法令の遵守は、人事労務の最低限の仕事です。一般的に、労働者を個別的にとらえるのが人事の仕事で、集団的にとらえるのが労務の仕事といわれています。
　例えば、募集、採用、配置、異動、教育、昇進、昇給、人事考課、退職などは労働者一人ひとりに影響を及ぼすものですから、人事の仕事になります。
　一方、労働条件に関する給与、賞与、退職金、労働時間、休日、休暇、安全衛生、福利厚生等については、集団的にとらえて実施しなければなりませんので、労務の仕事とされています。
　大企業では、人事課、労務課、庶務課等と各セクションに分かれて仕事をしますが、中小企業の場合は、人事労務の仕事は経理課と兼務であったり、総務課で担当処理しているのが現状ではないでしょうか。
　兼務であるからといって人事労務の仕事を侮ってはいけません。

♠労働者が入社してから退職までの人事労務の仕事は

　労働者が入社してから退職までの人事労務の仕事は、図表16のとおり、労働者と会社の労働契約上のさまざまな権利義務を処理しなければなりません。
　この処理をするときに、労基法をはじめとする労働法、労働保険、社会保険等の法令の遵守が求められています。
　また、会社には、社内の秩序維持や会社を発展させていくために、就業規則、安全管理規則等の社内ルールが設けられています。
　これらのルールは、主として人事労務担当者の立案によって制定されます。そして、これらのルールを労働者に周知徹底させ、厳守させるのも人事労務

【図表16　人事労務の仕事】

```
              入　社　か　ら
                  ↓
┌─────────────────────┐  ┌─────────────────────┐
│ 人事労務の仕事            │  │ 各種の法律の厳守          │
│  ① 募集                │  │  ① 労基法              │
│  ② 採用面接の実施         │  │     労働時間            │
│  ③ 採用                │  │     休日               │
│  ④ 労働契約の締結         │  │     休暇               │
│  ⑤ 雇用保険、社会保険の手続  │  │     割増賃金            │
│  ⑥ 就業中の賃金の支払　賞与の│  │     就業規則等の制定      │
│     支払                │  │  ② 労働契約法           │
│  ⑦ 昇給、降級            │  │  ③ 安全衛生法           │
│  ⑧ 就業中のさまざまな社会保険、│  │  ④ 健康保険法　厚生年全保険法│
│     労働保険の手続         │  │     雇用保険法　労災保険法   │
│  ⑨ 配置転換　転勤　出向    │  │  ⑤ 職業安定法           │
│  ⑩ 退職（自己都合、会社都合、 │  │  ⑥ 高年齢者雇用安定法      │
│     懲戒解雇等）          │  └─────────────────────┘
│  ⑪ 定年退職             │
│  ⑫ 退職金の支払          │
│  ⑬ 定年延長　勤務延長、継続雇│
│     用                 │
└─────────────────────┘
                  ↓
              退　職　ま　で
```

の大切な仕事です。その旗振り役の人事労務担当者が、各種の法令も知らず、また、知っていても知らぬ振りしてルールを破っていては、労働者が社内ルールを遵守するはずがありません。

　まず、人事労務担当者は、労基法を始めとする労働法を勉強し、それを基に正しい社内ルールをつくり、社内ルールを守り、身をもって労働者に伝えていくという、率先垂範の役割を果たさなければなりません。

♠ 中途半端な知識はケガの元

　労働関係のアドバイザーのため中堅事業所を訪問したときの対応者は、総務部長と名前はついているものの、概ね経理の責任者です。500人未満の企業の場合は、人事課として独立した課業を行っている会社は少ないように思われます。

　事業所訪問で感じたことは、税務署が怖いのかどうかわかりませんが、税法の改正には各事業の担当者はピリピリしているのに反し、労働関係の改正については、案外無頓着なようです。中途半端な労働関係の知識や、社会保険関係の知識を持って、人事労務管理をしていると、いま盛んに報じられている「個別労働紛争」に発展するとも限りません。人事労務担当者は、正しい知識を身につけましょう

Q8 雇用契約・労働契約ってどういう契約のこと

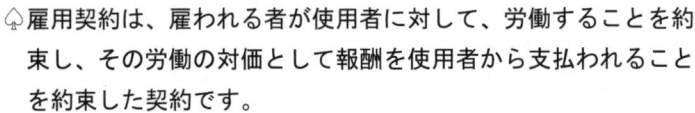

♤ 雇用契約は、雇われる者が使用者に対して、労働することを約束し、その労働の対価として報酬を使用者から支払われることを約束した契約です。
♤ 労働契約は、その契約の中に労基法が介在する雇用契約です。
♤ 一般的には、雇用契約も労働契約も同じ意味をもつものです。
♤ 労働契約については、2種類あります。

♠「言った」「聞いていない」はトラブルの元

会社側からすると「採用時に確かにそう言ったはずだ」、労働者からすると「そんなことは聞いていない」といったトラブルは案外多いものです。

会社と会社との取引の場合は、まず契約がありきなのですから、会社と労働者の場合も"契約ありき"であれば、トラブルは避けられることが少なくありません。トラブルを回避する方法が「雇用契約、労働契約」です。

♠労働条件の明示は使用者の義務

労基法の定める基準に達しない労働契約は、その部分については無効とされます。無効となった部分は、労基法が基準になりますので、労基法の水準まで引き上げなければなりません。

労働契約締結の際は、労働者に対して、賃金、労働時間等の労働条件を明示するように使用者に義務づけています(明示しなければならない労働条件・方法については、Q12を参照)。

♠労働契約の期間は

労働契約には「期間の定めのない契約」と「期間の定めのある契約」の2種類があります。

「期間の定めのある契約」の期間は、原則として3年を超えることはできません。

ただし、厚生労働大臣が定めた専門的知識等をもっている人、または60歳以上の労働者と締結する労働契約は、5年とされています。

【参照法令・条文】労基法13条、14条、15条、16条、17条、18条

♠契約締結時のその他の禁止事項は

労働契約締結に除しては、図表17の事項も禁止されています。

【図表17　契約締結時の禁止事項】

項目	内容
① 賠償予定の禁止	使用者は、労働契約の不履行について違約金を定め、または損害賠償額を予定する契約をしてはなりません。
② 前借金相殺の禁止	使用者は、前借金その他労働することを条件とする前貸の債権と賃金を相殺してはなりません
③ 強制貯金	使用者は、労働契約に附随して貯蓄の契約をさせ、または貯蓄金を管理する契約をしてはなりません。

♠雇止めの判断基準というのは

「期間の定めのある契約」の雇用期間が1年から3年に延長されたことにより「期間の定めのない契約」の労働者を採用することとしていた方針を有期契約労働者のみを採用する方針に変更するなど、有期労働契約を期間の定めのない労働契約の代替として利用することは、改正の趣旨に反するものであるとされました。

そこで、厚生労働大臣が「有期労働契約の締結、更新及び雇止めに関する基準」(平15・10・22基発第1022001号)を定め、その基準に関し、行政官庁が必要な助言及び指導を行うことができることにしたものです。

雇止めに関する基準をまとめると、図表18のようになります。

【図表18　雇止めに関する基準】

	解雇権濫用の法理が適用される可能性	
	低くなる	高くなる
❶ 業務内容は	臨時的な業務	恒常的な業務
	正社員と明らかに異なる	正社員と同一
❷ 労働条件の差	正社員と大きな差がある	正社員と差がない
❸ 採用・更新時に	継続雇用を期待させる言動等はなかった	継続雇用を期待させる言動等があった
❹ 更新時の手続は	厳格に行われていた	ルーズになっている
❺ 更新の上限は	更新回数・勤続年数・年齢等の上限が設定されている	更新回数・勤続年数・年齢等の上限が設定されていない

注　「雇止め」に関する2大裁判例
　① 反復更新の実態や契約締結時の経緯等からすれば、実質的には期間の定めのない労働契約と異ならないとされた事案(東芝柳町工場事件)。
　② 実質的な期間の定めのない労働契約とはいえないが、契約が更新されると期待するには合理性があるとされた事案(日立メディコ事件)。

使用者は、1年を超えて継続雇用している有期雇用契約を解除する場合（雇止め）は、少なくとも、契約の期間が満了する日の30日前までにその予告をしなければなりません。

♠厚生労働大臣が定めた専門家というのは
　厚生労働大臣が定めた専門的知識等をもっている人とは、図表19のいずれかに該当する人です。

【図表19　厚生労働大臣が定めた専門的知識等をもっている人】

厚生労働大臣が定めた専門的知識等をもっている人
- ① 博士の学位を有する者（外国において授与されたこれに該当する学位を有する者を含む）
- ② 次のいずれかの有資格者
  - イ　公認会計士　　ロ　医師　　　　ハ　歯科医師
  - ニ　獣医師　　　　ホ　弁護士　　　ヘ　一級建築士
  - ト　税理士　　　　チ　薬剤師　　　リ　社会保険労務士
  - ヌ　不動産鑑定士　ル　技術士　　　ヲ　弁理士
- ③ 次のいずれかの能力評価試験合格者
  - ・システムアナリスト試験合格者
  - ・アクチュアリー資格試験合格者
  - 注：アクチュアリーとは、確率や数理統計の手法を駆使して、保険料率の算定や配当水準の決定、保険商品の開発および企業年金の設計等を行う者をいいます。
- ④ 次のいずれかに該当する者
  - イ　特許法上の特許発明の発明者
  - ロ　意匠法上の登録意匠の創作者
  - ハ　種苗法上の登録品種の育成者
- ⑤ 一定の学歴・実務経験（注）を有する次の者で、年収が1,075万円以上の者
  - (a)　農林水産業の技術者
  - (b)　鉱工業の技術者
  - (c)　機械・電気技術者
  - (d)　土木建築技術者
  - (e)　システムエンジエア
  - (f)　デザイナー
  - （注）学歴・実務経験の要件は、
    - 大学卒＋実務経験5年以上
    - 短大・高専卒＋実務経験6年以上
    - 高年＋実務経験7年以上
  - （注）学歴の要件については、就こうとする業務に関する学科を修めて卒業することが必要
- ⑥ システムエンジエアとしての実務経験5年以上を有するシステムコンサルタントで年収が1,075万円以上の者
- ⑦ 国等によりその有する知識、技術、経験が優れたものであると認定されている者

Q9 労働契約における使用者・労働者の義務は

Answer Point

♤労働契約は、人的・継続的な契約であることから、使用者・労働者は、信義誠実の原則に基づいて行動することが要請されます。
♤使用者と労働者は、使用者の賃金支払義務および労働契約の基本的内容である労働者の労働提供義務のほかにも、さまざまな付随的義務を負うとされています。

♠使用者の義務は

　使用者は、賃金を支払う義務だけではなく、その権利を行使するにあたり、信義誠実の原則に従わなければなりません。とりわけ労働者の安全に配慮する義務を負っています。会社は、業務上発生するかもしれない生命、身体等の災害から労働者を守る配慮義務を負います。
　特に、過重労働による健康障害の防止対策が求められています 1 か月の時間外が 80 時間を超え、年間総労働時間が 3,000 時間を超えるような、慢性的な長時間労働が続くと、疲労が蓄積して脳・心臓疾患など(過労死)を発症する危険性が高まるという医学的知見も得られています。また、メンタルヘルスの観点から職場環境配慮義務を負うことになります。職場環境配慮義務とは、適正労働条件措置義務、健康管理義務、適正労働配慮義務、看護・治療義務等のことをいいます。さらに、使用者は、個別の合意や就業規則により、退職後の労働者に対しても秘密保持義務を課すことがあります。

♠労働者の義務は

　労働者も、労務を提供する義務だけでなく、信義誠実の原則に従う義務を負うことはいうまでもありません。その内容は、業務命令に従うこと、服務規定に従って職務に専念すること、労働者としての地位・身分から生ずるさまざまなこと、企業の秩序を守り企業の信用を重んずること、企業秘密を守ること、人間関係に配慮すること、特にセクシュアル・ハラスメントをしないこと、また、会社の許可のない兼業をしないことなどが考えられます。
　労働者は、労働関係の継続中、就業規則等における規定の有無にかかわらず、業務上の秘密を保持すべき義務を負うと考えられます。

【参照法令・条文】民法 1 条 2 項

Q10 労基法に違反する労働契約は

Answer Point

♤労基法に定める基準に達しない労働条件を定める労働契約は、その部分については無効となります。

♤無効となった部分は、労基法の基準まで自動的に引き上げられます。

♠労働契約というのは

労働契約とは、他人の指揮命令を受けて労務を提供する雇用契約うち、とくに労基法が適用される契約をいいます。

♠労基法に違反する労働契約は

民法上、雇用契約は、対等な個人間の自由な意志に基づく契約とされています。この雇用契約に、労基法を適用させたのが労働契約です。

契約自由の原則で、1時間あたり500円で働くという労働契約が成立したとしても、労基法の最低賃金(最低賃金法に委ねています)に違反し、違反した部分については、最低賃金法によるところの最低賃金を適用しなければなりません(Q35参照)。

♠労基法の優先順位は

優先順位は、図表20のとおり、労基法＞労働協約＞就業規則＞労働契約となります。

【図表20　優先順位】

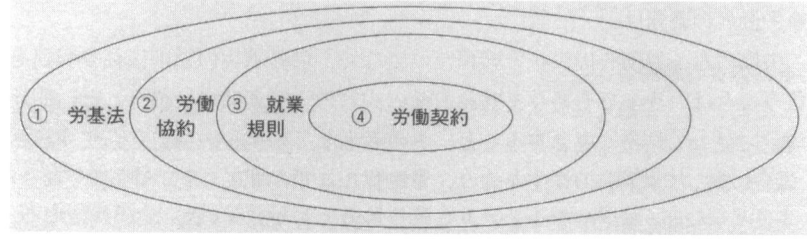

① 労基法　② 労働協約　③ 就業規則　④ 労働契約

♠無効となった労働契約は

無効となった労働契約の部分は、労基法の基準まで自動的に引き上げられます。

【参照法令・条文】労基法1条、98条 労組法14、16条

Q11 身元保証の期間・賠償責任の範囲は

Answer Point

♤保証期間が無期限で責任範囲が無制限では、保証人にとって過大な負担となります。このため、「身元保証に関する法律」は、身元保証契約の存続期間や保証責任の限度などについて規定しています。

♤身元保証は、期間を定めなかった場合は3年、期間を定めたときは最長5年です。

♤自動更新は、無効となります。継続が必要なときは、期間満了時に契約の更新が必要となります。

♠ 身元保証契約というのは

身元保証契約は、使用者と身元保証人との間で、保証人が被用者(労働者)の労働契約上の行為によって生じた一切の損害を賠償する契約です。

契約の事実を明確にするため、書面を取り交わすのが一般的です(図表22)。

♠ 身元保証人の損害賠償の責任・金額は

身元保証契約により、被用者(労働者)本人が使用者に対して及ぼした損害について責任を負いますが、身元保証人の損害賠償の責任およびその金額を定めるにあたって裁判所は、図表21の基準により判断しています。

【図表21 身元保証人の損害賠償の責任・金額の判断基準】

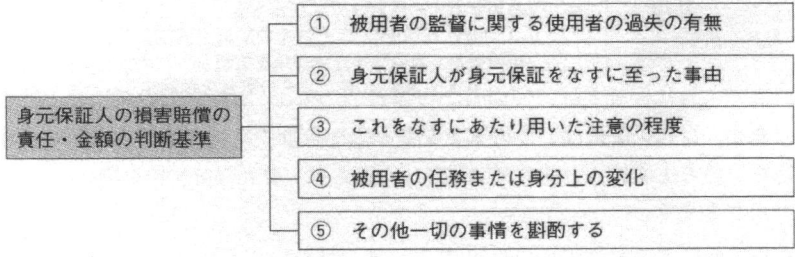

♠ 身元保証人に通知が必要なときは

また、使用者は、図表23の①②のいずれかに該当する場合には、遅滞なく身元保証人に通知しなければなりません。

【参照法令・条文】身元保証に関する法律

【図表 22　身元保証書の例】

```
                          身 元 保 証 書              No.

  名    称
  事業主氏名                     殿

                              現 住 所
                              氏   名                    印
                              生年月日

    今般上記の者が貴社に採用されるにあたり、貴社在職中の身元保証人として、本日よ
  り、5年間保証いたします。
    万一、貴社の就業規則及び諸規程に違反し、本人の故意又は重大な過失によって貴社
  に損害を及ぼしたときは、直ちに本人に責任をとらせるとともに、私ども保証人が連帯
  してその損害を賠償いたします。

  平成　　年　　月　　日
                              現 住 所
                              本人との関係
                              保証人氏名                  印
                              生年月日

                              現 住 所
                              本人との関係
                              保証人氏名                  印
                              生年月日
```

【図表 23　身元保証人に通知が必要なとき】

身元保証人に通知が必要なとき	① 被用者本人に業務上不適任または不誠実な行跡があって、このために身元保証人に責任が生ずるおそれがあることを知ったとき
	② 被用者本人の任務または任地を変更し、このために身元保証人の責任を加重し、またはその監督を困難ならしめるとき

　なお、身元保証人は、使用者から図表 23 の①②についての通知を受けたときや、自ら①②についての事実を知ったときは、身元保証契約を解除することができます。

♠身元保証人の賠償責任の範囲は
以上からすると、賠償責任の範囲は、故意による損害は別として、過失による損害について 20％～ 70％の範囲で損害賠償を命じられているケースが多いようです。

【参照法令・条文】身元保証に関する法律 4 条

Q12 労働条件ってなに・その明示のしかたは

Answer Point

♤労働条件とは、会社で働く場合の基本的な契約内容のことです。賃金は、支払の時期や昇給はいつなのか等々、原則的には会社と労働者の合意に基づくものです。

♤書面での明示が必要な労働条件と、定めを決めた場合には明示しなければならない労働条件との2つに分かれます。

♤定めを決めた場合には、明示しなければならない労働条件は口頭でもよいとされていますが、トラブルを避けるためには書面にしたほうがいいでしょう。

♠労働条件というのは

　労働条件とは、会社で働く場合の基本的な契約内容のことです。賃金は、支払の時期や昇給はいつなのか等々、原則的には会社と労働者の合意に基づくものです。

　労働条件を明示する書面としては、労働条件通知書、雇用契約書、雇入通知書等があり、使用者と労働者の間で合意のうえ記名押印しておきます。

♠5項目は必ず書面で

　書面での明示が必要な労働条件は、図表24の5項目です。

【図表24　書面での明示が必要な労働条件5項目】

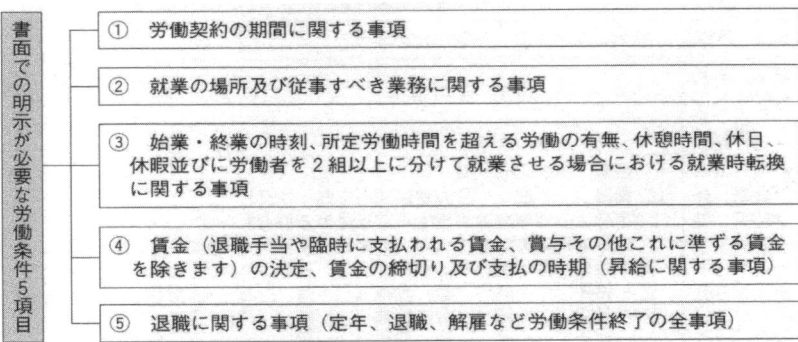

書面での明示が必要な労働条件5項目
① 労働契約の期間に関する事項
② 就業の場所及び従事すべき業務に関する事項
③ 始業・終業の時刻、所定労働時間を超える労働の有無、休憩時間、休日、休暇並びに労働者を2組以上に分けて就業させる場合における就業時転換に関する事項
④ 賃金（退職手当や臨時に支払われる賃金、賞与その他これに準ずる賃金を除きます）の決定、賃金の締切り及び支払の時期（昇給に関する事項）
⑤ 退職に関する事項（定年、退職、解雇など労働条件終了の全事項）

♠その他の労働条件は8項目

　定めをした場合に明示しなければならない労働条件は、図表25のとおり、

8項目あります。

【図表25　その他の労働条件8項目】

その他の労働条件8項目
- ① 退職手当の定めが適用される労働者の範囲、退職手当の決定、計算・支払の時期に関する事項
- ② 臨時に支払われる賃金（退職手当を除きます）、賞与その他これに準ずる賃金、最低賃金額に関する事項
- ③ 労働者に負担させるべき食費、作業用品その他に関する事項
- ④ 安全・衛生に関する事項
- ⑤ 職業訓練に関する事項
- ⑥ 災害補償、業務外の傷病扶助に関する事項
- ⑦ 表彰、制裁に関する事項
- ⑧ 休職に関する事項

② 労働条件・採用内定・身元保証（労働契約）の実務ポイント

♠労働条件通知書の例でみると

労働条件の明示を労働条件通知書の例でみると、図表26のとおりです。

【図表26　労働条件通知書の例】

労働条件通知書（雇入通知書）

　　　　　　　　　　　　　　　　　　　　　　　　　年　　月　　日
　　　　　　　　　殿
　　　　　　　　　　　事業場名称所在地
　　　　　　　　　　　使用者職氏名

契約期間	期間の定めなし、期間の定めあり（　年　月　日～　年　月　日）
就業場所	
従事すべき業務の内容	
始業、就業の時刻、休憩時間、就業時間[(1)～(5)のうち該当するものに一つに○を付けること。]、所定時間外労働の有無に関する事項	1．始業・終業の時刻等 (1) 始業（　時　分）終業（　時　分） 【以下のような制度が労働者に適用される場合】 (2) 変形労働時間制等：（　）単位の変形労働時間制・交替制として、次の勤務時間の組み合わせによる。 　─始業（　時　分）終業（　時　分）（適用日　　） 　─始業（　時　分）終業（　時　分）（適用日　　） 　─始業（　時　分）終業（　時　分）（適用日　　） (3) フレックスタイム制：始業および終業の時刻は労働者の決定に委ねる。 　（ただし、フレキシブルタイム（始業）　時　分から　時　分、（終業）　時　分から、　時　分、コアタイム　時　分から　時　分）

【参照法令・条文】労基法15条

	(4) 事業場外みなし労働時間：始業（　時　分）、終業（　時　分） (5) 裁量労働制：始業（　時　分）終業（　時　分）を基本とし、労働者の決定に委ねる。 ○詳細は、就業規則第　条～第　条、第　条～第　条、第　条～第　条 2．休憩時間（　　）分 3．所定時間外労働 　　［有（1週時間、1カ月時間、1年時間）、無］ 4．休日労働［有（1カ月日、1年日）、無］
休日または 勤務日	・定例日：毎週曜日、国民の祝日、その他（　　） ・非定例日：週月あたり日、その他（　　） ・1年単位の変形労働時間制の場合～年間日 （勤務日） 毎週（　　）、その他（　　） ○詳細は、就業規則第　条～第　条、第　条～第　条、
休　　暇	1．年次有給休暇　6カ月継続した場合→　　　　日 　　　　　　　　継続勤務6カ月以内の年次有給休暇（有、無） 　　　　　　　　→　　カ月経過で　　日 2．その他の休暇　有給（　　　　　　　） 　　　　　　　　無給（　　　　　　　） ○詳細は、就業規則第　条～第　条、第　条～第　条
賃　　金	1．基本賃金 　　イ　月給（　　　　円）、ロ　日給（　　　　円） 　　ハ　時間給（　　　円） 　　ニ　出来高給（基本単価　　　円、保障給　　　円） 　　ホ　その他（　　　円） 　　ヘ　就業規則に規定されている賃金等級等（　　　　　） 2．諸手当の額または計算方法 　　イ　（　　手当　　　円／計算方法：　　　） 　　ロ　（　　手当　　　円／計算方法：　　　） 　　ハ　（　　手当　　　円／計算方法：　　　） 　　ニ　（　　手当　　　円／計算方法：　　　） 3．所定時間外、休日または深夜労働に対して支払われる割増賃金率 　　イ　所定時間外　法定超（　）％、所定超（　）％、 　　ロ　休日　法定休日（　）％、法定外休日（　）％、 　　ハ　深夜（　）％ 4．賃金締切日（　）毎月　日、（　）毎月　日 5．賃金支払日（　）毎月　日（　）毎月　日 6．労使協定にもとづく賃金支払時の控除（　無　、　有（　　）） 7．昇給（時期等　　　　　　　　　　　　　　　　　　） 8．賞与（　有（時期、金額等　　　　　　　）、　無　） 9．退職金（　有（時期、金額等　　　　　　　）、　無　）
退職に関する事項	1．定年制（　有（　歳）、　無　） 2．自己都合退職の手続（退職する　日以上前に届け出ること） 3．解雇の事由および手続 　　［　　　　　　　　　　　　　　　　　　　　　　　］ ○詳細は、就業規則第　条～第　条、第　条～第　条、
その他	・社会保険の加入状況（厚生年金　健康保険　厚生年金基金） 　　　　　　　その他（　　　　　） ・雇用保険の適用（　有　、　無　） ・その他 　　［　　　　　　　　　　　　　　　　　　　　　　　］ ・具体的に適用される就業規則名（　　　　　　　）

Q12 労働条件ってなに・その明示のしかたは

Q13　採用内定・採用内定取消の扱いは

Answer Point

♤新卒の高校生あるいは大学生の採用については、在学中に採用を内定し、卒業後入社するという採用方法が採られています。
そして採用内定後学生は、就職活動を中止しますので、入社直前になって採用内定を取り消されると、事実上新しい就職先を確保するのは困難となり、その被害は計り知れないものとなります。

♤採用内定者にも法律的にみると、「採用予定者」と「採用決定者」の2種類があります。

♠採用予定者の法的性格は

　正式な内定通知に先立って、「採用の予定である」「採用の予約をさせてほしい」などと採用の内定を口頭で伝える場合があります。それは「内々定」と呼ばれ、労働契約締結の申込みに対する承諾の通知では異なり、後日正式な採用内定手続が行われることの通知であるといわれています。
　「内々定」は、未だ労働契約承諾の意思表示であるということはできず、労働契約が成立しているとは解せないとの意見もあります。
　そうすると、「内々定」の取消通知は、労働契約そのものの解除ではないことになりますので、解雇ではないことになります。

♠採用決定者の法的性格（＝解約権留保付の就労始期付労働契約）は

　採用内定通知後、必要書類の提出や入社日の通知といったその後の会社の「採用確定の意思の表示」と認められる行為があれば労働契約があったと解され、それ以降は労働契約締結者（採用決定者）として保護されます。
　これにより卒業できない場合等の採用内定の取消事由に基づく労働契約の解約権を留保し、入社予定日を就労の始期とする労働契約（＝解約権留保付の就労始期付労働契約）が成立すると解されています。
　したがって、文書による採用内定通知を受け、入社同意書や誓約書等を提出した採用内定のような場合には、これを取り消すことは労働契約の解約（留保された解約権の行使）、すなわち解雇となります。
　解雇になると、労基法20条により30日前の（内定取消）予告あるい

【参照法令・条文】労働契約法16条、19条、20条

は30日分以上の平均賃金(解雇予告手当)を支払う義務が生じてくる(昭27.5.27基監発第15号、昭46.11.17基発第760号)とともに、内定者を不適格とする客観的に合理的な理由がないと、当該解雇は解雇権の濫用となり無効とされます。

♠採用内定の取消事由は

採用内定の取消は、内定取消の事由が採用内定当時知ることができず、また知ることが期待できないような合理的事由であると認められ、かつ社会通念上相当とされるものであれば可能とされています。

通常、図表27のような事由が考えられます。

【図表27 採用内定の取消事由】

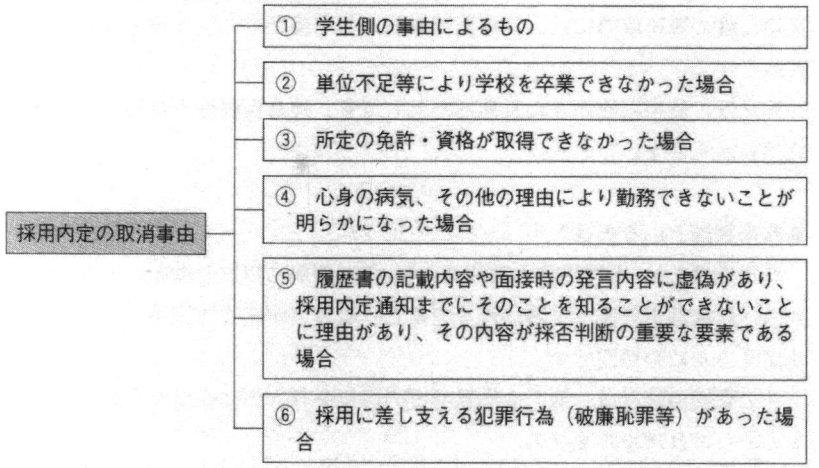

♠会社側の事由によるものは

会社側の事由によるものは、企業に新規採用を不可能とするような予測不能な経営事情が発生した場合などが考えられます。

不況等経営不振を理由とする内定取消(解雇)については、「その会社で現在働いている一般労働者をどうしても整理しなければならないという業務上の必要性があり」「企業がその整理解雇を回避するための努力をした後」など整理解雇の4要件に照らして解雇が有効かどうかが判断されることになります(整理解雇の4要件については、Q22参照)。

Q14 試用期間ってなに・解約権の行使は

Answer Point

♤試用期間は、採用直後の一定期間を社員としての業務の適正等を判断するための期間とされています。
♤長期の試用期間の定めは無効とされます。

♠試用期間というのは

　試用期間とは、本採用前の期間であり、その期間に当該労働者の勤務態度、能力、技能等を評価して適格性を判断し、事業主が正式に採用するか否かを決定するための期間です。
　その期間の長さは、能力や勤務態度の評価を行うのに必要な合理的範囲のものでなければなりません。

♠試用期間は「解雇権留保付の労働契約」

　試用期間中の労働契約は、判例では「解雇権留保付の労働契約」と解されています。すなわち、労働者を採用したけれども当該労働者が従業員としての適格性を有するかどうかをすぐに判断することはできませんので、一定期間、採否の最終的決定が留保されているということです。
　そのため、このような解雇権留保に基づく解雇は、本採用者の解雇よりも広い範囲において解雇の自由が認められているものと解されています。

♠「試用期間中だから解雇は自由」というのはダメ

　多くの裁判例から、「試用期間中の解約権の行使に関しては、客観的に合理的な理由があり社会通念上相当と認められるものでなくてはならない」とされています。
　採用当初知ることができなかったような事実が試用期間中に判明し、その者を引き続き雇用しておくのが適当でないと判断することに客観的合理性が認められるような場合には、解約権の行使が相当であるとされるのです（昭48.12.12 三菱樹脂事件）。

♠試用期間中か終了後の解雇予告は

労働者を解雇するときは、少なくとも30日前に予告するか、予告しないで30日分以上の平均賃金を支払えば解雇できると労基法20条に規定されており、労基法21条には20条の例外が規定されています。
　試みの試用期間中の者で14日を超えて引き続き雇用された場合は、解雇予告の必要はあるものの、14日以内の場合は解雇予告の必要性がないと規定されています。
　この14日という要件を無視して、試用期間中の者は解雇予告をせず、解雇予告手当の支給なしで、解雇可だと勘違いしているケースもみられます。

♠本採用拒否は合理的な理由が必要

　試用期間が満了した場合には、本採用にしないという意思表示がなければ当然に本採用となるのが一般的です。
　したがって、本採用の拒否は解雇ということになり、労基法では、客観的に合理的な理由を欠き、社会通念上相当であると認められない場合は、権利の濫用として無効となります(労働契約法16条)。

♠試用期間の長さは1年が限度

　労基法では、試用期間の長さについての規定はありません。しかし、あまりにも長い試用期間は身分が不安定であり公序良俗に違反し、1年を超える試用期間は無効であるとされた裁判例もあります。

♠辞令の交付をしよう

　従業員を採用したときに、口頭で「あなたの試用期間は〇月〇日までです」と伝えるケースが中小企業によく見受けられますが、「正社員になりました」と正式辞令を出す会社は、あまり見かけたことはありません。
　採用したときは、「貴君を試用社員として採用する」、そして、試用期間が過ぎれば「貴君を正社員とする」といった具合の辞令がほしいものです。

♠ああ勘違い

　よく聞く話ですが、採用後会社の試用期間を過ぎてから健康保険、厚生年金、雇用保険の資格取得をするという話がありますが、健康保険、厚生年金、雇用保険の資格取得には、試用期間が経過した後からという規定はありません。
　例えば、試用期間が3か月あったとしても、社会保険等の資格の取得は、採用日からです。

【参照法令・条文】労働契約法16条　労基法20条、21条　民法90条

Q15　賠償予定・前借金相殺・強制貯金を禁止するわけは

Answer Point

♧労働契約の不履行について違約金を定めたり、損害賠償額を予定する契約をしてはいけません。
♧前借金その他労働することを条件とする前貸の債権と賃金を相殺してはいけないことになっています。
♧労働契約に附随して貯蓄の契約をさせ、または貯蓄金を管理する契約をしてはなりません。

♠賠償予定の禁止の目的は

　労基法16条の賠償予定の禁止は、労働契約の締結にあたり、労働者の弱みに付け込んだ異常に高い違約金、損害賠償額が定められ、労働者の退職の自由が拘束され、労働者の足留策となる弊害がありますので、契約自由の原則を修正して禁止したものです。

　しかし、現実に生じた損害について賠償を請求することまで禁止しているものではありません。使用者が労働契約の不履行について違約金を定め、あるいは損害賠償額を予定する契約をした場合は、違約金、損害賠償金を徴収したときに本条違反が成立するのではなく、そのような契約を締結したときに違反が成立し、懲役または罰金が使用者に科せられます。

♠前貸金相殺の禁止の目的は

　労基法17条の前貸金相殺の禁止は、前貸金と賃金を相殺することを禁止し、金銭貸借関係と労働関係を完全に分離することにより金銭貸借に基づく身分的拘束の発生を防止することを目的としたものです。

　労基法は、労働することを条件とする前貸債権と賃金を相殺することを禁止するものです。

　したがって、使用者が労働組合との労働協約の締結あるいは労働者からの申出に基づき、生活必需品の購入等のための生活資金を貸し付け、その後この貸付金を賃金より分割控除する場合においても、貸付の原因、期間、金額、金利の有無等を総合的に判断して労働することが条件となっていないことがきわめて明白なときは、本条の適用はありません（昭23.10.13基発363号）。

【参照法令・条文】労基法5条、11条、16条、17条、18条、24条

ですから、貸付金が身分的拘束を伴わないことが明らかであれば、本条違反にはなりません。

♠強制貯金の禁止の目的は

労基法 18 条の強制貯金の禁止は、この種の強制貯蓄制度が、一面では労働者の足留策となり、他面では、労働者の貯蓄金が経営危機にさらされたときには払戻しが困難または不可能となる場合が生じますので、強制貯蓄を全面的に禁止し、使用者が労働者の委任を受けて貯蓄金を管理する場合のみ一定の制限のもとにこれを認めることとしたものです。

要約すると、次のとおりです。すなわち、使用者は、労働契約に附随して貯蓄の契約をさせ、または貯蓄金を管理する契約をしてはなりません。

しかし、一定の要件の下に、社内預金、通帳保管等、労働者の貯蓄金をその委託を受けて管理することは認められています。

貯蓄金の管理が労働者の預金の受入れであるときは、労働者の過半数で組織する労働組合等との書面による協定 (貯蓄金管理協定) に、図表 28 の事項を定めなければなりません。

【図表 28　貯蓄金管理の協定事項】

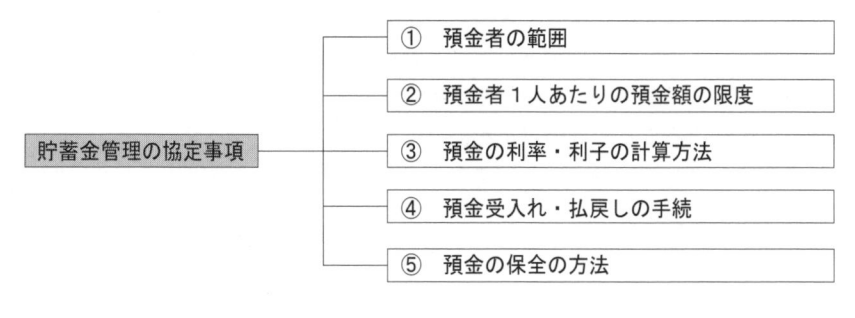

貯蓄金管理の協定事項
① 預金者の範囲
② 預金者 1 人あたりの預金額の限度
③ 預金の利率・利子の計算方法
④ 預金受入れ・払戻しの手続
⑤ 預金の保全の方法

この協定事項は、所轄労基監督署長に届け出なければなりません。

♠禁止項目違反には厳しい罰則が課せられる

賠償予定の禁止 (労基法 16 条)、前貸金相殺の禁止 (労基法 17 条)、強制貯金の禁止 (労基法 18 条) に違反した場合は、6 か月以下の懲役または 30 万円以下の罰金が課せられます。

また、労基法 18 条 7 項には、貯蓄金の管理を中止すべきことを命じられた場合は、遅滞なく労働者に貯蓄金を返還しなければならないとされており、違反すれば 30 万円以下の罰金が課せられます。

Q16 辞職と合意解約の違いは

Answer Point

♤ 辞職とは、労働者が労働契約を一方的に解約することをいいます。
♤ 合意解約とは、労働者と使用者が(申込と承諾という)合意によって労働契約を解約することです。
♤ 「退職届」または「辞表」は、労働契約解除の一方的意思表示に用いるもの、「退職願」は、労働契約の合意解約の申込に用いるものです。

♠ 辞職と合意解約の違いは

　退職願の提出という退職の意思表示が、合意解約の申込なのか、それとも辞職なのかがまず問題となります。また、退職の意思表示の瑕疵が問題となる場合があります。
　合意解約とは、労働者と使用者が(申込と承諾という)合意によって労働契約を解約することです。これに対し辞職とは、労働者が労働契約を一方的に解約することをいいます(図表29)。
　会社としては、突然辞職されると業務に支障が生じますから、企業秩序の維持等のため就業規則で「退職する場合は、少なくとも2週間以上前までに会社に申し出ること」等の規定を設けておくのが望ましいでしょう。
　つまり、合意解約の申込と解すると、使用者の承諾の意思表示がない間はいまだ法的効力が発生していないため、撤回の余地がありうるのに対し、辞職とすると、解約の意思表示が使用者に到達した時点で効力を生じ、撤回できないことになるのです。
　「合意解約」の撤回は、一般的には、退職の意思の承認する権限のある者が承諾するまでならば、退職の意思を撤回できます。

【図表29　雇用契約終了の原因】

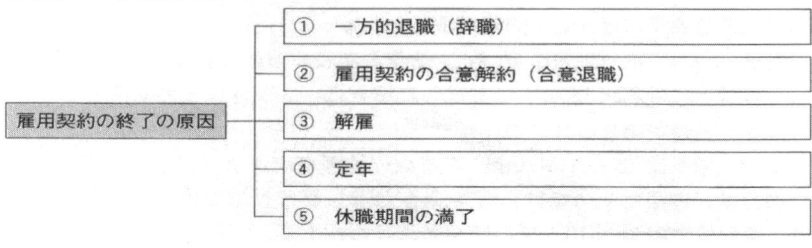

雇用契約の終了の原因	① 一方的退職（辞職）
	② 雇用契約の合意解約（合意退職）
	③ 解雇
	④ 定年
	⑤ 休職期間の満了

【参照法令・条文】民法1条、540条、627条　労基法137条

Q17　退職届の撤回・無効・取消の可否は

Answer Point

♤「退職」は、通常、労働者の「会社を辞める」という意思の表明と、権限ある者の「了解」や「承諾」によって成立します。
♤「退職」の撤回は、一般的には、退職の意思の承認する権限のある者が承諾するまでならば、退職の意思を撤回できます。

♠退職届と退職願は違う

　退職届は、一方的な労働契約の解約であるため、退職の意思表示と同時に労働契約の解約日が特定するため、使用者の同意がない限り、その後の取消はできません。

　退職願は、労働契約の合意解約の申出であるため、権限ある者の「了解」「承諾」の前であれば、撤回はできるとされています。

　労働者の意思で「退職届」「退職願」を提出する場合には、問題の生ずるおそれはありませんが、退職の意思表示に瑕疵のある場合は、下記のような取扱いとなります。

♠退職の意思表示に瑕疵があるときは

　退職の意思表示に瑕疵があるときは、意思表示自体が無効となり、取り消すことができます。図表30の4つがそれに該当します。

【図表30　意思表示自体が無効になるとき】

区　分	説　明
① 心裡留保（民法93条）	意思表示は、表意者がその真意ではないことを知ったときであっても、そのためにその効力を妨げられません。ただし、相手方が表意者の真意を知り、または知ることができたときは、その意思表示は、無効となります。意思表示の相手方が、その意思表示を真意ではないと知っていた場合または真意かどうかを知ることができる状態であったときは、その意思表示は無効となります。
② 錯誤（民法95条）	意思表示は、法律行為の要素に錯誤があったときは、無効とします。ただし、表意者に重大な過失があったときは、表意者は自らその無効を主張することができません。
③ 詐欺・脅迫（民法96条）	(a)　詐欺・脅迫による意思表示は取り消すことができます。 (b)　相手方に対する意思表示について第三者が詐欺を行った場合においては、相手方がその事実を知っていたときに限り、その意思表示を取り消すことができます。
④ 公序良俗違反（民法90条）	公の秩序または善良な風俗に違反する事項を目的とする法律行為は、無効になります。

【参照法令・条文】民法90条、98条、95条、96条、627条

Q18 退職後の競業避止義務の有効性は

Answer Point

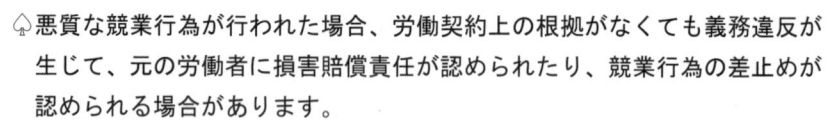

♤ 何人も、職業選択の自由を有しています。
♤ 競業行為の禁止（競業避止）とは、労働者が同業他社に再就職することを禁止することをいいます。
♤ ただし、一定の合理的な範囲においては、退職後の競業避止の特約は有効と認められます。
♤ 悪質な競業行為が行われた場合、労働契約上の根拠がなくても義務違反が生じて、元の労働者に損害賠償責任が認められたり、競業行為の差止めが認められる場合があります。

♠ 競業避止義務というのは

憲法22条では、「何人も職業選択の自由を有する」と記されています。この憲法で保障された職業選択の自由を制限するのが退職後の競業避止義務です。

退職後の競業避止義務は、労働者の職業選択の自由が制約されて、労働者が被る不利益が大きいことから、労働契約上の明確な根拠が必要であるとされています。

競業避止義務について、裁判例では、「一般に労働者が雇用関係継続中、右義務を負担していることは当然であるが、その間に習得した業務上の知識、経験、技術は労働者の人格的財産の一部をなすもので、これを退職後に各人がどのように生かし利用していくかは各人の自由に属し、特約もなしにこの自由を拘束することはできない」と解されています。

「雇用契約終了後の競業避止義務は、法令に制約の定めがある場合、および当事者間に特約がなされた場合に合理的な範囲内でのみ認められるものである」とされ、特約がなければ、競業回避義務が認められないとされています。

しかし、特約があれば、いつでも労働者に競業避止義務を課すことができるわけではありません。

「競業制限の合理的範囲を確定するにあたっては、制限の期間、場所的範囲、制限の対象となる職種の範囲、代償の有無等について、使用者の利益（企業秘密の保護）、労働者の不利益（転職・再就職の不自由）を考えて慎重に検討する必要がある」とされています。

【参照法令・条文】憲法22条

♠競業避止が有効となるためには

競業避止が有効となるためには、次の(1)～(3)の要件を満たす必要があります。

(1) 労働協約、就業規則(図表31の規定例)、労働契約などの書面に競業の制限に関する細目を定めておくこと。

【図表31 就業規則の規定例】
> 第○○条（競業避止義務）
> 1　従業員は、在職中及び退職後を通じて、業務上必要な場合を除き、会社の重要な秘密を外部に漏らしたり、業務外の目的に使用してはならない。
> 2　従業員は、在職中及び退職後を通じて、会社の承認なしに、前項の秘密を利用して競業行為を行ってはならない。
> 3　従業員が退職後2年の間に会社の承認なしに、同一市内で同業他社に就職もしくは自ら開業した場合は、退職金規定に基づき退職金を減額もしくは不支給にする場合がある。

(2) すべての労働者に認められるのではなく、製造や営業等秘密の中枢にたずさわる者が対象であること。
(3) その秘密が保護に値する適法なものであること。

こんな例があります。中堅の専門商社の営業部長をしている大学時代の友人から電話がありました。友人の話によると「営業成績が芳しくなく、引責辞任した。しかし、退職時に会社から退職後の競業避止義務を告げられ、それを守っていると就職活動ができない。何とかならないか」とのことでした。筆者は図表31について説明しました。その後、「会社と話合いをし、解決することができたので、再就職できた」との連絡が入りました。

♠競業避止義務違反に対する対抗措置は

労働者が、①競業会社に転職したとき、②独立自営したことによって従前の会社に不利益を被らせまたはそのおそれのあるときは、会社は、損害賠償請求(図表32)、退職金の不支給や減額措置等の対抗措置(図表33)を取れるケースもあります。

【図表32　損害賠償請求が認定された裁判例】
> 在職中に同種の事業を営む新会社を設立するため他の労働者を新会社に勧誘したこと等が雇用契約上の誠実義務に反する違法行為であるとして、不法行為責任を認め、金400万円をもって相当な損害賠償額であると認定された（日本コンベンションサービス事件・大阪高裁平10.5.29判決）

【図表33　退職金の不支給または減額措置等の対抗措置が認められた裁判例】
> 退職金が功労報償的な性格を併せ有することにかんがみれば、同業他社に就職した退職労働者に支給すべき退職金の額を一般の自己都合の場合の半額と定める退職金規定は、公序良俗に反しないとされた事件（三晃社事件・最高裁昭和52.08.09日第二小法廷判決）

Q19　退職勧奨・退職強要ってどんなとき・その行使要件は

Answer Point

♤会社側が退職条件を示して退職者に退職を勧めることを「退職勧奨」といいます。

♤「退職勧奨」といえども、半強制的であったり、多数回に及ぶ執拗なもの、暴言や暴力の行使が伴う場合が「退職強要」になります。

♠執拗に脅迫的に退職勧奨を行えば退職強要となる

　退職勧奨とは、解雇事由にあたらないけれども、会社をやめてほしい労働者に対して、任意に退職の意思を持たせるために、何らかの条件をつけて退職するように働きかけをすることをいいます。

　退職勧奨は、本人の意思に基づく合意退職ですから、解雇と違って厳格な法律要件は必要ないと考えられます。しかし、公序良俗に反するものであれば、その退職の意思表示は無効となります。

　退職勧奨に応じるか否かは、本人の自由意思であり、退職勧奨に応じないからといって合理的な理由もなく、執拗に脅迫的に退職勧奨を行えば、退職強要となり労使紛争に発展する可能性を含んでいます。

♠限度を超えた不法行為というのは

　「限度を超えた不法行為」として、図表34の5つの判断基準が示されています(昭和55年下関商業高校における退職勧奨事件の最高裁判例)。

【図表34　限度を超えた不法行為の5つの判断基準】

限度を超えた不法行為の5つの判断基準
① 出頭を命ずる職務命令がくり返される。
② はっきりと退職する意思がない労働者に、新たな退職条件を提示するなどの特段の事情がないのに執ように勧奨を続ける。
③ 退職勧奨の回数や期間などが、退職を求める事情の説明及び優遇措置など退職条件の交渉に通常必要な限度にとどまらず、多数回、長期間にわたる。
④ 労働者に精神的苦痛を与えるなど自由な意思決定を妨げるような言動がある。
⑤ 労働者が希望する立会人を認めたか否か、勧奨者（会社側）の数、優遇措置の有無などについて問題がある。

【参照法令・条文】民法90条、709条

♠ 不法行為は損害賠償に

　退職勧奨といえども、社会的相当性を逸脱した場合は、不法行為とみなされ、損害賠償が生じるおそれがあります。
　以上の点を総合的に勘案し、全体として労働者の自由な意思決定が妨げられる状況にあったか否かで、その勧奨行為が適法か違法かの判断基準とされています。

♠ 退職勧奨を退職理由とする退職届のすすめ

　退職勧奨の多くは、人員整理や中・高齢労働者の雇用調整策などのために、希望退職募集後の施策として、労働者の辞職や合意解約といった自発的な退職を促す行為として行われています。
　退職の勧奨を行うこと自体は、特に法律に違反する行為ではありません。しかし、勧奨に応じるかどうかはまったく労働者の自由なので、使用者側は、この点を十分考慮して行わなければなりません。
　一方、労働者側からすると、使用者側からの退職強要的なことがあったとしても、いったん退職届を出してしまうと、合意退職として取り扱われ、それを覆すことは大変困難なことですから、退職届を出す場合は注意することが大切です。
　退職届を出す際には、退職理由をはっきりと明示しましょう。
　退職理由は『会社より、退職勧奨をされたため退職します』とはっきり記入しましょう。間違っても「一身上の都合による退職」と記入してはダメです。なぜならば、雇用保険の基本手当(失業給付)に影響が出てくるからです。「退職勧奨による」退職の場合は、雇用保険上は「解雇」の扱いとなり、「自己都合退職」よりも有利な取扱いとなります。図表35は、雇用保険の所定給付日数です。

【図表35　雇用保険の所定給付日数】

○一般の離職者（定年退職、期間満了、自己の意志で離職した方）（平成25年4月1日現在）

被保険者であった期間 離職した日の満年齢	10年未満	10年以上 20年未満	20年以上
65歳未満共通	90日	120日	150日

○倒産・解雇等により、再就職の準備をする時間的余裕がなく離職を余儀なくされた方

被保険者であった期間 離職した日の満年齢	1年未満	1年以上 5年未満	5年以上 10年未満	10年以上 20年未満	20年以上
30歳未満	90日	90日	120日	180日	—
30歳以上35歳未満	90日	90日	180日	210日	240日
35歳以上45歳未満	90日	90日	180日	240日	270日
45歳以上60歳未満	90日	180日	240日	270日	330日
60歳以上65歳未満	90日	150日	180日	210日	240日

　なお、希望退職で退職する場合は、自己都合扱いの給付日数となります。ただし、3か月間の給付制限はかかりません。

【参照法令・条文】雇用保険法13条～35条

Q20 解雇制限ってなに・その禁止要件は

Answer Point

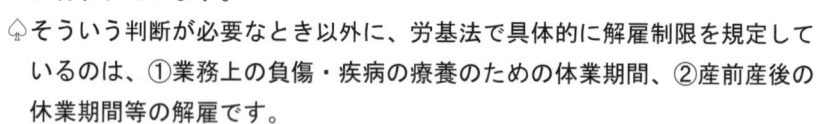

♤解雇は、客観的に合理的な理由を欠き、社会通念上相当であると認められない場合は、その権利を濫用したものとして、無効とされます。

♤これは解雇権濫用の法理といい、この法理によって解雇の運用が行われています。

♤そういう判断が必要なとき以外に、労基法で具体的に解雇制限を規定しているのは、①業務上の負傷・疾病の療養のための休業期間、②産前産後の休業期間等の解雇です。

♠解雇権濫用の法理は

解雇権濫用の法理は、解雇は使用者の事由ではなく、合理的な理由と社会的相当性が必要であるという法理です。

労働契約法16条の2の「解雇は、客観的に合理的な理由を欠き、社会通念上相当であると認められない場合は、その権利を濫用したものとして、無効」というのは、最高裁判所の裁判例(日本食塩事件。最高裁昭50.4,25判決/高知放送事件・最高裁昭52,1.31判決)を法律にしたものといわれています。

解雇については、この解雇権濫用の法理が適用されます。なお、解雇に合理的な理由があるか否かについては、使用者側が証明しなければなりません。

♠労基法で規定されている解雇制限は

労基法上明示されているのは、次の(1)～(4)のいずれかの場合についてで、解雇が制限されます。

(1) 労働者が業務上負傷しまたは疾病にかかり、療養のために休業する期間およびその後30日間。

(2) 産前産後の女性が労基法65条の規定によって休業する期間およびその後30日間。

(3) 労働者は、事業場が、労基法または労基法に基いて発する命令に違反する事実がある場合においては、その事実を行政官庁または労基監督官に申告することができるとされています。この告発をしたことを理由として、労働者を解雇することはできません。

【参照法令・条文】労働契約法16条　労基法19条、104条

(4) その他の法律による解雇制限
① 労働組合の組合員であること、労働組合の正当な行為をしたこと等を理由とする解雇(労働組合法7条)
② 女性であること、あるいは女性が婚姻、妊娠、出産したこと、産前産後の休業をしたことを理由とする解雇(男女雇用機会均等法9条)
③ 育児休業の申出をしたこと、または育児休業をしたことを理由とする解雇(育児・介護休業法10条)
④ 介護休業の申出をしたこと、または介護休業をしたことを理由とする解雇(育児・介護休業法16条)

解雇制限期間を例示すると、図表36のとおりです。

【図表36　解雇制限期間】

(1) 業務上負傷または疾病で休業する場合

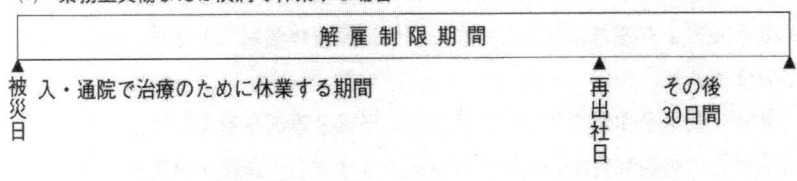

被災日	入・通院で治療のために休業する期間	再出社日	その後30日間
	← 解雇制限期間 →		

(2) 産前産後休業(労基法65条)の場合

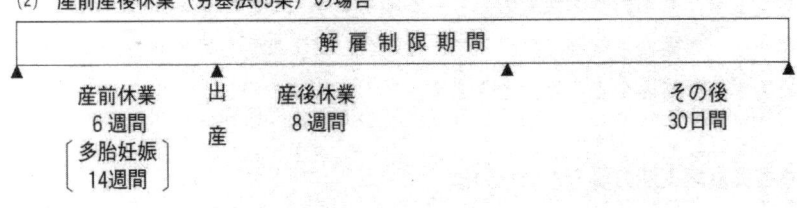

産前休業6週間〔多胎妊娠14週間〕	出産	産後休業8週間	その後30日間
← 解雇制限期間 →			

♠労基法で規定されている解雇制限の解除は

次の(1)(2)の場合は、解雇の制限が解除されます。
(1) 労働者が業務上負傷しまたは疾病にかかり、療養のため休業し、療養開始後3年を経過しても治らない場合で、平均賃金の1,200日分を支払うとき。
(2) 天災事変その他やむを得ない事由のために事業の継続が不可能となった場合で、その事由について所轄労基監督署長の認定を受けたとき。

♠通勤途上災害の場合は該当しない

業務上の傷病による療養のために休業する期間のことですので、通勤途上災害の傷病による療養のために休業しても、解雇制限事由には該当しません。
また、業務上の傷病により療養中であっても、休業しないで出勤している場合は解雇の制限を受けません。

【参照法令・条文】労働組合法7条　男女雇用機会均等法9条　育児・介護休業法7条、10条、16条

♠その後の30日間というのは

　その後30日間とは、傷病の治癒後労働能力の回復のために必要と認められる期間であり、その30日間は傷病が治癒したと診断されて出勤した日、または出勤できる状態に回復した日から計算します

♠産前・産後の場合は

　産前休業の場合は、産前6週間(多胎妊娠は14週間)の休業がとれる期間であっても、労働者が休業しないで就労している期間は解雇制限されません。

　しかし、出産予定日前6週間の休業を与えられた後においても、分娩が出産予定日より遅れて休業している期間は産前休業期間とされ、解雇は制限されます。

　産後休業は8週間ですので、例えば、産後8週間を超えて休業していても8週間とその後30日が経過すれば解雇できますし、産後8週間を経過していなくても、6週間経過後就労している場合(本人の請求に基づき、医師が支障がないと認める業務に従事している場合)は、就労し始めた日から30日を経過すれば解雇することができます。

♠事業継続不能の場合というのは

　天災事変その他やむを得ない事由のために事業の継続が不可能となった場合とは、図表37の①②の場合をいいます。

【図表37　事業継続不能の場合とは】

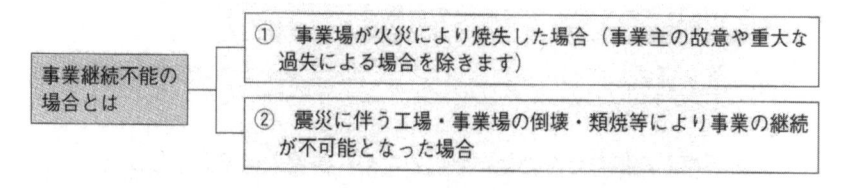

事業継続不能の場合とは	① 事業場が火災により焼失した場合（事業主の故意や重大な過失による場合を除きます）
	② 震災に伴う工場・事業場の倒壊・類焼等により事業の継続が不可能となった場合

　次の(1)～(3)の場合は、やむを得ない事由に該当しません。
(1) 事業主が経済法令違反のため強制収容され、または購入した諸機械、資材等を没収された場合。
(2) 税金の滞納処分を受け事業廃止に至った場合。
(3) 事業経営上の齟齬の如き事業主の危険負担に属すべき事由に起因して資材入手難、資金難に陥った場合。

【参照法令・条文】労基法65条

Q21　普通解雇の要件・正当性の基準は

Answer Point

♤普通解雇とは、懲戒解雇以外の解雇のことをいいます。
♤経営上の理由を除き、労働者側の事情を理由とする解雇をいいます。
♤解雇理由が就業規則や労使協定に定められていることが重要です。
♤労基法上の手続としては、少なくとも30日前以上に予告をするか、予告をしないときは平均賃金30日分以上の支払を必要とします。

♠労働者の事由による解雇というのは

労働者側の事由を理由とする解雇とは、大別すると図表38のようになります。

【図表38　労働者の事由による解雇要件】

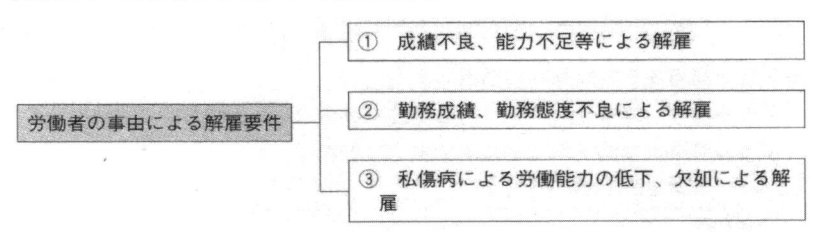

労働者の事由による解雇要件
- ① 成績不良、能力不足等による解雇
- ② 勤務成績、勤務態度不良による解雇
- ③ 私傷病による労働能力の低下、欠如による解雇

図表38の①〜③については、なかなか立証は難しく、その解雇理由が合理的でなく、社会通念上相当と認められなければ、解雇権濫用の法理が適用され、無効となります。

この点について最高裁は、「普通解雇事由がある場合においても、使用者は常に解雇し得るのではなく、当該具体的な事情のもとにおいて、解雇に処することが著しく不合理であり、社会通念上相当なものとして是認することができないときには、当該解雇の意思表示は、解雇権の濫用として無効になるものというべきである」と判示しています(高知放送事・最高裁昭52.1.31判決)。

♠解雇が無効とされるケースは

解雇に合理的理由や社会的相当性がないため無効となるケース以外に、図表39のような理由による解雇も、無効とされます。

【参照法令・条文】労働契約法16条　労基法20条

【図表39　無効とされる解雇】

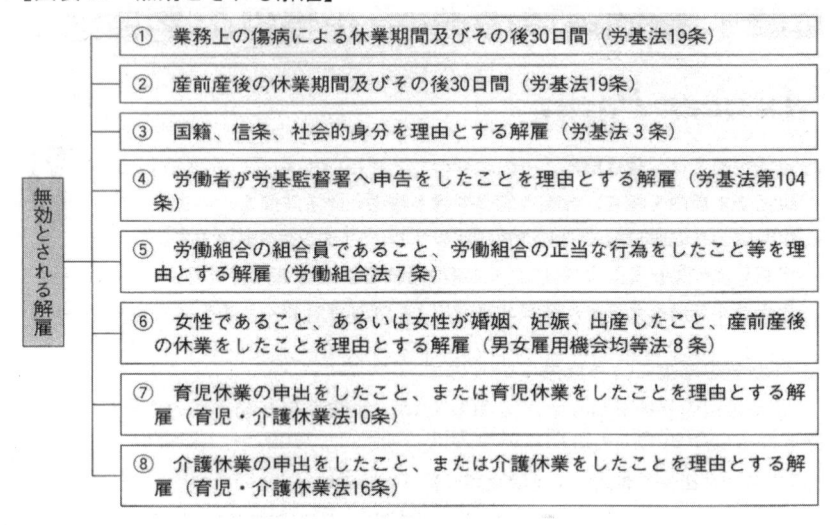

無効とされる解雇
- ① 業務上の傷病による休業期間及びその後30日間（労基法19条）
- ② 産前産後の休業期間及びその後30日間（労基法19条）
- ③ 国籍、信条、社会的身分を理由とする解雇（労基法3条）
- ④ 労働者が労基監督署へ申告をしたことを理由とする解雇（労基法第104条）
- ⑤ 労働組合の組合員であること、労働組合の正当な行為をしたこと等を理由とする解雇（労働組合法7条）
- ⑥ 女性であること、あるいは女性が婚姻、妊娠、出産したこと、産前産後の休業をしたことを理由とする解雇（男女雇用機会均等法8条）
- ⑦ 育児休業の申出をしたこと、または育児休業をしたことを理由とする解雇（育児・介護休業法10条）
- ⑧ 介護休業の申出をしたこと、または介護休業をしたことを理由とする解雇（育児・介護休業法16条）

♠普通解雇事由を就業規則に明示しよう

　解雇事由は、就業規則の絶対的必要記載事項です。労働者常時10人以上を使用する事業主は就業規則が必要です(図表40)。

【図表40　就業規則の規定例】

```
（普通解雇）
第○○条　社員が次のいずれかに該当するときは、解雇することができる。
 1．勤務成績または業務能率が著しく不良で、向上の見込みがなく、他の職務にも転
　　換できない等、就業に適さないと認められたとき。
 2．勤務状況が著しく不良で、改善の見込みがなく、社員としての職責を果たし得な
　　いと認められたとき。
 3．業務上の負傷または疾病による療養の開始後3年を経過しても当該負傷または疾
　　病がなおらない場合であって、社員が傷病補償年金を受けているときまたは受ける
　　こととなったとき（会社が打ち切り補償を支払ったときを含む。）。
 4．精神または身体の障害については、適正な雇用管理を行い、雇用の継続に配慮し
　　てもなおその障害により業務に耐えられないと認められたとき。
 5．試用期間中または試用期間満了時までに社員として不適格であると認められたとき。
 6．就業規則に定める懲戒解雇事由に該当する事実があると認められたとき。
 7．事業の運営上のやむを得ない事情によりまたは天災事変その他これに準ずるやむ
　　を得ない事情により、事業の継続が困難となったとき。
 8．事業の運営上のやむを得ない事情によりまたは天災事変その他これに準ずるやむ
　　を得ない事情により、事業の縮小・転換または部門の閉鎖等を行う必要が生じ、他
　　の職務に転換させることが困難なとき。
10．その他前各号に準ずるやむを得ない事由があったとき
```

　なお、解雇事由を規定した就業規則が従業員に周知されていないときは、その就業規則の効力ははなく、結果として解雇の効力もなくなります(最高裁平15.10.10判決)。

Q22 整理解雇要件ってなに・その行使要件は

Answer Point

♤ 労働者本人には何の落ち度もなく、会社の経営難を理由とする解雇を「整理解雇」といいます。
♤ 経営上の困難があればいつでも行えるものではなく、裁判例では厳しい要件（要素）を使用者側に課しています。
♤ この厳しい要件（要素）は、整理解雇の「４つの要件（４要素）」といわれています。
♤ 「４つの要件（４要素）」を満たしていない整理解雇は「客観的な理由を欠き、社会通念上相当であると認められない場合は、その権利を濫用したもの」として無効となります。

♠ 整理解雇の４要件（４要素）というのは

整理解雇の４要件（４要素）とは、図表41のとおりです。
「４つの要件（４要素）」を満たしていない整理解雇は、「客観的な理由を欠き、社会通念上相当であると認められない場合は、その権利を濫用したもの」として無効となります。

【図表41　整理解雇の４要件（４要素）】

整理解雇の４要件（４要素）
- ❶ 経営上の人員整理の必要性が存在すること。
- ❷ 解雇回避努力義務を尽くしたこと。
  解雇回避の努力措置をとらないでいきなりの整理解雇は解雇権の濫用とされる。解雇回避努力の具体的なものとして、次の６つがあります。
  ① 役員報酬の不支給・減額
  ② 減給、賞与及び昇給の停止、諸手当のカット
  ③ 新規採用の停止、パート等の雇用期間満了による雇止め
  ④ 残業・休日労働の削減
  ⑤ 配転・出向・転籍
  ⑥ 希望退職等の募集
  重要なことは、労働者の解雇による犠牲を最小限にするための措置が具体的に、適正に講じられていることが重要となります。
- ❸ 解雇対象者選定に合理性があること。
  組合員を狙い打ちにするとか、特定の思想信条を有する者を優先するとかの使用者が恣意的に選定基準を決めて適用すれば不合理なものとして、解雇は無効になります。
- ❹ 労働者に対する事前に説明・協議を誠実に実施したこと。

【参照法令・条文】労働契約法16条

♠解雇権濫用の1つの判断要素（要件）であるとした裁判例をあげると

最近の裁判例は、この4要素を厳格にすべての会社にあてはめるのではなく、解雇権濫用の1つの判断要素(要件)であるとした裁判例が出ています（図表42）。

【図表42　解雇権活用の1つの判断要素（要件）であるとした裁判例】

> 裁判例❶
> 「いわゆる整理解雇の4要件は、整理解雇の範疇に属すると考えられる解雇について解雇権の濫用に当たるかどうかを判断する際の考慮要素を類型化したものであって、各々の要件が存在しなければ法律効果が発生しないという意味での法律要件ではなく、解雇権濫用の判断は、本来事案ごとの個別具体的な事情を総合考慮して行うほかないものである」（ナショナル・ウエストミンスター銀行（三次仮処分）事件・東京地裁平12．1．21決定）
>
> 裁判例❷
> 「いかなる措置が講じられるべきかについては、企業規模、経営状態、労働者構成等に照らし、個別具体的に検討されるべきものと解される」（ナカミチ事件・東京地裁八王子支部平11．7．23決定）

♠解雇権の濫用というのは

労働契約法16条では「解雇は、各観的に合理的な理由を欠き、社会通念上相当であると認められない場合は、その権利を濫用したとものとして、無効とする」と規定されていますが、この解雇権の濫用になるか否かの判断要素としては、次の6項目がポイントとなります。

(1)　解雇に合理性または相当の理由があるか。
(2)　解雇が不当な動機または目的からされたものでないか。
(3)　解雇理由とされた行状(非行)の程度と解雇処分との均衡が取れているか。
(4)　同種または類似事案における取扱いと均衡が取れているか。
(5)　一方の当事者である使用者側の対応に信義則からみて問題はないか。
(6)　解雇手続は相当か。

♠中小企業には厳しい要件

中小零細企業では、整理解雇の4要件（4要素）を十分満たすことは至難の業です。

労基監督署へ相談に行っても、「人員整理は整理解雇であり、整理解雇の4要件が必要です」との返事だけが返ってきます。

そこで、「人員整理をする場合は、まず、経営者の給料を最低限度まで減額し、パート、アルバイトを削減して、かつ、人員整理の必要性を十分時間をかけて説明してください」とアドバイスしています。

【参照法令・条文】労働契約法16条

Q23 懲戒解雇ってなに・その行使要件は

Answer Point

♤ 懲戒解雇は、刑法でいうところの死刑に匹敵する厳しい処分です。
♤ 懲戒解雇とは、事業主が労働者の責めに帰す理由で解雇することを指します。重責解雇ともいわれます。
♤ 懲戒解雇の場合、通常、退職金は支給されません。
♤ 使用者側は、労基監督署の解雇予告除外認定を経ることにより即時解雇をすることができます。

♠懲戒解雇は懲戒処分の極刑

懲戒解雇は懲戒処分の極刑ですから図表43の6つの要件が必要となってきます。

【図表43　懲戒解雇に必要な6つの要件】

項　目	説　明
① 罪刑法定主義	処分は必ず就業規則によって、処分の対象となる行為、処分の種類・内容を明らかにしておかなければなりません。これを「罪刑法定主義」といい、処分者の被処分者に対する恣意性を排除し、客観性を保持する目的があります。
② 不遡及の原則	新たに処分の対象となる行為を定めた就業規則の効力はその明文後の対象行為にのみ効力を有し、それ以前の行為はたとえ新たな就業規則において処分の対象であったとしても、その効力は及びません。
③ 一事不再理	二重処分の禁止です。同一の事由に対して2回以上の処分を課すことはできません。
④ 手続保障	本人に弁解の機会を与えたり、就業規則等に懲戒委員会の開催等が記載されているときは、この手続を厳守する必要があります。
⑤ 平等性の原則	同じ規定に同じ程度に違反した場合は、これに対する懲戒処分は、同種同程度であることを要します。当該企業等における先例を踏まえて行うことが重要です。
⑥ 相当性の原則	懲戒処分が、規律違反の種類・程度その他の事情に照らして相当なものでなければなりません。多くの企業では、懲戒解雇に際し、退職金の不支給または減額の規定を定めているところが多くあります。 懲戒解雇は、労働者の過去または将来に重大な影響を及ぼす処分であるため相当性を欠く懲戒処分は、懲戒権の濫用と解されます。

図表43の①の場合、処分の対象をすべて記載することは困難であるため、その対応として「その他、前各号に準ずる程度の行為があったとき」と一般条項を設けます。

【参照法令・条文】労働契約法16条　労基法89条　雇用保険法62条～65条

♠労働者の責に帰すべき事由の認定基準は限定的で厳格な考え方

　使用者は、労働者を解雇しようとする場合には、労働者の責に帰すべき事由に基づいて解雇する場合を除き、少なくとも30日前に予告するか、30日分以上の平均賃金を支払わなければなりません。

　また、労働者の責に帰すべき事由に基づいて解雇する場合には、所轄労基監督署長から解雇予告除外の認定を受けることを条件に、解雇予告義務を免除しています。

　この場合の「労働者の責に帰すべき事由」の認定基準について、図表44のとおり、行政解釈は限定的で厳格な考え方を示しています。

【図表44　労働者の責に帰すべき事由の認定基準】

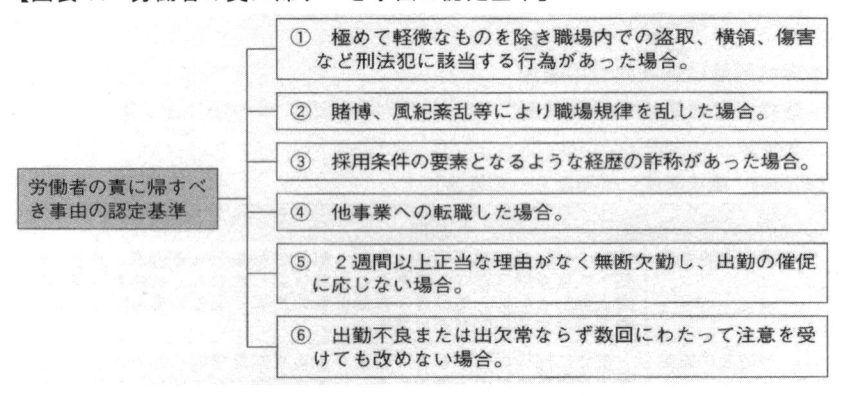

労働者の責に帰すべき事由の認定基準
- ① 極めて軽微なものを除き職場内での盗取、横領、傷害など刑法犯に該当する行為があった場合。
- ② 賭博、風紀紊乱等により職場規律を乱した場合。
- ③ 採用条件の要素となるような経歴の詐称があった場合。
- ④ 他事業への転職した場合。
- ⑤ 2週間以上正当な理由がなく無断欠勤し、出勤の催促に応じない場合。
- ⑥ 出勤不良または出欠常ならず数回にわたって注意を受けても改めない場合。

　労基監督署は、使用者から解雇予告認定申請書が提出された場合は、事業場等(本人からの聴取もあります)に赴いて調査を行い、図表44の基準に照らして「労働者の責めに帰すべき事由」があると判断した場合は、認定を行います。

♠事業主都合による解雇と特定求職者雇用開発助成金の受給要件の関係は

　特定求職者雇用開発助成金の受給要件には、「対象労働者の雇入れの日の前日から起算して6か月前の日から1年間を経過する日までの間に、当該雇入れにかかる事業所において、雇用する被保険者(短期雇用特例被保険者および日雇労働被保険者を除く)を事業主都合による解雇(勧奨退職等を含む)したことがない事業主」という要件があります。

　もっとも、雇用する被保険者の自己の責めに帰すべき事由で解雇され、労基監督署の懲戒解雇の除外申請が受けられれば、事業所の都合による解雇ではない取扱いがなされます。

Q24　解雇予告ってどんなとき・手当支払の必要は

Answer Point

♤ 使用者が労働者を解雇しようとする場合、少なくとも30日前に予告をしなければなりません。
♤ 30日前に予告をしない場合は、30日分以上の平均賃金を支払わなければなりません。
♤ 予告の日数は、1日について平均賃金を支払った場合は短縮できます。
♤ 解雇の予告・予告手当の支払については、2つの例外が認められています。
♤ 解雇予告を要しない労働者もいます。

♠ 解雇予告というのは

　使用者が労働者を解雇しようとする場合、少なくとも30日前に予告をしなければなりません。この30日前の予告のことを解雇予告といいます。

　30日前に予告をしない場合は、解雇予告手当と呼ばれる30日分以上の平均賃金を支払わなければなりません。この解雇予告の基本は、少なくとも30日前の予告ですが、例えば、15日前に解雇予告をする場合は、15日分短縮することができます。もちろん、この場合は15日分の平均賃金を支払わなければなりません。

♠ 解雇の起算日は翌日

　民法140条には、「日、週、月、年で期間が定められている場合は、その期間の初日はかぞえない」と規定されています。したがって、解雇の予告がなされた日は算入されませんので、解雇予告をした日の翌日から起算されることになります。また30日間は、労働日ではなく暦日で計算されますので、休日または休業の日も含めて計算します。

　そして、予告した日の翌日から起算して、最終日の勤務終了をもって成立します。したがって、予告した翌日から数えて30日後の勤務終了後に労働契約が解約されます。

　設例でみると、図表45のとおりです。

【図表45　解雇予告日・起算日・解雇日の例】

例	解雇予告日	平成25年5月 1日
	起算日	平成25年5月 2日
	解雇日	平成25年5月31日

【参照法令・条文】民法140条　労働契約法16条　労基法20条、21条

♠解雇予告は解雇日の特定が必要

解雇予告の方法は、解雇日を特定して予告しなければなりません。不確定な期限や条件付の予告は、解雇予告とは認められません。

予告は、口頭で行っても有効ですが、口頭の場合には、解雇に関する争いが生じたときに証明困難となることが多いので、解雇予告通知書といった書類を掲示するのが望ましい方法です。

ハローワークへ提出する離職票で退職事由が解雇とある場合は、解雇予告通知書の提出を求められます。

♠解雇予告手当は退職金で処理を

解雇予告手当は、労基法によって創設されたものであり、労働の対償となる賃金ではないため、労基法24条に定める通貨払、直接払の原則は適用されませんが、賃金に準じて通貨で直接支払うよう取り計るべきものとされています(昭23.8.18基収第2520号)。

なお、解雇予告手当は、税制上では「退職所得」となりますので、退職金がある場合は、それと合算して退職所得なります。

♠即日解雇はその日に解雇予告手当を支払う

即時解雇の場合における30日の平均賃金の支払時期については、解雇の申渡しと同時に支払わなければなりません(昭23.3.17基発第464号)。

♠30日分の平均賃金の計算は

平均賃金は、解雇予告手当や年次有給休暇を取得したときに支払われる賃金の計算に使われるものです。

平均賃金の計算方法は、労基法によって定められていますが、原則として、業務上の事由や通勤による負傷や死亡の原因となった事故が発生した日、または医師の診断によって疾病にかかったことが確定した日(賃金締切日が定められているときは、その日の直前の賃金締切日)の直前3か月間にその労働者に対して支払われた賃金の総額を、その期間の総日数で除した金額です。

ここでいう賃金の総額には、金銭で支払われるもののほか、現物で支給されるものも含まれますが、臨時に支払われた賃金、ボーナスなど3か月を超える期間ごとに支払われる賃金は含まれません。

そして、平均賃金の算定期間である3か月のなかに、図表46の①～⑤の事由があるときは算定期間からこれらの期間の日数を除き、賃金の総額から

【参照法令・条文】労基法24条

は、これらの期間中の賃金額を差し引いて、平均賃金を計算します。

【図表46　平均賃金の算定期間から除外する期間】

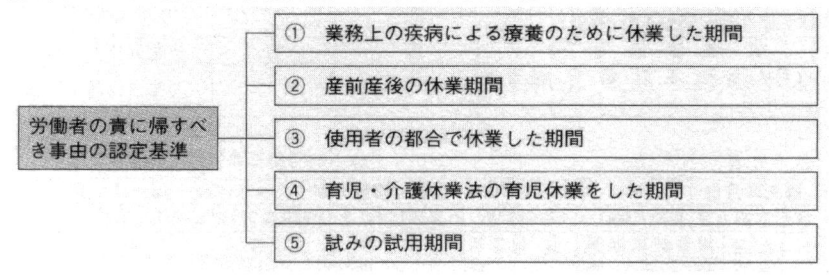

労働者の責に帰すべき事由の認定基準
- ① 業務上の疾病による療養のために休業した期間
- ② 産前産後の休業期間
- ③ 使用者の都合で休業した期間
- ④ 育児・介護休業法の育児休業をした期間
- ⑤ 試みの試用期間

　また、雇入後3か月に満たない労働者の平均賃金は、雇入後の賃金総額をその期間の総日数で除して計算します。

　これが平均賃金の原則的な計算方法です。

　ところが、賃金が日給、時間給、請負給などの場合には、原則的な方法によって計算すると、その労働者が就労できなかったため賃金を受けなかった期間も平均賃金の算定期間に含まれてしまいます。

　こういう場合には、図表47のような方法で計算した最低保障額と、原則的計算方法で計算した額とを比較して、どちらか高いほうの額をその労働者の平均賃金としています。

♠即時解雇は争いの元

　労基法では、少なくとも30日前に解雇予告をするか、30日分以上の解雇予告手当を支給すれば、労基法上は事業所の違反がないことになっています。

　しかし、解雇される労働者にしてみれば、解雇の理由が事業所に適用される就業規則の解雇事由に該当していたとしても、本人の責めに帰すべき解雇（いわゆる重責解雇）以外の理由で退職させられることについては、憤懣やり方のないことであり、翌日からの生活権を奪われることには違いがありません。

　そこで、事業所より即時解雇の相談があったときは、「犯罪行為以外の理由による即日解雇は絶対に避けるべきです」。

　また、「30日以上前に予告をすれば、解雇予告手当の支払はありませんが、今後の争いごとを避けるために、30日以上前に予告をして、かつ30日分の解雇予告手当的なものを支給したらどうですか」といつもアドバイスをしています。

　筆者は、これを「ダブルチェック解雇予告」と呼んでいます。

【図表47 平均賃金の計算内訳書の例】

様式第8号（別紙1）（表面）

労働保険番号					氏　名	災害発生年月日
府県	所掌	管轄	基幹番号	枝番号		年　月　日

平均賃金算定内訳

（労働基準法第12条参照のこと。）

雇入年月日		年　月　日		常用・日雇の別			常用・日雇	
賃金支給方法		月給・週給・日給・時間給・出来高払制・その他請負制					賃金締切日　毎月　　日	

		賃金計算期間	月　日から 月　日まで	月　日から 月　日まで	月　日から 月　日まで	計	
A	月によって支払ったものその他一定の期間	総日数	日	日	日 ㋑	日	
		賃金	基本賃金	円	円	円	円
			手当	円	円	円	円
			手当				
			計	円	円	円 ㋺	円

		賃金計算期間	月　日から 月　日まで	月　日から 月　日まで	月　日から 月　日まで	計	
B	日若しくは時間又は出来高払制その他の請負制によって支払ったもの	総日数	日	日	日 ㋑	日	
		労働日数	日	日	日 ㋩	日	
		賃金	基本賃金	円	円	円	円
			手当	円	円	円	円
			手当				
			計	円	円	円 ㋥	円

総　計			円	円	円 ㋭	円

平均賃金	賃金総額㋭　　円÷総日数㋑　　＝　　円　　銭

最低保障平均賃金の計算方法
　Aの㋺　　　　円÷総日数㋑　　　＝　　　　円　　　銭㋬
　Bの㋥　　　　円÷労働日数㋩ × $\frac{60}{100}$ ＝　　　円　　　銭㋣
　㋬　　円　　銭＋㋣　　円　　銭＝　　円　　銭（最低保障平均賃金）

日日雇い入れられる者の平均賃金（昭和38年労働省告示第52号による。）	第1号又は第2号の場合	賃金計算期間	労働日数又は労働総日数 ㋠	賃金総額 ㋷	平均賃金（㋷÷㋠）× $\frac{73}{100}$
		月　日から 月　日まで		円	円　銭
	第3号の場合	都道府県労働局長が定める金額			円
	第4号の場合	従事する事業又は職業	都道府県労働局長が定めた金額		円

漁業及び林業労働者の平均賃金（昭和24年労働省告示第5号第2条による。）	平均賃金協定額の承認年月日	年　月　日	職種	平均賃金協定額	円

① 賃金計算期間のうち業務外の傷病の療養等のため休業した期間の日数及びその期間中の賃金を業務上の傷病の療養のため休業した期間の日数及びその期間中の賃金とみなして算定した平均賃金
　（賃金の総額㋭－休業した期間にかかる②の㋥）÷（総日数㋑－休業した期間②の㋠）
　（　　円－　　円）÷（　　日－　　日）＝　　円　　銭

♠解雇予告期間中に出勤しない場合は欠勤控除も可能

　解雇予告期間中は、解雇予告期間が満了するまでは労働関係は存続していますので、その期間中労働者は労務の提供をしなければならず、使用者はこれに対して賃金を支払わなければなりません。

　また解雇予告期間中に労働者が自己の都合により欠勤したときは、使用者は賃金を減額することができます。

♠労基監督署長の認定があれば解雇予告手当を支払わなくてもできる即時解雇

　図表48の場合について労基監督署長の認定を受けたときは、30日分以上の解雇予告手当を支払わなくても即時解雇できます。

【図表48　解雇予告手当を支払わなくてもできる即時解雇】

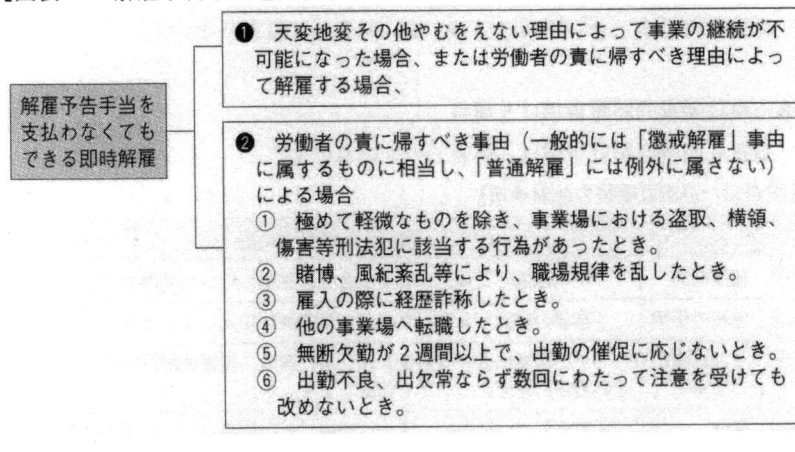

解雇予告手当を支払わなくてもできる即時解雇
- ❶ 天変地変その他やむをえない理由によって事業の継続が不可能になった場合、または労働者の責に帰すべき理由によって解雇する場合、
- ❷ 労働者の責に帰すべき事由（一般的には「懲戒解雇」事由に属するものに相当し、「普通解雇」には例外に属さない）による場合
  ① 極めて軽微なものを除き、事業場における盗取、横領、傷害等刑法犯に該当する行為があったとき。
  ② 賭博、風紀紊乱等により、職場規律を乱したとき。
  ③ 雇入の際に経歴詐称したとき。
  ④ 他の事業場へ転職したとき。
  ⑤ 無断欠勤が2週間以上で、出勤の催促に応じないとき。
  ⑥ 出勤不良、出欠常ならず数回にわたって注意を受けても改めないとき。

♠解雇予告を要しない労働者は

　解雇予告を要しない労働者とは、図表49に該当するものです。

【図表49　解雇予告を要しない労働者】

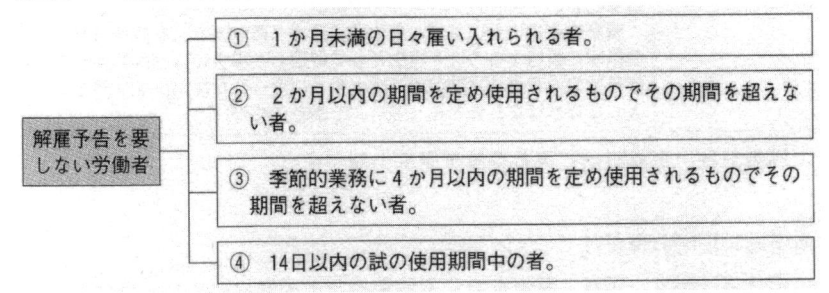

解雇予告を要しない労働者
- ① 1か月未満の日々雇い入れられる者。
- ② 2か月以内の期間を定め使用されるものでその期間を超えない者。
- ③ 季節的業務に4か月以内の期間を定め使用されるものでその期間を超えない者。
- ④ 14日以内の試の使用期間中の者。

Q25 退職時の証明書の交付は

Answer Point

♧ 退職時に労働者から退職証明書の交付を求められたときは、交付しなければなりません。
♧ 労働者の請求しない事項については、記入してはなりません。
♧ 退職証明書に絶対記載してはならない事項もあります。

♠ 退職証明書の交付は

退職時に労働者から退職証明書の交付を求められたときは、交付しなければなりません。なお、労働者の請求しない事項については、記入してはなりません。

♠ 退職証明書の記載事項は5項目

退職証明書の記載事項は、図表50の5項目です。

【図表50　退職証明書の記載事項】

項目	説明
① 使用期間	「使用期間」とは、いわゆる会社に在職していた期間のことです。
② 業務の種類	「業務の種類」とは、なるべく具体的に記入してください。
③ その事業における地位	「その事業における地位」は、単に職名、役職名等だけではなく、その責任の程度についても記載します。
④ 賃金	「賃金」については、賃金の明細ごとに分類し、1か月の総額を記入します。
⑤ 退職事由	「退職事由」とは、自己都合退職、勧奨退職、解雇、定年退職等労働者が身分を失った事由を示すこと。 また、解雇の場合には解雇の理由も「退職事由」に含まれるものであること。 解雇の事由については、具体的に示す必要があり、就業規則の一定の条項に該当することを理由として解雇した場合には、就業規則の当該条項の内容及び当該条項に該当するに至った事実関係を証明書に記入しなければなりません（平11.1.29基発45号）。

図表51は、退職事由にかかる退職証明書の例です。

♠ 退職時証明の趣旨は

退職時証明は、退職・解雇をめぐる個別紛争を未然に防止し、併せて後日の紛争処理の迅速解決に資することを目的としています。

【図表51 退職事由に係る退職証明書の例】

退職事由に係るモデル退職証明書

（労働者名）　殿

以下の事由により、あなたは当社を　　年　　月　　日に退職したことを証明します。

　　　　　　　　　　　　　　　　　　　　　　　　　　　年　　月　　日

事業主氏名又は名称
使用者職氏名

① あなたの自己都合による退職（②を除く。）
② 当社の勧奨による退職
③ 定年による退職
④ 契約期間の満了による退職
⑤ 移籍出向による退職
⑥ その他（具体的には　　　　　　　　　　　　）による退職
⑦ 解雇（別紙の理由による。）

※　該当する番号に○を付けること。
※　解雇された労働者が解雇の理由を請求しない場合には、⑦の「（別紙の理由による。）」を二重線で消し、別紙は交付しないこと。

別　紙

ア　天災その他やむを得ない理由（具体的には、
　　によって当社の事業の継続が不可能になったこと）による解雇
イ　事業縮小等当社の都合（具体的には、当社が、
　　　　　　　　　　　　　　　　となったこと。）による解雇
ウ　職務命令に対する重大な違反行為（具体的には、あなたが
　　　　　　　　　　　　　　　したこと。）による解雇
エ　業務について不正な行為（具体的には、あなたが
　　　　　　　　　　　　　　　したこと。）による解雇
オ　相当長期間にわたる無断欠勤をしたこと等勤務不良であること（具体的には、あなたが
　　　　　　　　　　　　　　　したこと。）による解雇
カ　その他（具体的には、
　　　　　　　　　　　　　　　　　　　）による解雇

※　該当するものに○を付け、具体的な理由等を（　　）の中に記入すること。

◆退職証明書に絶対記載してはならない事項もある

　労基法22条4項には「使用者は、あらかじめ第三者と謀り、労働者の就業を妨げることを目的として、労働者の国籍、信条、社会的身分、労働組合運動に関する通信をし、または第1項及び第2項の証明書に秘密の記号を記入してはならない」と規定されています。

　これは、いわゆるブラックリストに関する通信を禁止しているものです。

【参照法令・条文】労基法22条

Q26 退職者の金品・私物は返還するってホント

Answer Point

♤使用者は、労働者の死亡または退職の場合で、権利者の請求があったときは、請求を受けた日から7日以内に、賃金を支払い、積立金、保証金、貯蓄金その他名称の如何を問わず、労働者の権利に属する金品を返還しなければなりません。

♠金品等は請求があってから7日以内に返却を

労働者が退職した場合に、賃金、積立金その他労働者の権利に属する金品を迅速に返還させないと、労働者の足留策に利用されることもあり、また退職労働者または死亡労働者の遺族の生活を窮迫させることとなり、さらに時が経つにつれて賃金支払や金品返還に不便と危険を伴うこととなります。

そこで、これらの関係を早く清算させるため、退職労働者等の権利者から請求があった日から7日以内に賃金や金品等を返却すべきとしたものです。

♠退職労働者等の権利者とは本人か相続人のこと

退職労働者等の権利者とは、退職の場合は本人、死亡の場合は相続人をいい、一般債権者は含みません。労働者が死亡の場合の相続人については、正当な相続人であるか否かの判断が困難であるため、請求者が正当な相続人であることを証明しない限り、使用者は支払や返却を拒否することができます。

♠金晶等の返還と退職金は別扱い

権利者から請求があれば7日以内に、賃金等その他名称の如何を問わず、労働者の権利に属する金品を返還しなければなりませんので、退職金についても7日以内に支払わなければならないという問題が生じてきます。

しかし、退職金については、就業規則等で支給規定が明確に定められていれば、その支払時期については、「退職手当は、あらかじめ就業規則等で定められた支払時期に支払えば足りる（昭26.12.27基収5483号、昭63.3.14基発150号）」とされており、就業規則等に支払時期が定められていれば、権利者の請求があったとしても、賃金と同じように7日以内に支払う必要はないことになります。

【参照法令・条文】民法887条　労基法11条、23条、24条

Q27 高年齢者雇用安定法の改正内容は

Answer Point

♤「高年齢者等の雇用の安定等に関する法律」の一部が改正され、平成25年4月1日から施行されています（以下、高齢法といいます）。主な改正点は、次のとおりです。
① 継続雇用制度の対象者を限定できる仕組みの廃止
② 継続雇用制度の対象者を雇用する企業規模の拡大
③ 義務違反の企業に対する公表規定の導入
④ 高年齢者雇用確保措置の実施・運用に関する指針の策定

♠原則として希望者全員65歳までの雇用を義務づけ

　65歳未満の定年を定めている事業主が、高年齢者雇用確保措置として継続雇用制度を導入する場合、平成25年4月1日からは、希望者全員を継続雇用制度の対象者とすることが必要となりました。

　ただし、平成25年3月31までに継続雇用制度の対象者の基準を労使協定で設けている場合は、次の経過措置が認められています。

　　平成28年3月31日までは61歳以上の人に対して⇒
　　平成31年3月31日までは62歳以上の人に対して⇒　労使協定の基準
　　平成34年3月31日までは63歳以上の人に対して⇒　を適用すること
　　平成37年3月31日までは64歳以上の人に対して⇒　ができます。

（参考）老齢厚生年金の報酬比例部分の支給開始年齢
　　平成25年4月1日から平成28年3月31日まで61歳
　　平成28年4月1日から平成31年3月31日まで62歳
　　平成31年4月1日から平成34年3月31日まで63歳
　　平成34年4月1日から平成37年3月31日まで64歳

♠継続雇用制度の対象者を雇用する企業規模の拡大

　65歳までの継続雇用は、原則として自社内で確保する制度が（高齢法9条1項）必要となっていましたが、今回の改正で、自社内のほか、子会社、関連会社など特殊関係事業主との契約に基づき、特殊関係事業主が引き続いて雇用する制度も可能となりました（高齢法9条2項）。

【参照法令・条文】高齢者雇用安定法9条

子会社とは、議決権の過半数を有しているなど支配力を及ぼしている企業であり、関連会社とは、議決権を20％以上保有しているなど影響力を及ぼしている企業です。

♠義務違反の企業に対する公表規定の導入
高年齢者確保措置（①定年の引上げ、②継続雇用制度の導入、③定年の制度の廃止）を講じていない企業に対して、ハローワーク等による個別指導を実施し、改善されない場合は勧告が実施されます。

勧告を受けても改善されない場合は、勧告に従わなかったこと等の公表を行うとのこととされています。

♠高年齢者雇用確保措置の実施及び運用に関する指針というのは
高年齢者雇用確保措置の実施及び運用に関する指針は、次のような内容です。

(1) 継続雇用制度を導入する場合は、希望者全員を対象とする制度とする。
(2) 就業規則に定める解雇・退職事由（年齢に係るものを除く）に該当する場合には、継続雇用しないことができる。
(3) 就業規則に定める解雇事由または退職事由と同一の事由を、継続雇用しないことができる事由として、解雇や退職の規定とは別に、就業規則に定めることもできる。また、当該同一の事由について、継続雇用制度の円滑な実施のため、労使が協定を締結することができる。なお、解雇事由または退職事由とは異なる運営基準を設けることは高年齢者等の雇用の安定等に関する法律の一部を改正する法律（平成24年法律第78号。以下「改正法」といいます）の趣旨を没却するおそれがあることに留意する。

　ただし、継続雇用しないことについては、客観的に合理的な理由があり、社会通念上相当であることが求められると考えられることに留意する。
(4) 賃金・人事処遇制度の見直し
(5) 短時間勤務制度、隔日勤務制度など、高年齢者の希望に応じた
(6) 継続雇用制度を導入する場合において、契約期間を定めるときには、高年齢者雇用確保措置が65歳までの雇用の確保を義務付ける制度であることに鑑み、むやみに短い契約期間とすることがないように努めること。
(7) 高年齢者雇用アドバイザー等の有効な活用

　　　　　　　　　　　　　　　　　　　　等々

♠就業規則の変更が必要

　下記にように、希望者全員65歳まで継続雇用制度が導入されている場合は、就業規則の変更はありません。
　しかし、これまで、基準に該当する者を60歳の定年後に継続雇用する旨を定めている場合で、平成25年4月1日以降も経過措置により基準を利用する場合は就業規則の変更が必要となります。

【図表52　就業規則の規定例】

> 第○条　従業員の定年は満60歳とし、60歳に達した年度の末日をもって退職とする。
> 　　　　ただし、本人が希望し、解雇事由又は退職事由に該当しない者については、65歳まで継続雇用する。

【図表53　経過措置を利用する場合の就業規則記載例】

> 第○条　従業員の定年は満60歳とし、60歳に達した年度の末日をもって退職とする。
> 　　　　ただし、本人が希望し、解雇事由又は退職事由に該当しない者であって、高年齢者雇用安定法一部改正法附則第3項に基づきなお効力を有することとされる改正前の高年齢者雇用安定法第9条第2項に基づく労使協定の定めるところにより、次の各号に掲げる基準（以下「基準」という）のいずれにも該当する者については、65歳まで継続雇用し、基準のいずれかを満たさない者については、基準の適用年齢まで継続雇用する。
> 　(1)　引き続き勤務することを希望している者
> 　(2)　過去○年間の出勤率が○％以上の者
> 　(3)　直近の健康診断の結果、業務遂行に問題がないこと
> 　(4)　○○○○
> 　2　前項の場合において、次の表の左欄に掲げる期間における当該基準の適用については、同表の左欄に掲げる区分に応じ、それぞれ右欄に掲げる年齢以上の者を対象に行うものとする。
>
> 　　　平成25年4月1日から平成28年3月31日まで　　61歳
> 　　　平成28年4月1日から平成31年3月31日まで　　62歳
> 　　　平成31年4月1日から平成34年3月31日まで　　63歳
> 　　　平成34年4月1日から平成37年3月31日まで　　64歳

Q28 男女同一賃金の原則の主旨は

Answer Point

♤ 使用者は、労働者が女性であることを理由として、賃金について、男性と差別的取扱いをしてはなりません。
♤ 違反した場合には、刑罰規定があります。
♤ 女性労働者は、男性との差額賃金の請求、あるいは賃金差額相当分の損害賠償を請求することができます。

♠差別的取扱禁止の主旨は

　労基法は、使用者は、労働者が女性であることを理由として、賃金について、男性と差別的取扱いをしてはならないと規定しています。
　本条の趣旨は、わが国における従来の国民経済の封建的構造のため、男性労働者に比較して一般に低位であった女性労働者の社会的・経済的地位の向上を、賃金に関する差別待遇の廃止という面から、実現しようとするものです（昭 22. 9.13 発基 17）。女性であることを理由として、賃金について有利な取扱いをする場合も含みます（昭 63. 3.14 基発 150 号）。
　違反した場合には、刑罰規定（6か月以下の懲役または 30 万円以下の罰金）があります。

♠女性であることによる差別は法律違反

　女性であることを理由として差別的取扱いをするとは、「女性が一般的に勤続年数が短い、能率が低い、主たる生計維持者でないことなどを理由」とすることの意であり、これらを理由として差別的取扱いをすることです（昭 22. 9.13 基発 17 号）。
　実際にそうであるかどうかを問わず、一律に賃金を男女で異なる扱いをするのは賃金差別に該当するとし、職務、能率、技能、年齢等により現実に賃金に差異が生じても、差別にはあたらない（昭 25.11.22 婦発 311 号）としています。

♠女性労働者の賃金が低く抑えられているとした裁判例が多数発生

　昨今、女性労働者の賃金を女性であることを理由として、男性労働者に比して低く抑えられているとした裁判例が多数発生しています。
　主な裁判例をみてみると、次の (1) ～ (4) のとおりです。

④ 賃金の実務ポイント

【参照法令・条文】憲法 14 条　民法 709 条　労基法 4 条、119 条

(1) 同じ職種の同じ学歴の男女に、初任給で差をつけることは、差別的取扱いとなります。男女別の賃金表を設けたり、女性だけの年齢給を頭打ちにするような取扱いも、差別的取扱いになります(秋田相互銀行事件・秋田　地裁昭50．4.10判決)。
(2) 世帯主だけに家族手当が支給される場合に、男性社員だけを世帯主とする取扱いは、差別的取扱いとされ、無効とされています(岩手銀行事件・仙台高裁平4．1.10判決)。
(3) ガス会社で積算業務をしていた女性労働者について、同期入社・同年齢の男性労働者と労働の質に差がないとして賃金格差を不合理なものとして、無効とされています(京ガス事件・京都地裁平13．9.20判決)。
(4) 資格給と本人給の基本給のうち、本人給について男性労働者には全員勤務地域無限定、「非世帯主及び独身の世帯主」の女性労働者に対しては勤務地域限定としていた基準は、賃金差別として無効とされています(東京地裁平6．6.16判決。平7．7和解成立)。

♠立証責任は会社にあり

「男女間に賃金格差がある場合に、使用者側で賃金格差が合理的理由に基づくものであることを示す具体的かつ客観的事実を立証できない限り、その格差は女子であることを理由として設けられた不合理な差別であると推認される」と裁判例で示されていますから、使用者としては、賃金格差が生じたのは、女性であることが理由ではないという立証ができなければ、賃金差額等の賠償責任が生ずることがあります。

♠男女間の賃金格差解消のために

「男女間の賃金格差解消のための賃金管理及び雇用管理改善方策に係るガイドライン」によれば、わが国の男女間賃金格差(一般労働者の所定内給与)は男性を100としたときに女性は69.8%(2007年)ということです。

長期的には縮小傾向にあるものの、国際的にみて格差は大きいといえます。男女間賃金格差の発生原因は、多種多様ですが、最大の要因は、男女間の職階(部長、課長、係長などの役職)の差であり、勤続年数の差も影響しています。このほか、家族手当等の手当も影響しています。

男女間賃金格差は、多くの場合、賃金制度そのものの問題というよりは人事評価を含めた賃金制度の運用の面や、職場における業務の与え方の積重ねや配置のあり方等、賃金制度以外の雇用管理面における問題に起因していると考えられています。

Q29 賃金ってなに・その種類は

Answer Point

♤賃金とは、①労働の対償として支払われるもの、②使用者から支払われるもの、③労働者が労働債権として法律上の請求権を有するものとされています。

♠賃金というのは

賃金とは、①労働の対償として支払われるもの、②使用者から支払われるもの、③労働者が労働債権として法律上の請求権を有するものとされています。

♠恩恵的なものや実費弁償的なものは賃金とならない

労働の対償として支払われるものとは、使用者の指揮命令のもとで行われる労働に対して、報酬として支払われるものをいいます。

したがって、図表54のものは賃金には入りません。

【図表54　賃金とならないもの】

賃金とならないもの	①	使用者が恩恵的・任意的に支給するもの 結婚祝金、死亡弔慰金、災害見舞金等の慶弔見舞金等 ただし、労働協約、就業規則、労働契約等によって支給が明確にされているならば賃金に該当します。
	②	作業備品、実費弁償とみられるもの 作業服・事務用品などの現物給付、出張旅費等

恩恵的なものとしては、福利厚生施設等があげられますが、昨今は、福利厚生制度などを社員が自由に選択できるようにしたカフェテリアプラン(Cafeteria plan)を導入する会社が増えています。

ここで注意しなければならないのが、「選択メニューに対する課税の原則は個々の給付ごとに判断され、現に受けるサービスの内容によって課税・非課税を判断すべきものと考えられる」とされていますので、課税されれば賃金となる可能性が高くなることです。

♠賃金になるか否かの判断基準は

賃金になるかどうかは、図表55の①〜②により判断します。所得税法上の賃金と違う場合がありますので、注意しましょう。

【参照法令・条文】労基法11条 労働保険料の保険料の徴収等に関する法律11条3項

【図表55 賃金になるか否かの判断基準】

賃金になるか否かの判断基準

① 労働協約、就業規則、労働契約等によって支給が明確にされているならば賃金に該当します。

② 退職金規定等がなくて、任意的に取り扱われていても、過去に何回か支給されている場合は、慣行となり賃金となります。

③ 使用者から支払われるものでなければ賃金ではありません。したがって、旅館等の労働者が客からもらうチップは賃金ではありません。
ただし、チップをすべて会社が押収し、奉仕料の配分として事業主から受ける場合は、賃金となります。

④ 労働者が法令により本来負担すべき、所得税、社会保険料等を使用者が支払った場合は賃金となります。

♠賃金総額に算入するもの・しないものは

労働保険料の算定基礎となる賃金総額と上記の賃金が違う場合があります。

賃金総額に算入するもの・しないものについては、図表56のとおり、厚生労働省令で定められています。

【図表56 賃金総額に算入するもの・しないもの】

賃金総額に算入するもの	賃金総額に算入しないもの
○基本給　固定給等基本給 ○残業手当、休日手当、深夜手当等 ○扶養手当、子供手当、家族手当等 ○宿・日直手当 ○役職手当、管理職手当等 ○地域手当　　○住宅手当 ○教育手当　　○単身赴任手当 ○技能手当　　○特殊作業手当 ○奨励手当　　○物価手当 ○調整手当　　○賞与 ○通勤手当　　○休業手当 ○いわゆる前払退職金(労働者が在任中に、退職金相当額の全部または一部を給与や賞与に上乗せするなど前払されるもの) ○定期券、回数券等 ○創立記念日等の祝金(恩恵的なものでなく、かつ、全労働者または相当多数に支給される場合) ○奉仕料の配分として事業主から受けるチップ ○雇用保険料その他社会保険料(労働者の負担分を事業主が負担する場合) ○住居の利益(社宅等の貸与を行っている場合のうち貸与を受けない者に対し均衡上住宅手当を支給する場合)	○休業補償費 ○退職金(退職を事由として支払われるものであって、退職時に支払われるものまたは事業主の都合等により退職前に一時金として支払われるもの) ○結婚祝金 ○死亡弔慰金 ○災害見舞金 ○増資記念品代 ○解雇予告手当(労基法20条の規定に基づくもの) ○死傷病見舞金 ○年功慰労金 ○出張旅費、宿泊費等(実費弁償的なもの) ○制服 ○会社が全額負担する生命保険の掛金 ○財産財形貯蓄のため事業主が負担する奨励金等(労働者が行う財産形成貯蓄を奨励援助するため事業主が労働者に対して支払う一定の率または額の奨励金等) ○住居の利益(一部の社員に社宅等の貸与を行っているが、他の者に均衡給与が支給されていない場合)

Q30 賃金支払の原則ってどういう原則のこと

Answer Point

♤ 賃金は労働者にとっての生活を支える唯一の原資であるため、確実に直接に労働者の手許にわたるため、5つの原則が定められています。

♠ 賃金支払の5原則というのは

　賃金は、労働者にとっての生活を支える唯一の原資であるため、直接に労働者の手許にわたるため、5つの原則が定められています。
　賃金支払の5原則とは、図表57の5つをいいます。

【図表57　賃金支払の5原則】

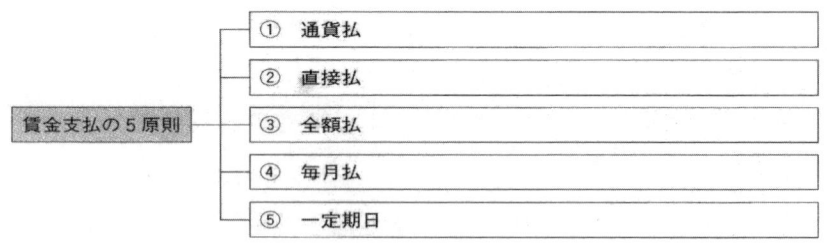

賃金支払の5原則
- ① 通貨払
- ② 直接払
- ③ 全額払
- ④ 毎月払
- ⑤ 一定期日

♠ 賃金は通貨で支払わなければならない

　小切手や現物給付による支払は認められていません。しかし、①法令や労働協約により、通貨以外のもので支払うことを定めている場合、②現在多くの事業所で実施している賃金の金融機関振込については、労働者の同意を得たうえで、労働者本人の指定する金融機関の預金口座に振り込む場合、また、③退職手当についても、振出金融機関を支払人とする小切手または振出金融機関が支払保証をした小切手の交付による場合は、通貨以外のもので支払ってもよいとされています。

　銀行振込の場合は、振り込まれた賃金の全額が所定の賃金支払日に払出ができるようにしなければなりません（昭63.1.1基発1号）。

♠ 賃金は直接労働者に支払わなければならない

　賃金は直接労働者に支払わなければなりません。労働者の親権者その他法定代理人に支払うこと、労働者の委任を受けた委任代理人に支払うことは直

【参照法令・条文】労基法24条、89条4号　民訴法55条1項

接払の原則に違反します。ただし、使者に対しては賃金を支払うことは差支えないとされています。

なお、代理人が弁護士の場合は、直接弁護士に支払うことは差支えありません。

♠賃金は全額支払わなければならない

賃金は、全額支払わなければなりません。ただし、図表58のいずれかの場合には、賃金の一部を控除して支払うことができます。

【図表58　賃金の一部控除ができる場合】

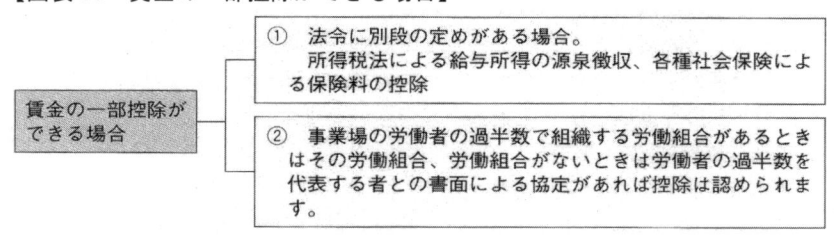

賃金の一部控除ができる場合	① 法令に別段の定めがある場合。 所得税法による給与所得の源泉徴収、各種社会保険による保険料の控除
	② 事業場の労働者の過半数で組織する労働組合があるときはその労働組合、労働組合がないときは労働者の過半数を代表する者との書面による協定があれば控除は認められます。

では、〇〇手当を支給しなくてもよいのに、誤って支給してしまったとき等過払賃金の返還を求めたがその請求に対し労働者が応じない場合は、賃金から天引することは全額払の原則に違反することになるのかという問題が生じることがあります。

この点について最高裁の裁判例は、過払賃金について、精算を認めています。

♠賃金は毎月1回以上一定の期日を決めて支払わなければならない

賃金は毎月1回以上一定の期日を決めて支払わなければなりません。ただし、図表59のものは例外が認められています。

【図表59　毎月1回以上一定の期日の例外】

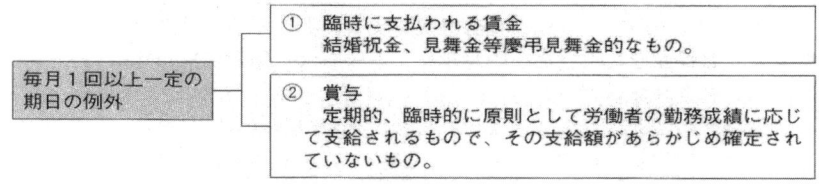

毎月1回以上一定の期日の例外	① 臨時に支払われる賃金 結婚祝金、見舞金等慶弔見舞金的なもの。
	② 賞与 定期的、臨時的に原則として労働者の勤務成績に応じて支給されるもので、その支給額があらかじめ確定されていないもの。

一定期日払とは、賃金支払日を特定するということです。例えば、20日〜25日の間に支払うといった変動する期日の定めは許されません。

しかし、支払日が休日にあたる場合は、繰下げ、繰上げは違法ではありません。

Q31　賞与の性格・その支給要件は

Answer Point

♤賞与は法律上、支払義務はありません。
♤賞与は、賃金後払的性格、生活一時金的性格、功労報償的性格、収益分配的性格などの多様な性格を併せもっています。
♤労働者からみると「生活一時金」、会社側からみると「業績配分」としてこれを取り扱っています。

♠賞与の性格は

　賞与は、賃金後払的性格、生活一時金的性格、功労報償的性格、収益分配的性格などの多様な性格を併せもっています。
　労働者からみると「生活一時金」、会社側からみると「業績配分」としてこれを取り扱っています。

♠賞与の請求権の発生は

　労基法上、賞与については必ず支給しなければならないとは記載されていません。就業規則、労働協約、労働契約等に明示されたときに賞与の支払請求権が発生します。
　賞与の支給基準や支給額の算定方法は、労使間の合意ないし使用者の決定により自由に定めることができますが、支給要件の内容は合理的でなければならず、差別的取扱いや合理的理由を欠く取扱いは許されません(東朋学園事件・最高裁平15.12.4判決)。

♠具体的な賞与の支給規定を明示する

　賞与の支給要件の内容が合理的なものであるためには、賞与規定をつくり、明示することが大切です。
　賞与規定をつくるポイントは、図表60のとおりです。
　こんな例があります。労働者が通勤途上の交通事故で加害者側に休業補償を請求した際に、トラブルが発生しました。それは、賞与の支給基準が明確でないため、賞与の補償はできないというものでした。
　後日、それまでの支給基準を書面にして、補償は支払ってもらいましたが、

【図表60　賞与規定をつくるポイント】

項　目	説　明
(1) 支給回数、時期	年２回としている会社が多い。 一般的には中小企業では、支給日を定めない会社が多い。
(2) 支給しない旨の規定	下記のように、会社の業績により支給しないこともある旨の規定は必要です。 「賞与は、会社の業績と労働者の勤務成績に基づいて、原則として毎年、夏期及び冬期に支給する。ただし、会社の業績の著しい低下その他やむを得ない事由がある場合には、支給しないこともある」。
(3) 支給対象期間及び支給対象者	「賞与の算定のための対象とする期間は、夏期については〇月〇日より〇月〇日まで及び冬期については〇月〇日より〇月〇日までとする」。 「賞与は、支給算定期間に在籍し、かつ賞与の支給日に在籍している労働者に支給する」。

　この例は、賞与の支払基準を明確にしていれば、トラブルを未然に防ぐことができたのではないかということです。

♠今日的な賞与の考え方は

　現在わが国では、年収に占める賞与の割合が30％前後になるといわれています。バブルが弾けるまでの右肩上がりの経済状態から、バブルが弾けて、日本の産業構造がグローバル化し、国際競争力をつけなければ、生き残っていけない時代になりました。人件費が国際的にみて高く、賞与の人件費に占める割合も決して無視することはできません(図表61)。

　こうした中、大企業を中心に、業績連動型賞与の導入が進んでいます。業績連動型賞与とは、賞与の支給額を経常利益に連動させるものです。

　賞与は「生活一時金」的要素と「業績配分」的要素とをもっていますので、すべてを業績連動型賞与とするには、いささか問題があろうと思われます。

　生活費など生活を維持していく固定部分と企業業績に運動した変動部分を組み合わせた方法が合理的ではないでしょうか。

【図表61　過去の賞与の動き（30人以上）】

	定期給与に対する支給月数		賞与支給事業所割合		賞与支給額	
	夏季	年末	夏季	年末	夏季	年末
2000年	1.31	1.44	92.0%	94.3%	507,440	551,096
2002年	1.19	1.28	90.3%	93.4%	474,148	506,671
2004年	1.20	1.30	89.2%	91.8%	465,776	493,999
2006年	1.22	1.32	89.6%	92.2%	486,392	505,650
2008年	1.17	1.25	89.7%	90.6%	470,343	487,169
2010年	1.08	1.14	87.3%	89.8%	416,696	424,004
2011年	1.07	1.13	87.3%	89.8%	418,875	430,791

（出典：毎月勤労統計調査より）

Q32 退職金の性格・その種類は

Answer Point

♤一般的に退職金は、算定基礎賃金に勤続年数別の支給率を乗じて算定されますので、賃金の後払としての性格を多分に有しています。
♤自己都合退職や会社都合退職で支給基準を区別したり、懲戒事由などにより一定の減額や不支給になる場合もあり、功労報償的性格も有しています。
♤退職金の支払義務に関しての法律上の定めはありません。

♠退職金の性格は

退職金は、算定基礎賃金に勤続年数別の支給率を乗じて算定されますので、賃金の後払としての性格を多分に有しています。

自己都合退職や会社都合退職で支給基準を区別したり、懲戒事由などにより一定の減額や不支給になる場合もあり、功労報償的性格も有しています。

♠退職金制度をつくろう

筆者は、社会保険労務士事務所を開設していますので、時折クライアントから「当社の○○氏が退職するので、退職金はいくらくらい払ったらいいのでしょうか」という質問が寄せられます。そのとき筆者は、
「① 退職金制度はありますか？
② 退職金制度がなければ支払う必要はありません。
③ ただし、1回退職金を支払うと、退職金制度があることになります。
④ 払う予定であるならば、退職金制度をつくりましょう」
と、答えます。

厚生労働省の通達では、次のような内容になっています。

「退職金、結婚祝金、死亡弔慰金、災害見舞金等の恩恵的給付は、原則として賃金とみなさない。但し、退職金、結婚手当金等であって、労働協約、就業規則、労働契約等によってあらかじめ支給条件の明確なものはこの限りでない」(昭22.9,13発基第17号)。

♠退職金制度の就業規則への記載事項は

労基法では、退職手当に関する事項を相対的記載事項としており、退職金

制度を設ける場合は、図表62の事項を就業規則に記載しなければならないとされています。

【図表62　退職金制度の就業規則への記載事項】

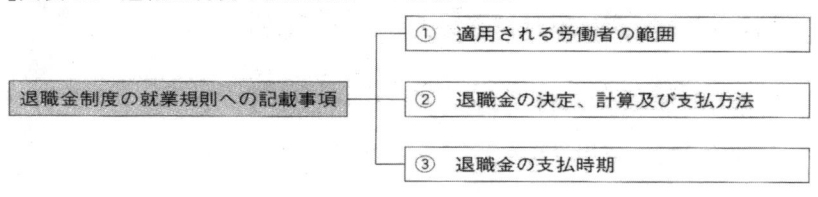

退職金制度の就業規則への記載事項
- ① 適用される労働者の範囲
- ② 退職金の決定、計算及び支払方法
- ③ 退職金の支払時期

♠退職金の積立は2つ

　退職金の積立は、社内積立と外部積立の2つあります。

　社内積立とは、退職金の支給原資を、社内で積み立てる方式のことを指します。そして、退職時に積立金を取り崩して支払う方式のことです。

　社内積立の場合は、退職給与引当金制度という税制上の優遇措置がありましたが、退職給与引当金制度は平成14年3月で廃止となりました。

　そして、過去に引当金計上された額を、大法人では平成14年から4年間で、中小法人では10年間で、取り崩していかなければならなくなったのです。

　外部積立とは、退職金の原資を外部で積み立てる方式のことで、①確定給付企業年金、②確定拠出企業年金(企業型。日本版401k)、③中小企業退職金共済(中退共)、④特定退職金共済(特退共)の4つがあげられます。

♠退職金の減額・制度の変更・制度の廃止には労働者の同意必要

　昨今、右肩下がりの経済状況において退職金制度の変更が行われていますが、退職金の減額、制度の変更あるいは制度そのものの廃止といった、労働者に不利益な労働条件の変更に際しては、すべての労働者の同意が必要となります。

　しかし、同意を求めたとしても、不満な労働者がいる場合は裁判になります。

　その裁判の判決が、平成19年5月23日最高裁で次のように示されました。企業年金の給付利率を一方的に引き下げたのは違法として、松下電器産業やグループ会社の退職者約100人が同社を相手に差額分の支払を求めた訴訟で、最高裁第一小法廷は、退職者側の上告を退ける決定をし、減額を適法とした一、二審判決が確定しました。

　退職者側は「利率の改定は一方的に不利で無効」と主張しましたが、一審の大阪地裁、二審の大阪高裁はいずれも、給付率の維持を難しくする経済情勢の変動があったなどとして減額を適法と判断したのです。

【参照法令・条文】労基法89条3の2号

Q33 退職金の不支給・減額事由の要件は

Answer Point

♤退職金は、賃金の後払的性格を強くもっているため、不支給・減額には相当の理由が必要です。

♠退職金の不支給や減額の主な事由は

「労働協約、就業規則、労働契約等によって予め支給条件が明確である場合の退職手当は、労基法11条の賃金であり、労基法24条2項の臨時の賃金等に当たる」とされています(昭22.9.13発基17号)。

賃金であるがゆえに、就業規則に退職金についての規定を設ける場合は、適用される労働者の範囲、退職手当の決定、計算、支払の方法、退職手当の支払時期に関する事項を設けなければなりません。

賃金等は労働者にとっての最も大切な労働条件であり、退職金の不支給や減額は、その理由を就業規則等に記載しなければなりません。

退職金の不支給や減額の主な事由としては、図表63の5つがあげられます。

【図表63 退職金の不支給や減額の主な事由】

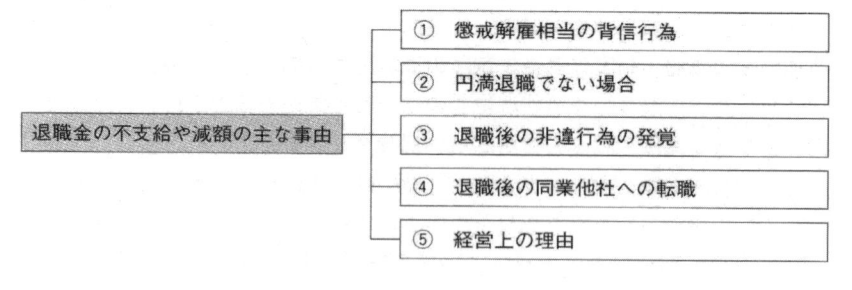

退職金の不支給や減額の主な事由	
①	懲戒解雇相当の背信行為
②	円満退職でない場合
③	退職後の非違行為の発覚
④	退職後の同業他社への転職
⑤	経営上の理由

なお、不支給や減額の場合は、その理由を就業規則等に記載しなければなりません。

♠懲戒解雇相当の背信行為に対する減額・不支給は

懲戒解雇、懲戒解雇に相当する処分とは、刑法でいうところの死刑にも相当する厳しい処分です。懲戒解雇処分が法定罪刑主義の原則に則った処分であるならば、退職金の減額、不支給もやむを得ないものがあると思われます。

現に大多数の会社では、「懲戒解雇の場合は、退職金は支給しない」または「減額して支給する」旨の規定を設けています。

【参照法令・条文】労基法11条、24条2項

退職金は、永年勤続に対しての功労を含みますので、懲戒解雇処分を課したから退職金の不支給とするのではなく、永年の勤続に対しての功労がゼロになるほどの不都合であったかどうかが判断の基準になります。
　この点について、過去の労働に対する評価を抹消させてしまうほどの背信行為があったとは認められないとして、退職金の支払を命じた例があります(トヨタ工業事件・東京地裁平6.6.28判決)。

♠円満退職でなくても支払わなくてはならない
　労働者が使用者の承認を得ないで一方的な意思表示で退職することも可能です。使用者側にしてみますと、一方的に会社の承認も得ないまま退職していった労働者に退職金を支払いたくないと思うのも当然のことです。
　しかし、裁判例としては、円満退職でない労働者に退職金の支給をしないことは問題があり、退職金の不支給は無効であるとの判断が多いようです。
　この点について、自己都合による退職に際し、退職金は円満退職者にのみ支払うとの退職金規定を根拠に退職金を支払われなかった労働者らに、その定めは無効であるとして退職金支払を命じた例があります(栗山製麦事件・岡山地裁玉島支部昭44.9.26判決)。

♠退職後の非違行為が発覚したときは
　自己都合退職後に、懲戒解雇に該当するような事由が判明したような場合で、いったん支払った退職金の返還をさせることができるか、という問題が起こる場合があります。この場合は、退職金の返還を求めることができるかということが問題になってきますが、原則的に返還請求は困難です。
　いったん退職した者を懲戒処分にすることは法律上できないからです。このような不合理を阻止するには、退職金規定(または就業規則)に、「退職後に一定の懲戒事由が判明したときは退職金の返還請求ができる」旨を規定することです。
　このような規定があれば、既に支給していた場合でも返還請求できます。
「懲戒解雇の場合は退職金を支給しない」としか規定されていない場合には、退職金の返還請求はできません。

♠退職後に同業他社に転職したときは
　これからは、人材の流動化が進む中で、このようなケースが益々増えてくると思われます。ところで、労働者が退職後に同業他社に転職したり、過去

の経験を生かして同種の事業を起業することを禁じる、または制限することを「競業避止義務」といいます。

闇雲に、「競業避止義務」をすべての労働者に課すことは、憲法22条の職業選択の自由に違反します。一定の条件で、一定の労働者に「競業避止義務」を課すことは可能と思われます。

そこで、競業会社へ転職した場合に、会社の対抗措置として退職金の不支給・減額ができるかどうかの問題が生じてきます。

この点については、就業規則に「退職後に同業他社に就職したとき、あるいは同業独立営業をしたときには、退職金を不支給ないし減額する」旨の記載があり、また労働契約等で「同業他社への転職の制限」についての特約がなされていなければなりません（Q18参照）。

♠経営上の理由による退職金の不支給・減額は原則としてダメ

経営上の理由により、労働者に約束した退職金について、退職金制度そのものを廃止したり、適格退職年金から中退共へ移行したり、退職金の額の減額を行わざるを得ない状況がみられます。

この場合は、労働条件の不利益変更になります。労働条件の不利益変更の場合は、会社が一方的に就業規則を変更して退職金を減額することは、原則として許されません。

就業規則の不利益変更は、これを労働者に受忍させることができる高度の必要性に基づいた合理的な内容のものである場合に限り、有効とされています。

♠就業規則の不利益変更に合理性があるか否かの判断基準は

就業規則の不利益変更に合理性があるか否かは、具体的に、図表64の事項などを総合的に勘案して判断します。

【図表64　合理的な内容か否かの判断基準】

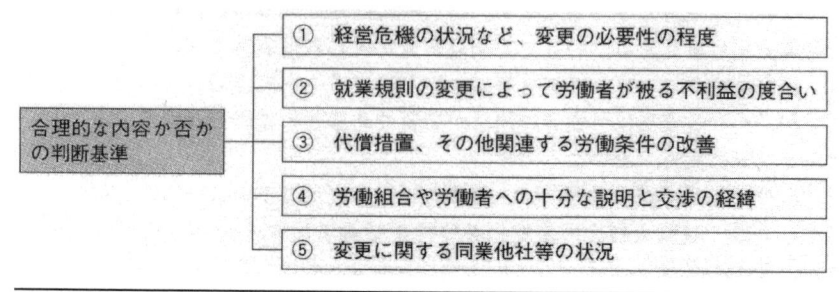

合理的な内容か否かの判断基準	
①	経営危機の状況など、変更の必要性の程度
②	就業規則の変更によって労働者が被る不利益の度合い
③	代償措置、その他関連する労働条件の改善
④	労働組合や労働者への十分な説明と交渉の経緯
⑤	変更に関する同業他社等の状況

♠不利益変更の場合の「合理性」の判断基準は

　労働条件の不利益変更の合理性の有無は、「変更によって労働者が被る不利益の程度、使用者側の変更の必要性の内容・程度、変更後の就業規則の内容自体の相当性、代償措置その他関連する他の労働条件の改善状況、労働組合等との交渉の経緯、他の労働組合または他の従業員の対応、同種事項に関する我が国社会における一般的状況等を総合考慮して」と判断しています(第四銀行事件・最高裁平９．２.28 判決)。

♠退職金規定の不利益変更の効力についての代表的な裁判例をみてみると

　退職金規定の不利益変更の効力についての代表的な裁判例をみてみましょう。

　まず退職金規定の不利益変更の効力を否定した判例についてです。

　退職金の算定基礎額を従来の基準(現職最終月の基準賃金総額)からより低い基準(現職最終月の基本給のみ)に変更したことについて、経営不振等の状況があっても到底合理的とはいえないとした例があります(大阪日日新聞社事件・大阪高裁昭 45．5.28 判決)。

　従来は会社が支給していたものを社外退職金制度に切り換えたことによって、退職金額が旧規定による額に比べ４分の１程度となる大幅な変更について合理性を否定した例もあります(ダイコー事件・東京地裁昭 50．3.11 判決)。

　次は、退職金規定の不利益変更の効力を肯定した判例についてです。

　７つの農協の合併に伴う統一就業規則の作成の一環として１つの農協の退職金の支給率が引き下げられた事件については、変更の必要性が非常に高いこと、他の労働条件が合併により向上していることなどを理由に、合理性を肯定しています(大出市農協事件。最高裁昭 63．2.16 判決)。

♠ポイント式の退職金への移行

　退職金について、従来の年功式から、能力・成果主義によるポイント式退職金制度に移行しつつあります。移行時に問題となるのが、将来受け取れる退職金が目減りするといった不利益変更が生じる可能性です。

　賃金制度のコンサルタント等は、盛んにポイント制退職金を推奨していますが、不利益変更は労働者の同意が必要であるとの認識を持っているコンサルタントは案外少ないようです。

　右肩下がりの経済状況では、退職金制度の変更は不可欠ですが、変更にあたっては、退職金制度の変更の必要性を労働者によく説明しながら進めましょう。

【参照法令・条文】労基法 89 条３の２号

Q34 非常時・休業時の手当支払要件は

Answer Point

♤非常時払については、使用者は、労働者が非常時の費用に充てるために、賃金の請求があった場合は、賃金支払日前であっても、既往の労働に対する賃金を支払わなければなりません。

♤休業手当の支払については、使用者の責めに帰すべき事由によって、労働者を休業させた場合は、平均賃金の60％を支払わなければなりません。

♠非常時払というのは

使用者は、労働者または労働者の収入によって生計を維持する者が、図表65の①～③に該当するため、不時の出費を必要とする場合、労働者より賃金の支払を求められたときは、既往の労働についての賃金は遅滞なく支払わなければなりません。

【図表65　不時の出費を必要とするケース】

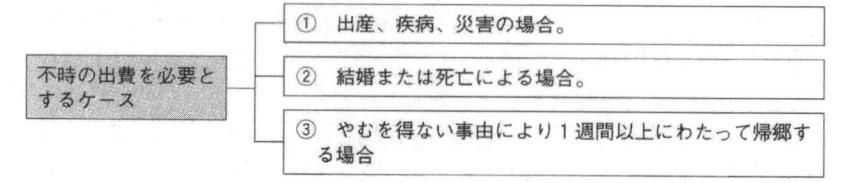

不時の出費を必要とするケース	① 出産、疾病、災害の場合。
	② 結婚または死亡による場合。
	③ やむを得ない事由により1週間以上にわたって帰郷する場合

既往とは、通常は請求のとき以前を指すと解されますが、労働者から特に請求があれば、支払のとき以前と解すべきでしょう。

いずれにしても、使用者は、いまだ労務の提供のない期間に対する賃金を支払う義務はありません。月給制であれば日割計算することとなります。

非常時の請求に応じなかった場合は、使用者は30万円の罰金に処せられ、かつ、労働者に損害が生じ、賠償請求が行われれば、これに応じなければなりません。

♠休業手当の支払は

図表66の使用者の責めに帰すべき事由による休業の場合は、使用者は休業期間中 当該休業した労働者に平均賃金の60％以上の休業手当を支払わなくてはなりません。

また、休業手当は、賃金と解されていますので、賃金支払日に支払わなくてはなりません。

【図表66　使用者の責めに帰すべき事由】

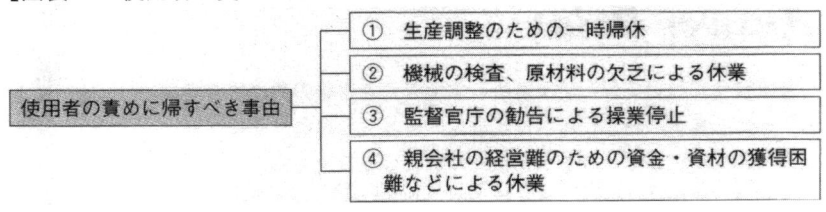

```
                        ┌─ ① 生産調整のための一時帰休
                        ├─ ② 機械の検査、原材料の欠乏による休業
使用者の責めに帰すべき事由─┤
                        ├─ ③ 監督官庁の勧告による操業停止
                        └─ ④ 親会社の経営難のための資金・資材の獲得困
                             難などによる休業
```

♠雇用調整助成金が受けられるのは

　使用者の責めに帰すべき事由による休業の場合は、休業手当を支給しなければならないのは、前述したとおりです。

　景気の変動、産業構造の変化等に伴う経済上の理由で事業活動の縮小を余儀なくされ、休業せざるを得ない状態に陥る場合があります。

　この休業等(休業および教育訓練)あるいは出向を行った事業主に対して、休業手当、賃金等の一部を助成するのが雇用調整助成金です。

　なお、受給額は、休業等と出向の場合の2種類があります。

【図表67　雇用調整助成金の主な受給要件および受給額】

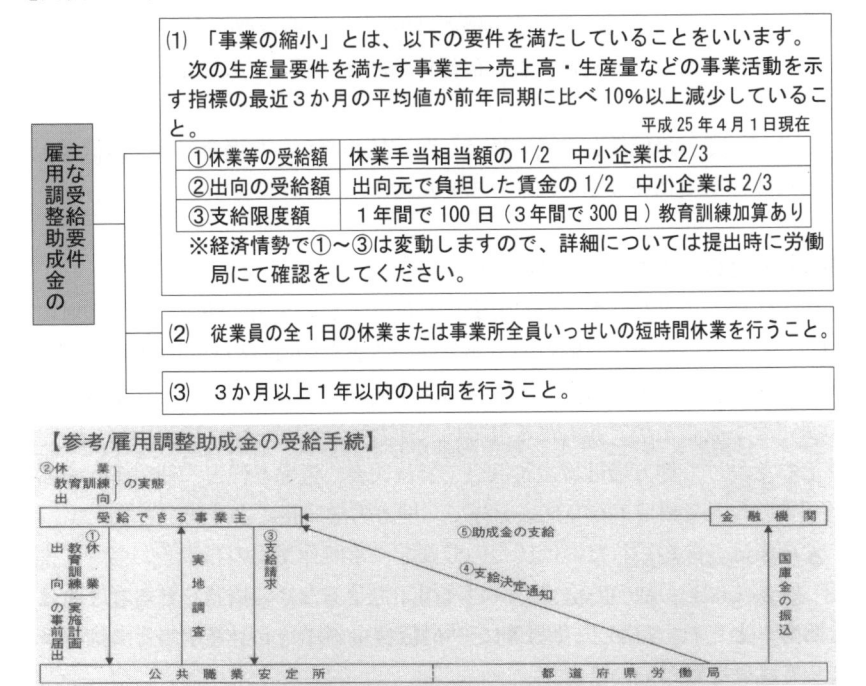

雇用調整助成金の主な受給要件

(1) 「事業の縮小」とは、以下の要件を満たしていることをいいます。
　次の生産量要件を満たす事業主→売上高・生産量などの事業活動を示す指標の最近3か月の平均値が前年同期に比べ10％以上減少していること。

平成25年4月1日現在

①休業等の受給額	休業手当相当額の1/2　中小企業は2/3
②出向の受給額	出向元で負担した賃金の1/2　中小企業は2/3
③支給限度額	1年間で100日（3年間で300日）教育訓練加算あり

※経済情勢で①～③は変動しますので、詳細については提出時に労働局にて確認をしてください。

(2) 従業員の全1日の休業または事業所全員いっせいの短時間休業を行うこと。

(3) 3か月以上1年以内の出向を行うこと。

【参考/雇用調整助成金の受給手続】

```
②休　業
　教育訓練 の実施
　出　向
          ┌──────────────┐                    ┌──────┐
          │受給できる事業主│←─⑤助成金の支給─│金融機関│
          └──────────────┘                    └──────┘
①出教休                ↑  ←④支給決定通知        ↑
　向育業        ③支給請求                    国庫金の振込
　　訓訓               │
　　練練      実地調査
　　の
　　事前計画
          ┌──────────────┐          ┌──────────────┐
          │公共職業安定所│          │都道府県労働局│
          └──────────────┘          └──────────────┘
```

【参照法令・条文】労基法25条、26条 雇用保険法62～65条

Q35 最低賃金の種類・適用は

Answer Point

♤最低賃金制度とは、最低賃金法に基づき国が賃金の最低限度を定め、使用者は国が定めた最低賃金額以上の賃金を労働者に支払わなければならないとされている制度です。
♤最低賃金の種類は、地域別最低賃金、産業別最低賃金の2種類があります。
♤最低賃金は、常用労働者のみでなく、臨時、パートタイマー、外国人労働者などにも適用されます。
♤派遣労働者には、派遣先の最低賃金が適用されます。

♠最低賃金制度というのは

最低賃金制度とは、最低賃金法に基づき国が賃金の最低限度を定め、使用者は国が定めた最低賃金額以上の賃金を労働者に支払わなければならないとされている制度です。

仮に最低賃金より低い賃金を労働者、使用者双方の合意のうえで定めても、それは法律によって無効とされ、最低賃金額と同様の定めをしたものとされます。

したがって、最低賃金未満の賃金しか支払わなかった場合には、最低賃金額との差額を支払わなくてはなりません。

♠最低賃金の決定方法と周知義務は

厚生労働大臣または都道府県労働局長は、一定の事業、職業または地域について、賃金の低廉な労働者の労働条件の改善を図るため必要があると認めるときは、最低賃金審議会の調査審議を求め、その意見を聴いて、最低賃金の決定をすることができるとされています。

それを受けて地方最低賃金審議会(公益代表、労働者代表、使用者代表の各同数の委員で構成)での審議を経て、地方労働局長により決定されます。

使用者は、決定された最低賃金の概要を、常時作業場の見やすい場所に掲示し、またはその他の方法で労働者に周知させるための措置をとらなければならないとされ、毎年11月下旬を「最低賃金周知旬間」と定め、全国一斉に周知活動を行っています。

【参照法令・条文】労基法28条 最低賃金法8条、10条

♠最低賃金の種類は

最低賃金には、図表66のとおり、①地域別最低賃金、②産業別最低賃金、金の2種類があります。

【図表66　最低賃金の種類】

項　目	説　明
❶　地域別最低賃金	地域別最低賃金は、産業や職種にかかわりなく、すべての労働者とその使用者に対して適用される最低賃金として、各都道府県ごとに1つずつ、全部で47の最低賃金が定められています。
❷　産業別最低賃金	産業別最低賃金は、特定の産業について、関係労使が基幹的労働者を対象として、地域別最低賃金より金額水準の高い最低賃金を定めることが必要と認めるものについて設定されており、各都道府県ごとに全部で246（平成24年9月30日現在）の最低賃金が定められています。

♠最低賃金の対象となる賃金は

最低賃金の対象となる賃金は、毎月支払われる基本的な賃金に限られます。具体的には、基本給と諸手当（ただし、精皆勤手当、通勤手当、家族手当などを除かれ、営業手当などは含まれます）が対象となります。

♠最低賃金の対象から除外される賃金がある

図表69の①～⑥の賃金は、最低賃金の対象から除外される賃金です。

【図表69　最低賃金の対象から除外される賃金】

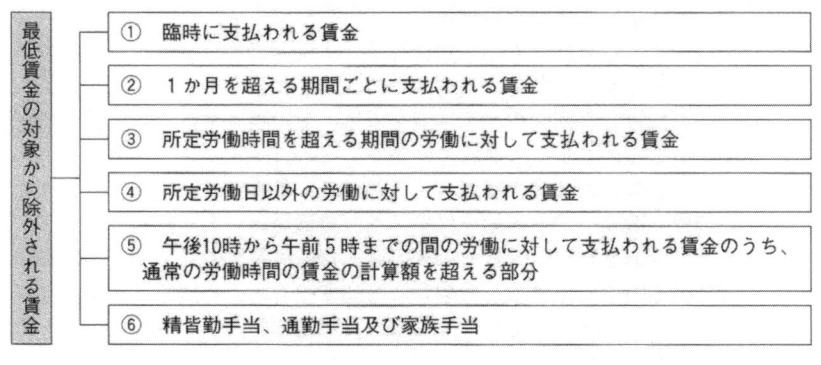

最低賃金の対象から除外される賃金
- ①　臨時に支払われる賃金
- ②　1か月を超える期間ごとに支払われる賃金
- ③　所定労働時間を超える期間の労働に対して支払われる賃金
- ④　所定労働日以外の労働に対して支払われる賃金
- ⑤　午後10時から午前5時までの間の労働に対して支払われる賃金のうち、通常の労働時間の賃金の計算額を超える部分
- ⑥　精皆勤手当、通勤手当及び家族手当

♠最低賃金額以上となっているかの確認方法は

実際の賃金が最低賃金以上となっているかどうかを調べるには、最低賃金の対象となる賃金額と適用される最低賃金額を図表70の方法で比較します。

【図表70　最低賃金額以上となっているか否かの確認方法】

```
(1) 時間給の場合
        時間給 ≧ 最低賃金額（時間額）
(2) 日給の場合
        日給 ÷ 1日の所定労働時間 ≧ 最低賃金（時間額）
(3) 月給等の場合
        賃金額を時間あたりの金額に換算し、最低賃金額（時間給）と比較します。月給制の場合は、次のような計算式を用いて比較します。
```

$$\frac{月額給 \times 12か月}{年間総所定労働時間} \geq 最低賃金（時間額）$$

♠最低賃金が適用される労働者の範囲は

　産業別最低賃金は、都道府県内の一部の産業の一部の使用者および労働者に適用されます。18歳未満または65歳以上の方、雇入後一定期間未満で技能習得中の方、その他当該産業に特有の軽易な業務に従事する方などには適用されません。地域別最低賃金が適用されます。

　それに対して地域別最低賃金は、都道府県内のすべての使用および労働者に適用され、パートタイマー、アルバイト、臨時、嘱託などの雇用形態の別なく適用されます。

　なお、産業別最低賃金が決定されていない業種や職種は、地域別最低賃金の対象となります。

♠最低賃金適用除外者は

　一般の労働者と労働能力などが異なるため、最低賃金を一律に適用するとかえって雇用機会を狭める可能性がある図表71の労働者については、使用者が都道府県労働局長の許可を受けることを条件として個別に最低賃金の適用除外が認められています。

【図表71　最低賃金の適用除外者】

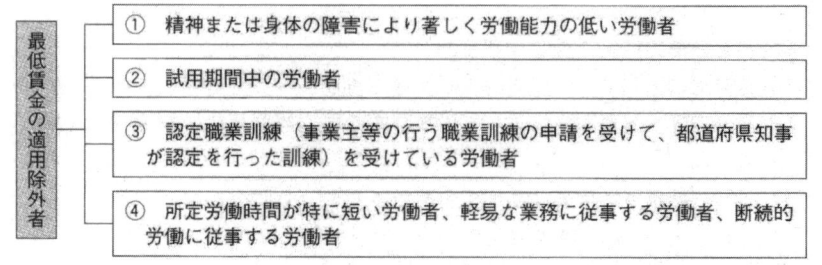

最低賃金の適用除外者		
	①	精神または身体の障害により著しく労働能力の低い労働者
	②	試用期間中の労働者
	③	認定職業訓練（事業主等の行う職業訓練の申請を受けて、都道府県知事が認定を行った訓練）を受けている労働者
	④	所定労働時間が特に短い労働者、軽易な業務に従事する労働者、断続的労働に従事する労働者

　最低賃金の適用除外許可を受けようとする場合には、使用者は事業所の所在地を管轄する労基監督署に最低賃金適用除外許可申請書を提出してください。

Q36 出来高払制の保障給支払ってどんなとき

Answer Point

♤ 出来高払制の保障給とは、労働者が就業している以上は、たとえその出来高が少ない場合でも、労働時間に応じて一定額の保障を使用者に義務づけたものです。
♤ 出来高がなくても、労働時間に応じての一定額以上の賃金を保障しなければなりません。
♤ 保障額の時間単価は、最低賃金法で定められた額以上としなければなりません。

♠ 出来高払制の保障給というのは

　出来高払制の保障給とは、労働者が就業している以上は、たとえその出来高が少ない場合でも、労働時間に応じて一定額の保障を使用者に義務づけたものです。
　労働者が労働したにもかかわらず、出来高が減少したなどにより実質収入が低下した場合に、その労働時間に応じて一定の保障をするというものです。
　出来高払制の代表的なものとして、タクシー運転手やトラック運転手の賃金があります。
　この点について「自動車運転手の賃金形態については、交通事故防止対策の一環として交通事故につながりやすい賃金制度を改善する見地から「歩合給制度が採用されている場合には労働時間に応じ固定給与と併せて通常の賃金の6割以上が保障されるような保障給を定めるものとする」といった通達があります(昭54.12.27基発第642号)

♠ 労働者の責めによる場合は不支給

　労働時間に応じての一定額の支払保障を義務づけているのであって、労働者の責めに帰すべき事由によって労働しなかった場合には、保障する義務はありません。
　しかし、使用者の責めによって労働できなかった場合には、労基法26条による休業手当の支払義務が使用者にあります。
　労基法27条は、労働者の責に基づかない事由によって実収賃金が低下することを防ぐ趣旨ですから、通常の実収賃金とあまりへだたらない程度の収入を保障されるようその額を定めるべきです(昭22.9.13発基17号、昭63.3.14基発150号)。

【参照法令・条文】労基法26条、27条

Q37 倒産したときの賃金立替払は

Answer Point

♤ 企業倒産により賃金が支払われないまま退職した労働者に対して、未払賃金の一部を立替払する制度です。これは、「未払賃金立替払制度」といいます。

♤ 窓口は、全国の労基監督署および独立行政法人労働者健康福祉機構となっています。

♠ 未払賃金立替払の要件は

立替払を受けることができるのは、図表72の要件を満たしている場合です。

【図表72　立替払の要件】

要　　件	説　　　明
❶ 使用者が、労災保険の適用事業で1年以上事業活動を行っていたこと	中小企業に勤務する労働者に限定されています。対象となる中小企業は、①資本金1億円（卸売業は3,000万円、小売業は1,000万円）、または、②常時使用する労働者が300人（卸売業は100人、小売業・サービス業は50人）以下のいずれかに該当する法人です。
❷ 使用者が倒産したこと	倒産には大きく分けて、次の2つの場合があります。 (1) 法律上の倒産 　①破産、②特別清算、③会社整理、④民事再生、⑤会社更生の場合は、破産管財人等に倒産の事実等を証明してもらう必要があります。必要な用紙は労基監督署に備え付けてあります。 (2) 事実上の倒産 　中小企業について、事業活動が停止し、再開する見込みがなく、賃金支払能力がない場合は、労基監督署長の認定が必要ですので、労基監督署に認定の申請を行ってください。
❸ 労働者が退職した者であること	労働者が、倒産について裁判所への申立等（法律上の倒産の場合）または労基監督署への認定申請（事実上の倒産の場合）が行われた日の6か月前の日から2年の間に退職した者であること

| 6か月前の日
（例：H16.10.12） | 破産手続開始の
申立日または認定申請日
（例：H17.4.12） | 2年目の日
（例：H18.10.11） |

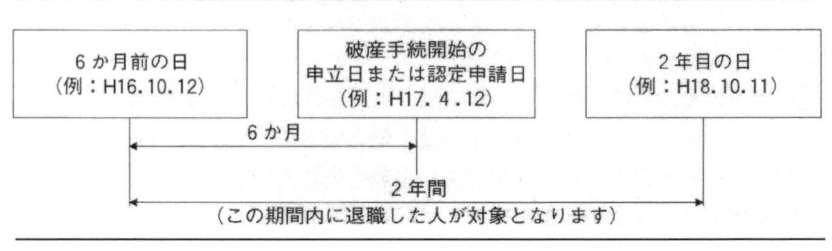

←――6か月――→
←―――――――2年間―――――――→
（この期間内に退職した人が対象となります）

労働者は、未払賃金の額等について、法律上の倒産の場合には破産管財人等による証明を、事実上の倒産の場合には労基監督署長による確認を受けたうえで、独立行政法人労働者健康福祉機構に立替払の請求を行いますが、これは破産手続開始の決定等がなされた日または労基監督署長による認定日から2年以内に行う必要があります。

♠立替払の額・限度額は

　立替払の額は、「未払賃金総額」の100分の80の額です。ただし、立替払の対象となる「未払賃金総額」には図表73のとおり退職時の年齢に応じて限度額が設けられていますので、この限度額を超えた場合は、その限度額の100分の80となります。

　限度額は、図表70のとおり年齢により異なります。

【図表73　立替払の額・限度額】

退職日における年齢	未払賃金総額の限度額	(参考) 立替払の上限額
45歳以上	370万円	296万円
30歳以上45歳未満	220万円	176万円
30歳未満	110万円	88万円

注　賃金の支払の確保等に関する法律施行令に基づく限度額（平成14年1月1日以降）

　立替払した場合は、独立行政法人労働者健康福祉機構がその分の賃金債権を代位取得し、本来の支払責任者である使用者に求償します。

　こんな例があります。労基署の労基監督官より電話があり、「○○会社が倒産し、社長も身を隠し、そこの従業員が△△月の賃金を受け取っていないので、未払賃金の立替払を請求しています。ついては貴事務所に○○会社の賃金明細はありませんか」という問合せでした。

　倒産した事業所に書類もなく、また従業員も賃金明細をもっていなく、未払額の把握が困難なため、社労士の事務所に電話してきたのです。幸い私の事務所では毎月倒産会社の賃金台帳の整理を行っていましたので、賃金台帳をコピーし労基監督署に提出、未払賃金額が確定し、労働者は賃金の立替払をしてもらいました。

　社労士に事務を委託している場合は、社労士事務所に賃金台帳等は保管されていますが、委託していない場合は、倒産すると、事業所に立ち入ることもできないことが少なくありません。労働者のほうでも、会社が万一というときに備えて、賃金明細書を保管しておきましょう。

【参照法令・条文】賃金の支払の確保等に関する法律

Q38 倒産したときの賃金の扱いは

Answer Point

♤ 賃金、退職金および解雇予告手当（労基法20条）などの労働者の労働債権は、一般債権者に優先して、倒産会社から弁済を受けることができます。
♤ 労働債権は、他の債権者に優先して弁済を受ける権利があり、この権利を先取特権といいます。
♤ しかし、会社が万一倒産したときには、その処理方法の選択により、賃金保護の度合いが異なってきます。
♤ 会社更生法や民事再生法では比較的優先的に保護されますが、破産や任意整理では優先度は低くなります。

♠ 倒産処理による賃金債権の優先順位は

労働債権の優先順位の概要は、図表74のとおりです。

【図表74　労働債権の優先順位】

優先順位	任意整理	法律上の倒産手続		
		破産	民事再生	会社更生
高	法定納期限等以前から設定されていた抵当権等の被担保債権	抵当権等の被担保債権	抵当権等の被担保債権	手続開始6か月以後の賃金等、源泉徴収に関わる所得税等の租税債権であって納期限未到来のもの 会社の使用人の預り金等の一部管財人の報酬等（共益債権）
	租税債権	管財人の報酬等 破産手続開始前3か月間の未払賃金等 納期限が破産手続開始前1年よりも後の租税債権（財団債権）	賃金等 （一般優先債権） 管財人の報酬等 （共益債権）	
	法定納期限後に設定された抵当権等の被担保債権			
	賃金等	納期限が破産手続開始前1年より前の租税債権、上記以外の賃金等 （優先的破産債権）		抵当権等の被担保債権 （更正担保権）
	一般債権 （社内預金含む）		一般債権 （社内預金含む） （再生債権）	賃金等、上記以外の租税債権 （優先的更正債権）
低		一般債権 （社内預金含む） （破産債権）		一般債権 （上記以外の預り金等含む） （更正債権）

【参照法令・条文】民法303条　民事再生法122条　会社更生法130条　破産法101条

♠任意整理や私的整理では未払賃金が支払われないケースも出ている

　まず「会社更生法」による更生手続は、大企業を対象とした制度です。営業継続のために労働者を確保する必要から、賃金債権は比較的手厚く保護されています。

　同じく再建型の「民事再生法」は、和議法に代わり、平成11年に創設された制度です。こちらは主として中小企業を対象としています。

　民事再生手続では、賃金債権については、一般優先債権として、再生手続によらず随時弁済されます。抵当権付債権に次ぐ扱いを受け、税金と同等の優先権が認められています。

　倒産法制の中にあっても破産法による破産手続では、優先順位は低くなり任意整理や私的整理においては、法規制がありませんので、労働債権は抵当権付債権や税金等より順位は低く、未払賃金が支払われないケースも出てきます。

♠勤務先が法律上の倒産手続に入ったときは

　勤務先が法律上の倒産手続に入ったときは、図表75の点に留意してください。

【図表75　勤務先が法律上の倒産手続に入ったときの留意点】

勤務先が法律上の倒産手続に入ったときの留意点
① 賃金を含む勤務先が負うすべての使用者が賃金を支払う義務は、それぞれの法律に定められたそれぞれの債権の優先順位や手続に従って行われます。
② 法律上の倒産手続では、賃金等の労働債権については、一定の範囲について優先権が与えられていますが、会社等に残された財産状況によっては、賃金の支払が遅れたり、カットされる可能性もあります。
③ また、それぞれの法律に定められた倒産手続に拘束される債権の弁済を受けるためには、手続に従って裁判所に届け出ることが必要です。
④ 一方、倒産手続に拘束されない債権は、勤務先の会社等に請求すれば足りますが、それぞれの法律に基づいた財産を管理・処分する管財人等が選任されている場合は、管財人等に対して賃金債権の弁済を請求することになります。

　会社が倒産したときの賃金の支払については、法律的に大変複雑になっていますので、最寄の労基監督署、または、各地の弁護士会に相談することが大切です。その場合には、図表76の資料を準備しておきましょう。

【図表76　会社倒産による賃金支払の相談資料】

①月々の賃金明細書　②労働契約書
③就業規則、賃金規則、退職金規則等の社内規定類　④出退勤の記録
（[厚生労働省　労働債権確保のしおり]より抜粋）

Q39 成果主義賃金ってなに・移行時の問題は

Answer Point

♤ 成果主義賃金では「どんな能力をもっているか」より「その仕事でどんな成果を上げたか」を重視します。
♤ もてる能力を発揮し、成果が上がったときに給料が上がるしくみです。
♤ 「目標面接制度」が公平・公正に機能するのかがキーとなります。

♠賃金制度は規模別で考えよう

　賃金制度には、絶対という制度はありません。日本経済と共に賃金制度は型を変えてきました。年功序列賃金、職能給賃金、成果主義賃金と形を変えてきました。どういう賃金制度であっても、最低条件は「飯の食える給料」「結婚して、家族を養うことができる賃金」「子供に高等教育を受けさせ、自分の家が持てる賃金」制度でなくてはなりません。
　いまの日本の状況を見たときにも、零細企業は「飯の食える賃金」、中小企業は「結婚して、家族を養うことができる賃金」、公務員・大企業は「子供に高等教育を受けさせ、自分の家が持てる賃金」というのが実情ではないでしょうか。
　零細企業は「飯の食える賃金」＝年功序列賃金、中小企業は「結婚して、家族を養うことができる賃金」＝職能資格制度に基づく賃金、公務員・大企業＝職能資格制度に基づく賃金＋成果主義賃金ということになります。

♠年功序列賃金・職能給の特徴は

　年功序列賃金とは、正に呼んで字のごとくに年齢が上がると、経験が蓄積され能力が上がり、能力が上がると会社の業績が上がるという賃金体系です。零細企業の賃金はそんなに高くありません。55歳前後で30万円程度です。大企業でいうところの年齢給です。こういうところに職能給または成果給の導入はとても無理です。
　職能給は労働者の職能を何等級化に区分けし、職能の上がった労働者にはそれ相応の給料を加算するというしくみで、年齢給の上に職能給がプラスされるしくみです。ただ、この制度も制度自体の考え方は、素晴らしい考え方ではあるけれども、運用でやや年功序列給の城を出ませんでした。

♠大企業を中心に成果主義賃金の導入は加速

　右肩上がりの経済から右肩下がりの経済になり、大きくならないパイを平等に全労働者に分けることが困難となった昨今、2004年当時の財界総本山の日本経団連(会長・奥田碩トヨタ自動車会長)は、春闘に向けた「経営労働政策委員会報告」で、「自社の付加価値生産性に応じた総額人件費管理を徹底」し、「賃金水準の適正化と年功賃金からの脱却」を図るとして、「能力・成果・貢献度などに応じた賃金制度」を徹底すべきだと強調しました。それを受けて大企業を中心に成果主義賃金の導入は加速しました。

　成果主義賃金といっても企業の業種、業態でさまざまな形がみられます。一般的に図表77のパターンが考えられます。

【図表77　成果主義賃金パターン】

項目	説明
① 職位給	能力に応じて一定の職位に配属され、その職位に応じて賃金が支払われる。
② 職責給	実力に応じて一定の職責を与えられ、その職責に応じて賃金が支払われる。
③ 役割給	目標を設定し、上司とよく話し合って、向こう1年間の役割を決め、その役割に対して賃金が支払われる。
④ 成果給	各業績を精査し、長期的な視点も加味し、会社にどの程度貢献し、成果を上げたかで賃金が支給される。

　図表75の①〜④までが成果主義賃金といわれるものですが、いずれにしても人が人を正しく、公正に評価し、上司が部下の目標を正しく把握して目標の設定を行わなければ機能しません。

　一般的に成果主義賃金を導入している会社では「目標面接制度」を導入しているといわれています。「目標」が「強制的なノルマ」であったり、目標を達成しないと成果が上がらないから「低い目標」を設定したりするというケースがよくみられるといわれています。

　「目標面接制度」が「公平、公正に機能しているのか」がこの制度のキーを握ると思われます。

♠賃金制度移行時の法律的な課題は

　現在の賃金制度から、新しい賃金制度に移行のときは、就業規則・賃金規則の変更が必要になってきます。

　就業規則・賃金規則の変更に際し、労働者全員に不利益が生じなければ、

就業規則・賃金規則の変更は問題はありません。しかし、現在の経済化における賃金制度の変更は、労働者の不利益が生じるのが一般的です。

労働条件の不利益変更には、当事者の合意によることが必要です。つまり、労働条件を不利益変更する場合には、労働者の同意なしに行えないのが原則です。

ただし、合理的な理由がある場合は、よいとされています(秋北バス事件・最高裁昭43.12.25判決)。

♠合理的な理由の判断基準は

では、合理性判断に関する基本的な考え方とはいかなるものでしょうか、具体的には、図表78の基準により判断します。

【図表78 合理的な理由の判断基準】

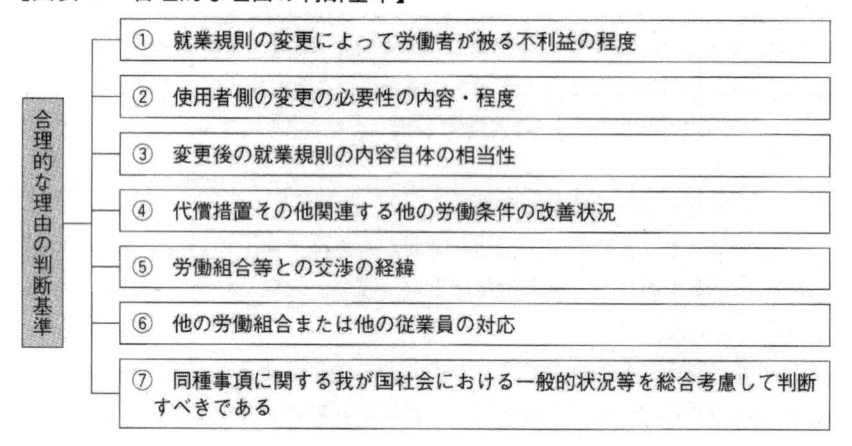

合理的な理由の判断基準	
①	就業規則の変更によって労働者が被る不利益の程度
②	使用者側の変更の必要性の内容・程度
③	変更後の就業規則の内容自体の相当性
④	代償措置その他関連する他の労働条件の改善状況
⑤	労働組合等との交渉の経緯
⑥	他の労働組合または他の従業員の対応
⑦	同種事項に関する我が国社会における一般的状況等を総合考慮して判断すべきである

♠筆者の賃金制度のイメージ

いずれにしても、労働者の労働の第一の目的は賃金であり、賃金制度を変えるときには、自社にあった賃金制度の導入と、事前に労働者との誠意をもった対応が必要であることはいうまでもありません(図表79)。

【図表79 賃金制度のイメージ】

零細企業	年功序列給　年齢給		
中小企業	年齢給	職能給	
大企業	年齢給	職能給	成果給
	職能給		成果給

Q40 労働時間の原則・特例は

Answer Point

♤ 労働時間は、1日8時間・1週40時間です。これを法定労働時間といいます。
♤ 法定労働時間を超えて労働したときは、25％以上の割増賃金の支払が生じます。
♤ 労働者数10人未満の商業、映画、演劇業、保険衛生業および接客娯楽業は1週44時間となっています（労基法40条）。
♤ 一定期間内における労働時間の配分を変えることにより、業務の繁閑に柔軟に対応できるようにし、労働時間の短縮の実現を目指す変形労働時間制もあります。
♤ 1年単位の変形労働時間制を採用する場合は、必ず就業規則にその旨を記載し、労使協定を締結し、労基監督署に提出しなければなりません。

♠ 1日8時間・1週40時間が大原則

労働時間は1日8時間、1週間40時間が大原則です。1週間、40時間の労働時間を守るためには、完全週休2日（土曜日、日曜日の休日）制度でなければなりません。

公務員、銀行、大手企業では、大半の会社で完全週休2日制となっていますが、中小零細企業では、まだまだ完全週休2日制の企業は多くありません。中小零細企業の大半の会社が変形労働時間制で週40時間をクリアしているのが現状ではないでしょうか。

♠ 変形労働時間制というのは

労基法32条は、1週間や1日ごとで法定労働時間の厳守を義務づけています。変形労働時間制は、その厳格性を一部解除して、一定期間の総労働時間を平均すれば週法定労働時間に収まるようにすることも、原則の範囲内であるとしています。

これによって、特定の日や週の所定労働時間には法定労働時間を超えた労働時間を設定することができることになり、また、超えた部分の時間外手当を支払う必要はなくなります。これが原則に対して変則的ですので、変形労

【参照法令・条文】労基法40条、32条

働時間制といわれる所以です。

変形労働時間制としては、図表80の形態があります。

【図表80　変形労働時間制の形態】

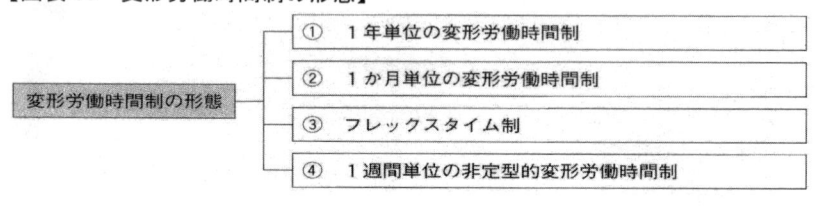

変形労働時間制の形態
- ① 1年単位の変形労働時間制
- ② 1か月単位の変形労働時間制
- ③ フレックスタイム制
- ④ 1週間単位の非定型的変形労働時間制

♠変形労働時間制の法定労働制時間の考え方は

1か月単位の変形労働時間制の法定労働時間の計算は、図表81のようになります。

【図表81　1か月の労働時間を平均週40時間以内とするもの】

変形期間の労働時間の総枠＝週法定労働時間×変形期間の暦日数／7日

したがって、法定労働時間が週40時間の会社の場合は、図表82のようになります。

【図表82　法定労働時間が週40時間の会社の場合】

		法定労働時間
31日の月	1月、3月、5月、7月、8月、10月、12月	177時間8分
30日の月	4月、6月、9月、11月	171時間25分
28日の月	2月	160時間

1年以内の期間について、労働時間を平均週40時間以内とするときの計算は、図表83のとおりです。

【図表83　1年単位の変形労働時間の法定労働時間の計算】

変形期間の労働時間の総枠＝週法定労働時間×変形期間の暦日数／7日
2,085時間　≒　40×365÷7

♠フレックスタイム制というのは

フレックスタイム制とは、図表84のとおり、1か月以内の一定の期間の総労働時間を定め、労働者にその範囲内で各日の始業・就業の時刻を委ねて働く制度です。

これとは逆に、フレキシブルタイムが極端に短くコアタイムがほとんどない場合には、始業・終業の時刻を労働者の決定に委ねたことにはならず、フレックスタイム制とはみなされません。

【参照法令・条文】労基法32条の2、32条の3

【図表84　フレックスタイム制のしくみ】

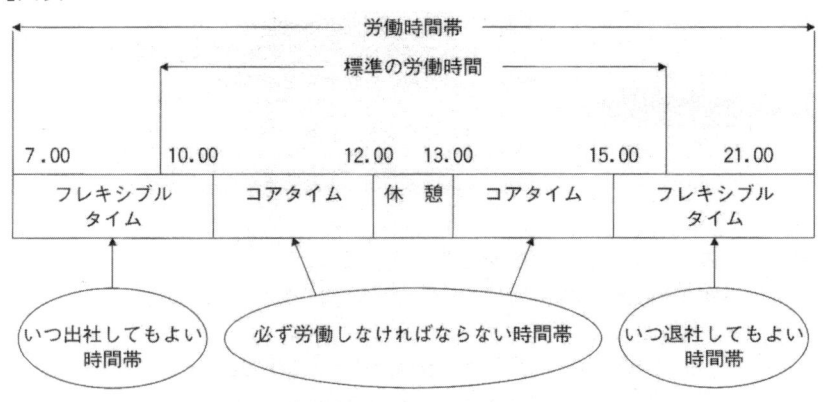

```
          ←――――――――― 労働時間帯 ―――――――――→
              ←―――― 標準の労働時間 ――――→
  7.00   10.00       12.00  13.00       15.00      21.00
┌─────────┬─────────┬──────┬─────────┬─────────┐
│フレキシブル│コアタイム│ 休 憩 │コアタイム│フレキシブル│
│  タイム   │         │      │         │  タイム   │
└─────────┴─────────┴──────┴─────────┴─────────┘
      ↑            ↑                      ↑
  いつ出社しても   必ず労働しなければ     いつ退社しても
   よい時間帯      ならない時間帯          よい時間帯
```

♠ 変形労働時間制は労基監督署への届出が必要

　変形労働時間制をとる場合には、就業規則に変形労働時間制を採用する旨を記載し、一定の労使協定をし、所轄の労基監督署に届け出なければなりません。

♠ 1週間44時間の会社もある

　法定労働時間は、原則、1日8時間、1週間40時間以内ですが、法定労働時間の1週「40時間」が特例として「44時間」でよい場合があります。
　特例の対象となるのは、図表85の業種に該当する常時10人未満(パート、アルバイトも含みます)の労働者を使用する事業場です。この事業場の規模(人数)は、企業全体の規模をいうのではなく、工場、支店、営業所等の個々の事業場の規模をいいます。

【図表85　特例対象となる事業場】

区　　分	該　当　す　る　業　種
❶ 商業	卸売業、小売業、理美容業、倉庫業、駐車場業、不動産管理業、出版業（印刷部門を除く）その他の商業
❷ 映画・演劇業	映画の映写、演劇、その他興業の事業
❸ 保健衛生業	病院、診療所、社会福祉施設、浴場業、その他の保健衛生業
❹ 接客娯楽業	旅館、飲食店、ゴルフ場、公園・遊園地、その他の接客娯楽業

　1年単位の変形労働時間制採用の場合は、1週40時間以下となります。

♠ 業務の実態に応じた労働時間制度の選択方法は

　業務の実態に応じた労働時間制度の選択方法は、図表86のとおりです。

【図表86　業務の実態に応じた労働時間制度の選択方法】

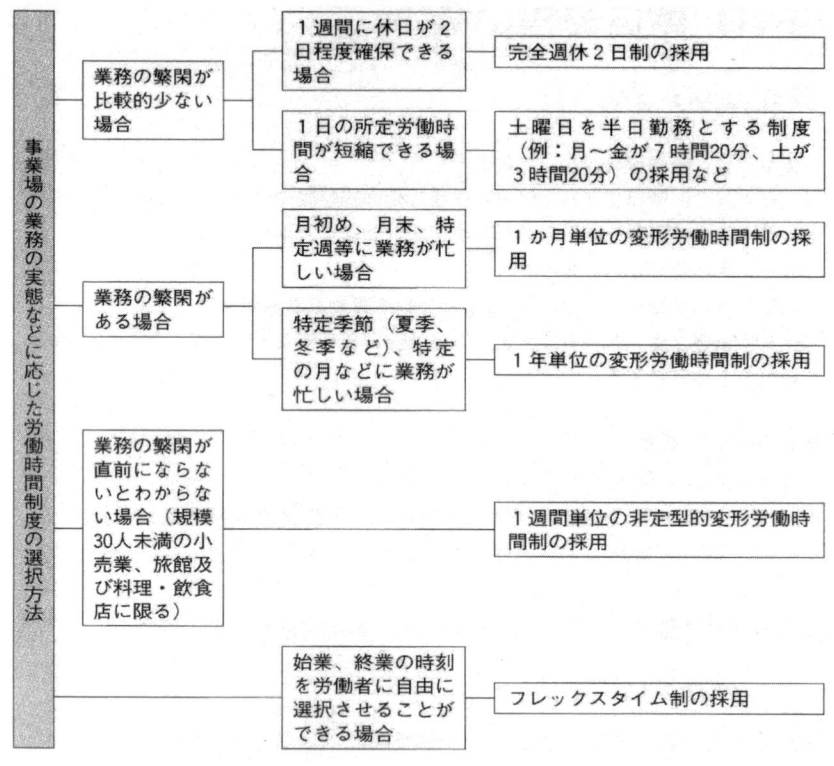

事業場の業務の実態などに応じた労働時間制度の選択方法			
	業務の繁閑が比較的少ない場合	1週間に休日が2日程度確保できる場合	完全週休2日制の採用
		1日の所定労働時間が短縮できる場合	土曜日を半日勤務とする制度（例：月～金が7時間20分、土が3時間20分）の採用など
	業務の繁閑がある場合	月初め、月末、特定週等に業務が忙しい場合	1か月単位の変形労働時間制の採用
		特定季節（夏季、冬季など）、特定の月などに業務が忙しい場合	1年単位の変形労働時間制の採用
	業務の繁閑が直前にならないとわからない場合（規模30人未満の小売業、旅館及び料理・飲食店に限る）		1週間単位の非定型的変形労働時間制の採用
	始業、終業の時刻を労働者に自由に選択させることができる場合		フレックスタイム制の採用

♠**変形労働時間制採用時の配慮・注意事項は**

(1) 育児を行う者等に対する配慮

　育児を行う者、老人等の介護を行う者、職業訓練または教育を受ける者その他特別の配慮を要する者については、これらの者が育児等に必要な時間を確保できるような配慮をしなければなりません。

(2) 1年単位の変形労働時間制を採用する場合には、次の事項について注意が必要です。

　① 時間外労働の限度時間

　　時間外労働に関する協定届を締結、届出するにあたり、限度時間が異なります(通常の場合より短くなります)。

　② 年少者がいる場合

　　年少者(満18歳未満の労働者)については、1日8時間、1週48時間以内の労働時間とする場合に限り、1年単位の変形労働時間制を適用することができます。

Q41 休日の扱いは

Answer Point

♤ 休日とは、労働義務のない日のことです。
♤ 原則として、暦日で午前０時から午後12時の24時間の休みをいいます。
♤ １週１日か４週間で４日の休日を与えなければなりません。これを「法定　休日」といいます。
♤ 法定休日に労働した場合は、35％以上の割増賃金を支払わなければなりません。
♤ 休日の振替とは、あらかじめ定められた休日を労働日とし、その代わりに他の労働日を休日にすることです。

♠休日というのは

休日とは、労働義務のない日のことです。
原則として、暦日で午前０時から午後12時の24時間の休みをいいます。
１週１日か４週間で４日の休日を与えなければなりません。これを法定休日といいます。
法定休日に労働した場合は、35％以上の割増賃金を支払わなければなりません。

♠法定休日出勤と法定外休日出勤の割増賃金率は違う

法定休日出勤と法定外休日出勤の割増賃金率は違います。
一般的には、週休二日制で土曜日、日曜日を休日としている会社が多くみられます。それ以外の休日としては国民の祝祭日、夏期休日、年末年始休日とさまざまな休日があります。
法定休日以外の日に労働したとしても、35％以上の割増賃金の支払の必要はなく、25％以上の割増賃金の支払でいいのです。それには法定休日出勤と法定外休日出勤を区別して管理する必要があります。
就業規則に次の(1)(2)のように明示することをおすすめします。
(1)　法定休日出勤手当（日曜日出勤手当）…35％の割増
(2)　法定外休日出勤手当（日曜日以外の休日出勤手当）…25％の割増

♠休日の振替と代休の違いは

休日の振替とは、あらかじめ定められた休日を労働日とし、その代わりに

【参照法令・条文】労基法35条

他の労働日を休日にすることです。

　しかし、休日の振替は無制限に行うことができるわけではありません。休日の振替が認められるためには、図表87のような措置が必要です。

【図表87　休日の振替に必要な措置】

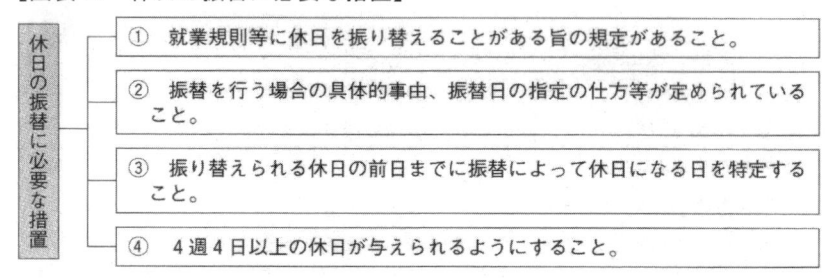

休日の振替に必要な措置		
	①	就業規則等に休日を振り替えることがある旨の規定があること。
	②	振替を行う場合の具体的事由、振替日の指定の仕方等が定められていること。
	③	振り替えられる休日の前日までに振替によって休日になる日を特定すること。
	④	4週4日以上の休日が与えられるようにすること。

　休日の振替を行った場合、法定休日労働に関する割増賃金の支払義務は生じませんが、休日振替の結果、その1週間の労働時間が法定労働時間(40時間)を超える場合は、割増賃金の支払義務が生じます。

　代休とは、休日労働をさせた後で、その休日労働の代替措置として、それ以後の労働日に休日を与えるものです。

　したがって、休日の振替においては休日が通常の労働日になるのに対し、その日は休日のままであり、その日に労働させることは休日労働となり、後日代わりの休日を与えても、前に行った休日労働がなくなるわけではありません。そのため、代休を与えても休日労働はいきているため、割増賃金の支払が必要となります。労働者に代休を与えるべき義務はありません。

♠日曜日の出張は

　日曜日に出張がある場合であって、旅行中における物品の監視等別段の指示がある場合は休日出勤であり、別段の指示がない場合は休日労働としなくてもよいとされています(昭33.2.13基発90号)。

♠法定外休日の振替は

　以上述べてきたのは労基法上の法定休日の振替についてであり、会社が労基法の基準を上回って与えているいわゆる法定外休日については、労基法上の制限はなく、図表85に記載したような措置は必要ないと思われます。

　しかし、1週間の法定労働時間を超えるときは、その超えた時間については、割増賃金を支払う必要があります。

Q42 労働時間の規制内容は

Answer Point

♤ 1日8時間、週40時間が労働時間の大原則です。
♤ これを超える残業は、三六労使協定を締結しなければなりません。
♤ 労働者保護が目的ですが、厳格すぎて多様な働き方を妨げているとの指摘も多くあります。
♤ 母性保護の労働時間規制もあります。
♤ 子の養育または家族の介護等の事情に関する配慮も必要です。

♠労働時間規制の大原則は

1日8時間、週40時間が労働時間の大原則です。これを超える残業は、三六労使協定を締結しなければなりません。労働者保護が目的ですが、厳格すぎて多様な働き方を妨げているとの指摘も多くあります。

♠母性保護の労働時間規制は

母性保護の労働時間規制は、図表88のとおりです。

【図表88　母性保護の労働時間規制】

母性保護の労働時間規制は	① 妊産婦の労働時間、休日労働の制限として、妊産婦が請求した場合 (a) 時間外、休日労働をさせてはいけない。 (b) 変形労働時間制の適用を受けている場合でも、1日8時間・1週40時間を超えて労働させてはならない。 (c) 深夜業の禁止（午後10時から午前5時）
	② 妊娠中・出産後の健康管理として、女性労働者が母子健康法による保険指導または健康審査に基づく指導事項を守るようにするために、勤務時間の変更、勤務の軽減等必要な措置を講じなければなりません。
	③ 生後満1年に達しない生児を育てる女性は、労基法34条の休憩時間のほか、1日2回各々少なくとも30分、その生児を育てるための時間を請求することができる。

♠養育・介護の場合の規制は

小学校就学の始期に達するまでの子を養育する労働者、要介護状態にある対象家族を介護する労働者が請求した場合は、午後10時から午前5時までの間において労働させてはなりません。
ただし、事業の正常な運営を妨げる場合は、この限りではありません。

【参照法令・条文】男女雇用機会均等法23条　労基法66条、67条　育児・介護休業法19条、20条

Q43 労働時間ってどういうこと

Answer Point

♤労基法では、労働時間の定義はありませんが、一般的には、労働時間とは、「労働者が使用者の指揮命令下に置かれている時間」とされています。

♤労働時間の長さは、①休憩時間を除き1週40時間以内、②休憩時間を除き1日8時間以内と規定されています。

♠労働時間の定義は

　労基法に労働時間の定義についての規定はありませんので、労働時間の解釈を巡って、労使の紛争が起こる場合があります。

　裁判例では、労働時間の定義について次のように示されています。

　労基法32条の労働時間とは、労働者が使用者の指揮命令下に置かれている時間をいい、この労働時間に該当するか否かは、労働者の行為が使用者の指揮命令下に置かれたものと評価することができるか否かにより客観的に定まるものであって、労働契約、就業規則、労働協約等の定めのいかんにより決定されるものではないと判示しています(三菱重工業長崎造船所事件・最高裁平12.3.9判決)。

♠準備や後始末の時間の扱いは

　本来の業務の準備作業や後かたづけは、事業所内で行うことが使用者によって義務づけられている場合や現実に不可欠である場合には、原則として使用者の指揮命令下に置かれたものと評価され、労基法上の労働時間となります。

　これに反し図表89の①〜④までは労働時間に該当しないと判断されました。

【図表89　労働時間に該当しない時間】

労働時間に該当しない時間		
	①	入退場門から更衣所までの移動の時間。
	②	午前終業時刻後の作業場から食堂等までの移動、及び現場控所における作業服及び保護具等の一部の脱離の時間。
	③	午後始業時刻前の食堂等から作業場または準備体操場までの移動、及び脱離した作業服及び保護具等の再装着の時間。
	④	手洗、洗面、洗身、入浴、更衣所から入退場門までの移動の各行為に要した時間。

【参照法令・条文】労基法32条

♠教育・研修時間の取扱いは

教育・研修に参加しないことで不利益な取扱いを受ければ労働時間であり、不利益な取扱いを受けず自由参加であれば、労働時間ではありません。

♠仮眠時間の取扱いは

仮眠時間も必要に応じて突発作業、継続作業、予定作業に従事することが想定され、警報があったとき、何らかの対応をしなければなりませんので、実作業のない時間を含めて全体として会社の指揮命令下の労働時間といえます。

労基法41条で監視、断続的労働に従事し、労基監督署長の許可を受けている者については、別の取扱いをします。

♠監視・断続的業務というのは

労基法41条3項では、「監視又は断続的労働に従事する者で、使用者が行政官庁の許可を受けたもの」については、労働時間、休憩・休日に関する規定の適用を除外することとされています。

行政通達では、監視労働とは「一定部署にあって監視するのを本来の業務とし、常態として身体または精神的緊張の少ないもの」(昭63.3.14基発第150号)、断続的労働とは「休憩時間は少ないが手待時間が多い」(前掲通達)ものとしており、この基準に該当しない場合には監視・断続労働として許可しないこととされています。

♠出張・通勤時間の取扱いは

出張の際の往復に要する時間、あるいは休日の日に出発する等の場合、移動時間中に、特に具体的な業務を命じられておらず、労働者が自由に活動できる状態にあれば、労働時間とはならないと解するのが一般的といえます。「出張中の休日はその日に旅行する等の場合であっても、旅行中における物品の監視等別段の指示がある場合の外は休日労働として取り扱わなくても差支えない」としています(昭33.2.13基発90号)。

よって、出張の目的が物品監視等について特別の指示がなされている場合は、使用者の指揮監督下にあるといえるので、労働時間に含まれると考えるべきでしょう。

通勤時間は、使用者の指揮監督下に入る前の労働者の自由時間であり、その間、合理的な通勤方法で、通勤経路で、会社の定められた始業時刻までに出勤しさえすればよい時間であるため、使用者の指揮監督に服している時間とはいえず労働時間にはなりません。

【参照法令・条文】労基法41条

Q44 三六協定ってなに・その役割は

Answer Point

♤労基法は、1日8時間・1週40時間労働制を原則としています。
♤使用者は、1日8時間以上・1週40時間以上働かせたり、休日を与えないで1週間連続で働かせたりすることは、原則としてできません。
♤労基法36条による労使協定＝三六（さぶろく）協定を締結して労基監督署に届け出れば、時間外労働も休日労働も可能となります。

♠三六協定というのは

使用者は、労働者を法定労働時間(1日8時間・1週40時間)を超えて働かせたり、法定休日に出勤させるためには、労基法36条による労使協定を締結して、労基監督署に届け出なければなりません。これを三六(サブロク)協定と呼んでいます。

♠時間外労働・休日労働には必ず三六協定が必要

時間外労働・休日労働が許されるためには、事業所の労働者の過半数で組織されている労働組合と書面による協定（いわゆる三六協定）を結び、労基監督署に届けなければなりません。

事業所にそのような労働組合がない場合は、使用者は労働者の過半数を代表する者との間で協定を結ばなければなりません

♠三六協定の過半数代表というのは

労働者の過半数代表者は、労基法41条2号の管理・監督者や機密の事務取扱者ではないこと、労使協定の過半数代表者の選出である旨を明らかにして実施される投票・挙手などによる方法で選出された者でなければなりません(Q4参照)。

♠時間外労働・休日労働は必要最小限にとどめる

労基法36条の規定は、時間外労働・休日労働を無制限に認める趣旨ではなく、時間外労働・休日労働は本来臨時的なものとして必要最小限にとどめ

【参照法令・条文】労基法36条、37条、41条

られるべきものであり、労使がこのことを十分意識したうえで三六協定を締結する必要があります。

♠割増賃金の支払義務がある

　時間外労働と休日労働については、割増賃金の支払が必要です。時間外労働の割増賃金の割増率は25％以上、休日労働の割増賃金の割増率は35％以上です。

♠長時間労働による被災の場合は損害賠償が発生

　週40時間労働を基準として1か月に45時間を超える時間外労働(休日労働を含みます)を続けると、脳・心臓疾患の発症リスクが急増します。
　その場合、業務上災害として労災保険給付の対象となる場合があります。労災保険給付の対象となった場合には、被災者や家族から事業主に対し損害賠償請求がなされることがあります。

♠延長時間の限度がある

　三六協定で定める時間は、最も長い場合でも図表90の限度時間を超えないものとしなければなりません。

【図表90　延長時間の限度】

❶　一般労働者の場合

期間	限度時間
1週間	15時間
2週間	27時間
4週間	43時間
1か月	45時間
2か月	81時間
3か月	120時間
1年間	360時間

❷　対象期間が3か月を超える1年単位の変形労働時間制の対象者の場合

期間	限度時間
1週間	14時間
2週間	25時間
4週間	40時間
1か月	42時間
2か月	75時間
3か月	110時間
1年間	320時間

　この限度時間は、図表91の事業または業務には適用されません。
三六協定の延長時間は、1日、1日を超え3か月以内の期間、1年間について協定しなければなりません。
　1日の延長時間の限度についての規制は原則としてありませんが、危険有害業務で、法令で定める業務に従事する者の時間外労働の上限は1日2時間とされています。

【図表91　限度時間の適用除外事業・業務】

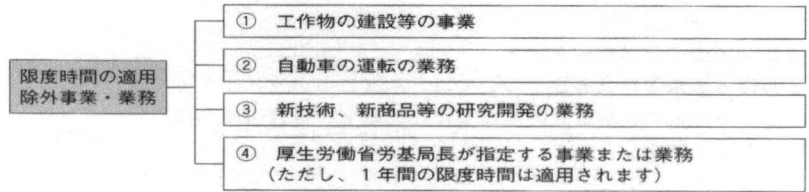

限度時間の適用除外事業・業務
① 工作物の建設等の事業
② 自動車の運転の業務
③ 新技術、新商品等の研究開発の業務
④ 厚生労働省労基局長が指定する事業または業務
　（ただし、1年間の限度時間は適用されます）

注　具体的な指定事業または業務は、労基監督署にお問い合わせください。

♠特別条項付三六協定の締結が必要なのは

　限度時間を超えて時間外労働を行う特別の事情（臨時的なものに限ります）が予想される場合には、特別条項付協定を締結することによって前記の限度時間を超える時間を延長時間とすることができます。

　「臨時的なもの」とは、一時的または突発的に、時間外労働を行わせる必要のあるものであり、全体として1年の半分を超えないことが見込まれるものを指します。

　よって、特別条項付協定には、限度時間以内の時間を一定期間についての延長時間の原則として定めたうえで、限度時間を超えて労働させなければならない特別の事情などを具体的に示す必要があります。

　また、「臨時的なもの」といえるのは、限度時間を超えることのできる回数が1年の半分以下であることを協定中に明記しなければなりません。

【図表92　特別条項付三六協定の例】

> 　一定期間についての延長時間は、1か月45時間、1年360時間とする。
> 　ただし、通常の生産量を大幅に超える受注が集中し、特に納期がひっ迫したときは、労使の協議を経て、6回を限度として1か月60時間まで、1年420時間までこれを延長することができる。
> 　なお、延長時間が1か月45時間を超えた場合の割増賃金率は30%、1年360時間を超えた場合の割増賃金率は35%とする。

注：割増賃金率は25%を超える率とするように努めなければならないとされていますので、30%→25%、35%→25%でも労基法違反にはなりません。

♠三六協定は使用者が刑罰を免がれる効果しかない

　三六協定の締結さえすれば、使用者はいつでも残業の命令を出せるのかという問題がありますが、図表93の三六協定は、この協定があれば使用者が刑罰を免がれる効果しかありません。

　使用者が業務命令として残業を命じるためには、就業規則や労働協約などに、「業務の都合により所定労働時間を超えて就業させることがある」「前項の場合は労働者代表と書面による協定をし、これを所轄労基監署長に届け由て行う」などの規定が定められている必要があります。

【図表93　三六協定の記入例と注意点】

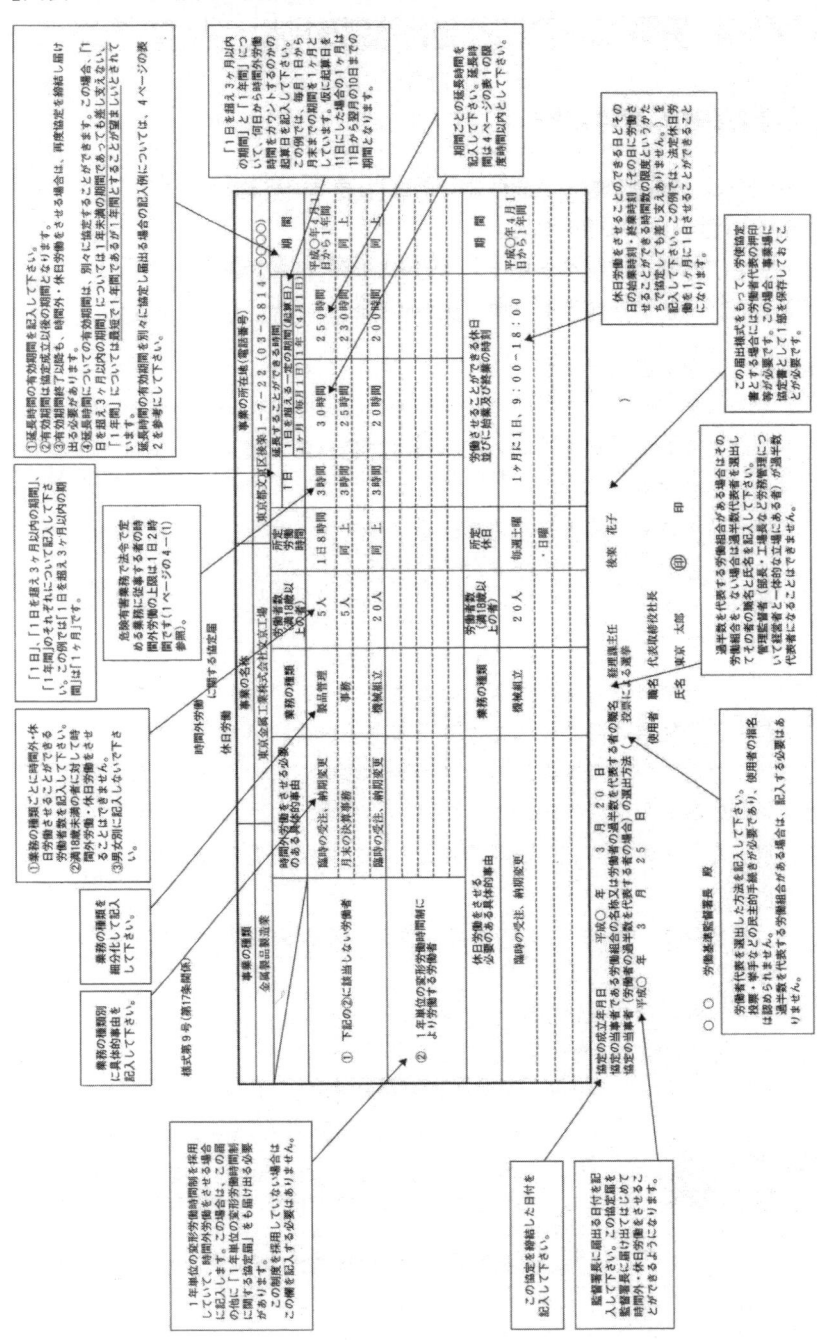

様式第9号(第17条関係)

**時間外労働
休日労働　に関する協定届**

事業の種類	事業の名称	事業の所在地（電話番号）
金属製品製造業	東京金属工業株式会社　東京工場	東京都○○区××台第1-7-2 2（03-3814-○○○○）

	業務の種類	労働者数（満18歳以上の者）	所定労働時間	延長することができる時間			期間
					1日を超える一定の期間（起算日） 1ヶ月（毎月1日）　1年（4月1日）		
				1日			
① 下記②に該当しない労働者	臨時の受注、納期変更	製品管理	5人	8時間	3時間	30時間	250時間	平成○年4月1日から1年間
	臨時の受注、納期変更 月末の決算事務	事務	5人	同上	同上	25時間	230時間	同上
	臨時の受注、納期変更	機械組立	20人	同上	3時間	20時間	200時間	同上
② 1年単位の変形労働時間制により労働する労働者								

休日労働をさせる必要のある具体的事由	業務の種類	労働者数（満18歳以上の者）	所定休日	労働させることができる休日 並びに始業及び終業の時刻	期間
臨時の受注、納期変更	機械組立	20人	隔週土曜・日曜	1ヶ月に2日、9：00～18：00	平成○年4月1日から1年間

協定の成立年月日　平成○年　3月　20日
協定の当事者である労働組合の名称又は労働者の過半数を代表する者の職名、選出方法
　　職務経営審議会委員　経理課主任　投票による選挙
　　氏名　東京　太郎　㊞

使用者　職名　代表取締役社長
　　　　氏名　後楽　花子　㊞

平成○年　3月　25日

○○労働基準監督署長　殿

Q45 非常事由による時間外・休日労働の扱いは

Answer Point

♤ 非常時で、許可を受ける時間がない場合は、事後に届出をしてもよいこととなっています。
♤ ただし、事後の届出の場合は、その労働が不適当と認められたときは、その時間相当分休憩、休日を命じられることがあります。

♠ 事後には必ず届出が必要

災害その他避けることのできない事由によって臨時の必要がある場合、許可を受けたうえで、必要な限りにおいて労働時間を延長し、また、休日に労働させることができます。

事態急迫のため、許可を得る暇がない場合は、事後に遅滞なく届け出ることが必要となります。届出様式は、所定のものが定められています(様式6号)。

♠ 災害その他避けることのできない事由は

「災害その他避けることのできない事由」とは、風水害等をはじめ、病院における急病人の発生搬入、ボイラー等の爆発、落盤、崩壊、鉄道事故等々の人命に影響する公益保護的なものをいいます。

河川近くの工場で大雨、台風等による堤防の決壊等が予見される場合も含まれます。

「必要な限度」とは、工場火災等においての消火活動中および消化後の後始末の時間までをいいます。

図表94の場合は、非常事由とは認められません。

【図表94 非常事由とは認められない場合】

非常事由とは認められない場合	
①	単なる業務の繁忙その他これに準ずる経営上の場合。
②	通常予見される部分的な修理、定期的な手入れの場合。
③	年少者(15歳未満の場合は認められません)。

【参照法令・条文】労基法33条

Q46 深夜労働ってなに・その適用範囲は

Answer Point

♤深夜労働とは、年後10時から年前5時までの労働のことをいいます。
♤深夜労働を行う場合、25％の割増賃金を払うことになります。もし時間外労働の深夜労働の場合、さらに25％の割増賃金が追加されます。
♤一般労働者はもとより、時間外手当、休日出勤手当の支給対象外の管理職にも適用されます。

♠深夜労働というのは

深夜労働とは、午後10時から午前5時までの労働のことをいいます。

深夜労働を行う場合、25％の割増賃金を払うことになります。もし時間外労働の深夜労働の場合、さらに25％の割増賃金が追加されます

♠管理職でも深夜手当は必要

先日ある事業所から「監督署の立入検査があり、管理職に深夜手当を支払っていないので、支払うようにと指導を受けました。管理職には深夜手当を支払う必要はなかったんじゃないのでは」との電話が入りました。管理職に深夜労働が適用されるということが案外知られていません。

労基法41条では、「労働時間、休憩及び休日に関する規定は次の各号の一に該当する労働者については適用しない」として、同条2項に「管理監督者や機密の事項を取り扱う者」と定めています。

「深夜」の文字が入っていません。ここでよく勘違いをするのです。

♠管理監督者の範囲は

管理監督者ついては、管理監督者や機密事項取扱者として時間外、休日出勤の割増賃金を支払っていない場合が見受けられますが、管理監督者とは、一般的には、部長、工場長等労働条件の決定その他労務管理について経営者と一体的な立場にある者の意であり、名称にとらわれず実態に即して判断すべきものであるとされています(基発17号、基発150号)。

図表95により労働者に該当するか否かを判断しますが、図表95の①〜⑤に該当しない場合は、管理監督者とみなされず、割増賃金の対象労働者となります。

【参照法令・条文】労基法37条3項、41条

【図表95　労働者に該当する管理監督者か否かの判断基準】

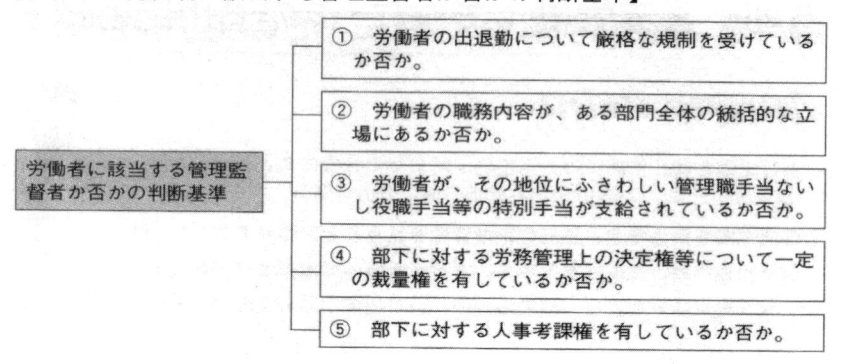

労働者に該当する管理監督者か否かの判断基準
- ① 労働者の出退勤について厳格な規制を受けているか否か。
- ② 労働者の職務内容が、ある部門全体の統括的な立場にあるか否か。
- ③ 労働者が、その地位にふさわしい管理職手当ないし役職手当等の特別手当が支給されているか否か。
- ④ 部下に対する労務管理上の決定権等について一定の裁量権を有しているか否か。
- ⑤ 部下に対する人事考課権を有しているか否か。

♠深夜の割増賃金の考え方は

深夜の割増賃金の考え方を図示すると、図表96、97のようになります。

【図表96　深夜の割増賃金の考え方：例1】

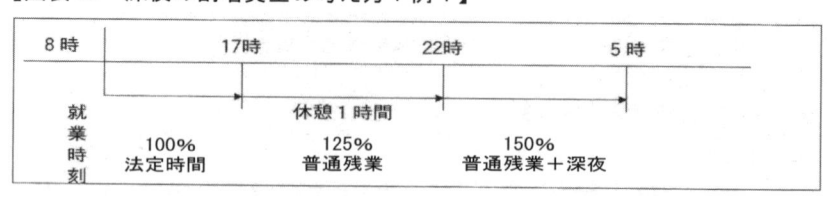

就業時刻：8時　17時　22時　5時
- 8時～17時：100% 法定時間（休憩1時間）
- 17時～22時：125% 普通残業
- 22時～5時：150% 普通残業＋深夜

【図表97　深夜の割増賃金の考え方：例2】

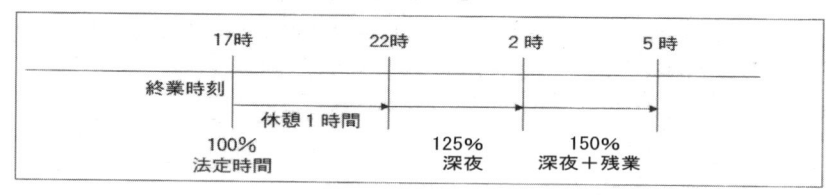

終業時刻：17時　22時　2時　5時
- 17時～22時：100% 法定時間（休憩1時間）
- 22時～2時：125% 深夜
- 2時～5時：150% 深夜＋残業

♠女性労働者に対する深夜業の配慮は

18歳以上の女性に対する深夜業の規制は、全面的に廃止されていますが、廃止に伴い、事業主が女性労働者を深夜業に従事させる場合の就業環境の整備に関する指針が示されています。

指針内容は、次の(1)～(3)のとおりです。
(1) 深夜業を終えて帰宅する女性労働者の通勤安全へ配慮すること。
(2) 育児・介護、本人の健康、家事負担の状況、学業との両立などへ配慮すること。
(3) 労働安全衛生法の「仮眠室、休養室、健康診断の実施義務」を守ること。

Q47 割増賃金ってどんなとき・算定基礎は

Answer Point

♠労働時間は1日8時間。1週40時間です。これを法定労働時間といいます。この法定労働時間を超えて労働したときに割増賃金が発生します。

♠割増賃金というのは

　割増賃金とは、労働者が時間外・休日労働をしたり、深夜労働をした場合に、使用者に支払が義務けられている通常よりも多い賃金のことをいいます。
　割増賃金の算定基礎となる所定賃金とは、通常の労働時間または労働日の賃金のことをいいます。

♠一部の手当を除いて算定の基礎に入る

　過重な労働に対する労働者への補償のため、時間外、深夜(原則として午後10時～午前5時)に労働させた場合には25％以上、法定休日に労働させた場合には35％以上の割増賃金を支払わなければなりません。
　割増賃金の計算の基礎となる賃金には、家族・通勤手当その他の命令で定める賃金は算入しません。計算の基礎となる賃金に含まれるかどうかは、名称ではなく内容により判断されます。

♠時間外(法定外休日)労働の割増率は

　例えば、就業時間が午前8時から午後5時(休憩1時間)までの所定労働時間8時間の場合でみると、図表98のとおりです。

【図表98　所定労働時間8時間の割増率】

①	17時から22時	1時間あたり賃金×1.25	法定時間外労働
②	22時から5時	1時間あたり賃金×(1.25＋0.25)	法定時間外労働＋深夜労働
③	5時から8時	1時間あたり賃金×1.25	法定時間外労働

　図表96は、所定労働時間が8時間の例ですが、就業時間が午前9時から午後5時(休憩時間1時間)までの場合で、所危労働時間が7時間のときは、午後5時を超えて午後6時までの労働については、通常の1時間あたりの賃

金を支払い、午後6時以降は25％以上の割増賃金が必要となります。

法定休日労働の割増率は、図表99のとおりです。

【図表99　法定休日労働の割増率】

① 5時から22時	1時間あたり賃金×1.35	休日労働
② 22時から24時	1時間あたり賃金×(1.35＋0.25)	休日労働＋深夜労働
③ 0時から5時		

♠割増賃金の算定基礎に算入しなくてよい賃金は

割増賃金の算定基礎には、図表100の項目以外の手当はすべて算入しなければなりません。

【図表100　算定基礎に算入しなくてよい賃金】

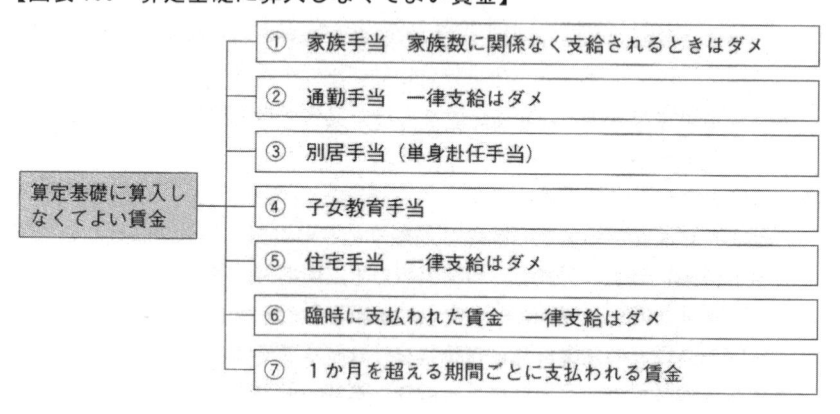

算定基礎に算入しなくてよい賃金
- ① 家族手当　家族数に関係なく支給されるときはダメ
- ② 通勤手当　一律支給はダメ
- ③ 別居手当（単身赴任手当）
- ④ 子女教育手当
- ⑤ 住宅手当　一律支給はダメ
- ⑥ 臨時に支払われた賃金　一律支給はダメ
- ⑦ 1か月を超える期間ごとに支払われる賃金

♠定額時間外・みなし時間外は要注意

営業職等の場合で、時間外手当として、月額一定額を支払っているケースが時々みられますが、残業手当額が法の定める計算方法による割増賃金を上回っていれば、定額支給も可能です。

しかし、現実の労働時間に基づき計算した割増賃金が定額支給する手当額を上回る場合は、その差額を追給しなければなりません。

一方、労働時間の算定に関して労基法では、労働者が労働時間の全部または一部について事業場外で業務に従事した場合において、労働時間を算定し難いときは、所定労働時間労働したものとみなす旨定められています。

この際、その「みなし労働時間」を労使協定に定め、「みなし労働時間」に法定労働時間を超える時間外労働が含まれる場合は、これに対応する割増賃金を支払えばよいことになります。

しかし、明らかに「みなし労働時間」が実際の労働時間にそぐわない場合

は、労使協議のうえ、適正な労使協定を結ぶ必要があります。
　なお、この協定書については、所轄の労基監督署に届け出る必要があります。

♠時間外は1分単位で
　割増賃金の計算にあたっては、事務簡便のため、その月における時間外の総労働時間数に30分未満の端数がある場合にはこれを切り捨て、それ以上の端数がある場合にはこれを1時間に切り上げることができるとされていますが、原則的には、毎日の時間外労働は1分単位で正確に計上するのが正しい労働時間管理といえます。

♠割増賃金の計算方法は
　割増賃金の計算と一口にいっても、会社によって時間給の人、日給の人、月給の人等さまざまな給与体系の労働者が存在します。それぞれの割増賃金の計算方法を就業規則に記載しなければなりません。
　1時間あたりの計算方法は、図表99によります(昭23.3.17基発461号)。
　その割増賃金の基礎となる「通常の労働時間または労働日の賃金計算額」は、図表101の方法により計算した1時間あたりの賃金額に、時間外労働、休日労働、深夜労働の時間数を乗じた金額となります。
　なお、所定労働時間とは、当該事業所において定められた実労働時間です(昭22.12.15基発501号ほか)。

【図表101　1時間あたりの計算方法】

ケース	計　算　方　法
① 時間給の場合	時間によって定められた賃金については、定められた時間給とする。
② 日給の場合	日によって定められた賃金については、その金額を1日の所定労働時間で除した金額である。 　(変形労働時間制をとる場合や、日によって所定労働時間が異なる場合は、1週間における1日平均所定労働時間数)
③ 週給の場合	週によって定められている賃金については、その金額を週における所定労働時間で除した金額である。 　(週によって所定労働時間数が異なる場合は、4週間における1週平均所定労働時間数)
④ 月給	月によって定められた賃金については、その金額を月における所定労働時間で除した金額である。 　(月によって所定労働時間が異なる場合は、1年間における1か月平均所定労働時間数)

【参照法令・条文】労基法37条、38条の2

Q48 時間外労働が月60時間を超えるときの割増賃金は

Answer Point

♤ 1か月60時間超の時間外労働50%以上の割増賃金となります。
♤ 限度時間（1か月45時間）を超える場合は、法定割増率である25%を超える率とするように努めることとされています。
♤ 1か月60時間を超える場合は代替休暇制度の設置ができます。
♤ 中小事業主には猶予措置が設けられています。

♠ 1か月60時間超の時間外労働50%以上の割増賃金

1か月60時間を超える時間外労働をさせた場合は、その超えた時間については50%以上の率で計算した割増賃金を支払わなければなりません。

深夜労働の場合は深夜の割増賃金は35%ですが、深夜の時間帯に1か月60時間を超える法定時間外労働を行わせた場合は両方の割増が適用され、「深夜割増賃金率25%以上＋時間外割増賃金率50%以上」となり、合計で75%以上の割増となります。

法定休日労働の場合、1か月60時間の法定時間外労働の算定には、法定休日に行った労働は含まれません。それ以外の休日に行った法定時間外労働は含まれます。

♠ 1か月45時間超の場合は法定割増率を超える率の支給に努める

「時間外労働の限度基準」（平成10年労働省告知第154号）により、1か月に45時間を超えて時間外労働をさせる場合には、法定割増率（25%）を超える率とするように努めることとされました（努力義務）。

【図表102 時間外労働に対する割増賃金の仕組】

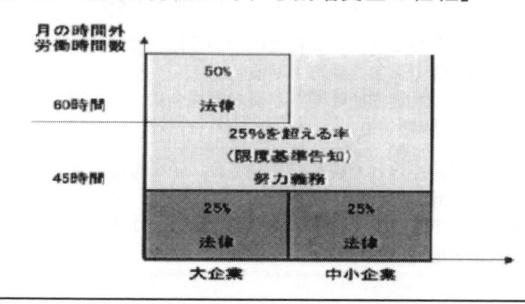

月の時間外労働時間数	大企業	中小企業
60時間超	50% 法律	
45時間超～60時間	25%を超える率（限度基準告知）努力義務	
45時間まで	25% 法律	25% 法律

♠1か月60時間超の時間外の場合は代替休暇制度の設置も

　1か月60時間を超える時間外労働がある場合は、事業場で労使協定を締結すれば1か月60時間を超える法定時間外労働を行った労働者の健康を確保するため、割増引上分（25％から50％引き上げた差の25％分）の割増賃金の代わりに有給の休暇を付与する制度（代替休暇）を設けることができます。

　ただし、労働者が有給休暇を取得しなかった場合は、50％の割増賃金が必要です。

【図表103　割増賃金の支払に代えた有給休暇の仕組】

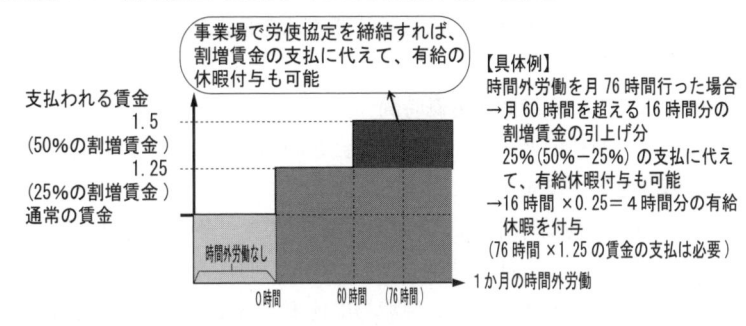

代替休暇を与える場合、労使協定で定める事項は、次のとおりです。
① 代替休暇として与えることができる時間の時間数の算定
② 代替休暇の単位
③ 代替休暇を与えることができる期間
④ 代替休暇の取得日、割増賃金支払日（④は協定で定めることが望ましい事項）

　なお、代替休暇は「休暇」に関する事項ですから、協定で代替休暇を与えることとした場合は、就業規則にその内容を記載する必要があります。

　ただし、この規定は、法定割増率の引上げが猶予されている中小企業については、猶予されています。

♠中小事業主には猶予措置は

　中小企業は、図表104のように、当分の間、割増率の50％は猶予されます。

【図表104　猶予される中小企業】

資本金の額または出資の総額が			常時使用する労働者数が	
小売業	5,000万円以下	または	小売業	50人以下
サービス業	5,000万円以下		サービス業	100人以下
卸売業	1億円以下		卸売業	100人以下
上記以外	1億円以下		上記以外	300人以下

Q49　労働時間の扱いは

Answer Point

♤使用者の指揮命令下にある時間が労働時間です。
♤休憩時間の来客当番は、労働時間となります。
♤労働者の自主的・自発的な掃除や研修は、労働時間ではありません。
♤就業規則等で定めた時間だけが、労働時間ではありません。

♠指揮命令に服している時間が労働時間

　労働時間とは、前述のとおり、労働者が会社の指揮命令に従い労働力を提供している時間をいいます。

　したがって、会社で労働時間でないと定められていても、その時間が使用者の指揮命令下にある場合には、労働時間となります。実態で判断しなければなりません。

　この指揮命令は、労働者に対して個別的に仕事することを指示したものだけではなく、黙示的に仕事を指示したと認められる場合も含まれます。

♠休憩時間の来客当番は

　お昼の休憩時間中に、社員全員が事務所の外へ出てしまうと誰もいなくなって、来客があったりまたお客さんから電話がかかってきたとき、応対できなくなってしまいます。そこで、来客・電話の応対をするため、当番制で事務所に残ることがあります。

　休憩時間は、労働力の提供義務がなく完全に労働から開放された時間で、自由に使うことのできる時間です。この来客当番の時間は、実際に来客がなくても、もし来客があったりまた電話がかかってきた場合には対応しなければならず、完全に労働から開放された時間とはいえません。指揮命令下にある時間となります。

　したがって、この来客当番の時間は労働時間となります。別に休憩を与えるか、またはこの時間分の賃金を支払う必要があります。

♠社員の自発的な掃除や研修なら労働時間ではない

　会社の周りなどを掃除している姿を見かけます。それを"モットー"にしている会社もあるようです。この掃除が会社の指示で行われている場合には、

【参照法令・条文】労基法34条

会社の指揮命令下にある時間となり、当然労働時間となって賃金支払の対象となります。

しかし、会社の指示ではなく、会社やその周辺をきれいにしようと社員が自発的に行っている場合には、労働時間ではありません。したがって、賃金を支払う必要はありません。

また、研修時間等も同様です。自主的に参加する研修等ならば、労働時間とはなりません。

♠自発的といいつつ不参加が不利益となる取扱いは指揮命令下にある時間になる

自発的である以上、掃除するのもまた研修等に参加しないのも自由です。ところが、掃除や研修等が自発的なものだということで、掃除や研修等に参加しなかったために、後で人事評価などの不利益を受けるようなことがあります。

そうなると、社員は掃除や研修等に参加しなければならなくなり、掃除や研修等を拒否することができません。それは、もはや自発的とはいえません。指揮命令下に置かれている時間となって労働時間となります。

労働時間であるか否かをみてみると、図表105のとおりです。

【図表105 労働時間の要否の例】

	労働時間である	労働時間でない
・手待時間	○	
・休憩時間		○
・休憩中の来客当番	○	
・研修時間	強制参加	自由参加
・安全衛生教育時間	○	
・一般健康診断		○
・特殊健康診断	○	
・作業前の準備時間	○	
……		

♠就業規則等で定められた時間だけが労働時間はない

通常、就業規則等で始業○○時、終業○○時と定められています。通常はこの時間が、労働時間となります。

しかし、この時間外であっても、会社の指揮命令下にある時間は、労働時間となります。

就業規則等で定められた時間だけではなく、その日その日の労働者が置かれた実態で判断しなければなりません。

Q50 労働時間制と変形労働時間制の違いは

Answer Point

♤ 法定労働時間は1日8時間・1週40時間で、これが原則です。
♤ 日によって8時間を超え、また週によって40時間を超えても、平均して1週40時間以内であればよいとされるのが変形労働時間制です。

♠労基法の労働時間制は

　会社は、休憩時間を除いて1日8時間・1週40時間を超えて労働させてはならない、と定められています。この1日8時間・1週40時間を「法定労働時間」といいます。

　会社で定めた労働時間は「所定労働時間」といいます。当然、この所定労働時間は、法定労働時間の範囲内でなければなりません。

　ただ、10人未満の商業、映画・演劇業、保健衛生業、接客娯楽業については、1週40時間のところを44時間と緩和されています。

　また、それ以外に変形労働時間制が設けられています。

【図表106　労基法の労働時間制】

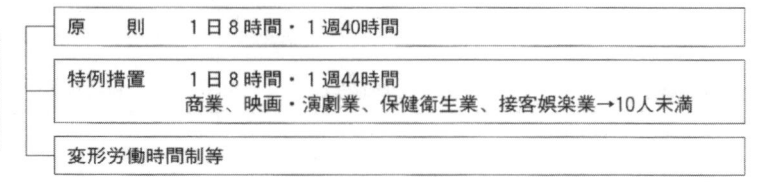

労働時間制	原　則	1日8時間・1週40時間
	特例措置	1日8時間・1週44時間 商業、映画・演劇業、保健衛生業、接客娯楽業→10人未満
	変形労働時間制等	

♠法定労働時間の起算は

　1週間とは、就業規則その他に別段の定めがない限り、日曜日から土曜日までのいわゆる暦週をいいます。また、1日とは、午前0時から午後12時までのいわゆる暦日をいい、継続勤務が2暦日にわたる場合には、たとえ暦日を異にするときでも1勤務として取り扱い、その勤務は始業時刻の属する日の労働として、当該日の1日の労働とします（昭63.1.1基発1号）。

♠変形労働時間制というのは

　仕事というのは、いつも同じようにあるわけではなく、忙しい日もあれば比較的暇な日もあります。そこで、労働時間を毎週・毎日を画一的にするの

【参照法令・条文】労基法32条

ではなく、こうした業務の繁閑に合わせて柔軟にしようとしたものが変形労働時間制です。

変形労働時間制は、特定の日によって8時間を超え、また特定の週によって40時間を超える日があっても、変形期間を平均して1週40時間以内であれば成立します。

したがって、8時間を超える日や40時間を超える週があっても、時間外労働とはならず、割増賃金の支払も必要がありません。

♠変形労働時間制の労働時間の計算は

1週間の法定労働時間(40時間)に変形期間の暦日数を乗じて、7で除して得た時間数に収まっていれば、変形期間を平均して1週間で40時間となります。これを変形期間における労働時間の総枠といいます。

【図表107 変形期間における労働時間の総枠の計算式】

変形期間における労働時間の総枠	＝40（1週間の法定労働時間）×変形期間の暦日数／7

変形労働時間制は、変形期間によって「1週間単位の変形労働時間制」、「1か月単位変形労働時間制」、それに「1年単位の変形労働時間制」があります。

【図表108 労働時間の原則と例外】

```
原則＝1週40時間（1日8時間×5日）
例外＝変形労働時間制
    ・1週間単位の非定型的変形労働時間制
    ・1か月単位の変形労働時間制
    ・1年単位の変形労働時間制
    ・フレックスタイム制
```

変形労働時間制は、原則的な労働時間制に較べて「弾力的な労働時間制」といえます。したがって、会社が勝手な運用はできません。

図表109のとおり、就業規則に定めたり、また労使協定を結んで労基監督署に届け出なければならないことになっています。

【図表109 変形労働時間制の労使協定・届出の有無】

```
①  1週間単位の変形労働時間制…就業規則＋労使協定＋届出
②  1か月単位の変形労働時間制…就業規則
③  1年単位の変形労働時間制   …就業規則＋労使協定＋届出
④  フレックスタイム制        …就業規則＋労使協定
```

Q51　1か月単位の変形労働時間制の要件は

Answer Point

♠ 1か月単位の変形労働時間制は、1か月を平均して週40時間以内です。
♠ 各日、各週について労働時間を具体的に定めます。
♠ 1か月間の起算日を定める必要があります。
♠ 1か月変形労働時間制は、就業規則や労使協定等で定めなければなりません。

♠ 1か月の労働時間の総枠は

　1か月変形労働時間は、1か月を平均して週40時間以内でなければなりません。そのためには、所定労働時間が1か月(変形期間)の労働時間の総枠の範囲内である必要があります。

　1か月の労働時間の総枠は、40×1か月の暦日数／7で計算されます。1か月は、31日、30日と28日の月があります。したがって、それぞれの月でこの総枠は変わります。

【図表110　1か月の労働時間の総枠】

31日の月	40×31／7＝177.14時間
30日の月	40×30／7＝171.42時間
28日の月	40×28／7＝160.0時間
29日の月	40×29／7＝165.71時間

♠ 各日・各週について労働時間を定める

　1か月変形労働時間は、1か月の労働時間の総枠の範囲内で、所定労働時間を就業規則や労使協定等で定めます。しかし、1か月の総労働時間だけを定めればいいわけではありません。

　変形労働時間制は、「特定の日に8時間を超え、また特定の週に40時間を超える」のです。特定の日が明確になっていなければならないのです。

　例えば、月曜日は○時間、金曜日は○時間というように定めます。そして、始業時刻と終業時刻および休憩時間を定めなければなりません。

　始業時刻①時○分、終業時刻○時○分と定めることによって、いつの日が8時間を超えているか、またいつの週が40時間を超えているかが、明確となります。

【参照法令・条文】労基法32条の2

♠ 1か月の起算日は

　1か月を平均して週40時間以内といっても、その1か月間が何日から何日までと明確になっていなければ1か月を平均できません。ある月によって1か月の取り方が異なってしまい、ある日に8時間を超え、またある週に40時間を超える日があっても、変形労働時間制だからといって割増賃金が支払われないことがあります。

　1か月間を明確にするため、1か月の起算日を定めなければなりません。例えば「1か月の起算日は毎月1日とする」などとします。

　ただ、労働時間は賃金計算と密接に結びついていますから、賃金計算期間の起算日に合わせるほうがよいでしょう。20日締めの会社であれば、「1か月の起算日は毎月21日とする」とします。

♠ 就業規則や労使協定等で定める

　1か月の変形労働時間制は、就業規則や労使協定等で定めなければなりません。労使協定で定めた場合には、その協定を労基監督署に届け出ます。

　就業規則で定めた場合には、1か月変形労働時間制を採用した旨を労基監督署に届け出る必要はありません。

　しかし、就業規則で定めるということは、就業規則を変更することになります。就業規則を変更したときは、就業規則の変更を労基監督署に届け出なければならないことになっています。

　したがって、就業規則に定めた場合であっても、労基監督署に届け出ることになります。

♠ 妊産婦などに対する配慮は

　妊産婦が請求したときは、1日8時間・1週40時間を超えて働かせることができません。

　また、育児休業をしない社員や幼児を養育する社員、家族を介護する社員等、特別な配慮が必要な一定の社員の申出があった場合には、事業の正常な運営を妨げる場合を除いて、育児や介護に必要な時間を確保できるよう特別な配慮をしなければなりません。

　満15歳以上満18歳未満の年少者については、原則として変形労働時間制で働かせることができません。ただし、1日8時間・1週48時間を超えない範囲であれば、1か月単位の変形労働制で働かせることができるようになっています(1年単位の変形労働時間制も同様です)。

【参照法令・条文】労基法32条の2、66条、89条

Q52　1年単位の変形労働時間制の要件は

Answer Point

♤ 1年単位の変形労働時間制は、1か月超1年以内を変形期間とします。
♤ 1年間の労働時間の総枠は、2,085時間です。
♤ 1日10時間・1週52時間が労働時間の限度です。
♤ 年間の労働日数の限度（280日）のほか、連続労働日数の限度（6日）も設けられています。
♤ 変形期間を区分して労働日数や労働時間を定めることができます。
♤ 変形期間の途中で入社・退社した社員は、その期間を平均して週40時間を超える時間に対して割増賃金の支払が必要になります。
♤ 労使協定を締結して労基監督署に届け出なければなりません。

♠ 1年単位の変形労働時間制の変形期間は

　1年単位の変形労働時間制は、その名のとおり1年間を変形期間とし、1週間の労働時間が平均して40時間以内とするものです。

　ただし、変形期間は、1年間でなくても、1か月を超え1年以内の期間であれば、3か月でも、7か月でもよいことになっています。

　1年の中で、業務の繁閑が大きい時期を選んで、変形期間とすることができます。

♠ 変形期間の労働時間の総枠は

　変形期間における労働時間の総枠は、40時間に変形期間の暦日数を乗じて、7で除して計算します（図表111）。

　1年間を変形期間とする場合には、40 × 365/7 ですから、2,085時間となります。1年間の総労働時間が2,085時間以内であれば、平均して1週40時間以内となります。

【図表111　1年間を変形期間とした場合の労働時間の総枠計算式】

```
1年間を変形期間とした場合の労働時間の総枠
　＝40時間×変形期間の暦日数／7
　＝40×365／7 ≒ 2,085.71時間
```

【参照法令・条文】労基法32条の4

♠1日・1週間の労働時間の限度は

　1か月を平均して週40時間を超えなければ、1日・1週間の労働時間は何時間でもよいかというと、決してそうではありません。1日・1週間の労働時間に限度が設けられています。

　1年単位の変形労働時間制にしたときでも、1日は10時間、1週間で52時間を超えることはできません。

　また、変形期間が3か月を超える場合には、労働時間が1週間で48時間を超えることができるのは3週以下でなければなりません。

　さらに、変形期間を3か月ごとに区分した場合、区分した各期間について、その労働時間が48時間を超える週は、週の初日で数えて3回以下でなければなりません。

♠労働日数の限度は

　労働日数についても、制限が加えられています。変形期間が3か月を超える場合は、1年あたり280日が限度で、それを超えて労働させてはならないことになっています。

　変形期間が1年の場合、労働日数の限度は280日ですから、最低でも85日の休日が必要となります。

　1日7時間の労働時間だと、297日で2,079時間となり、1年間の労働時間の総枠である2,085時間をクリアしていますが、労働日数が280日を超えてしまい無効となります。

　1年あたり280日というのは、280日×変形期間の暦日数/365で計算します。

　もし、4月1日から9月30日の6か月を変形期間とした場合には、280×183/365=140.38で、労働日数は140日が限度となります。

　また、1週間に1日の休日が必要とされていますから、連続労働日数の限度も6日となります。ただ、この連続労働日数の限度については、特定期間(変形期間の中で特に業務の繁忙である期間)であるときは、12日とすることができます。

　ただし、これでも1週間に1日の休日が免除されているわけではありませんから、休日の取り方に工夫が必要となります。

　休日をあらかじめ設定するときは、図表112の下段のとおり、休日を1週間の前に取った次の週の休日を1週間の後ろに置くことによって、実質12日間の連続労働日が可能となります。

【図表112　連続労働日数の限度】

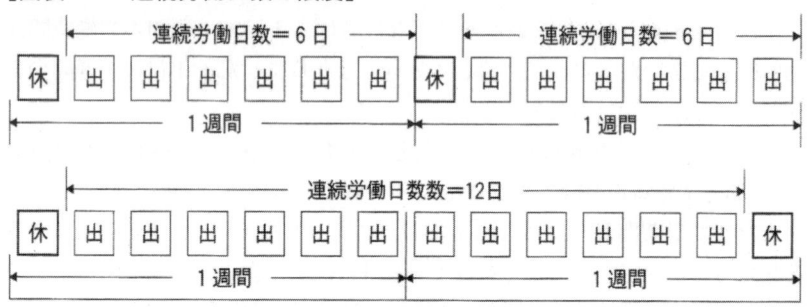

連続労働日数＝6日

| 休 | 出 | 出 | 出 | 出 | 出 | 出 |

連続労働日数＝6日

| 休 | 出 | 出 | 出 | 出 | 出 | 出 |

1週間／1週間

連続労働日数数＝12日

| 休 | 出 | 出 | 出 | 出 | 出 | 出 | 出 | 出 | 出 | 出 | 出 | 出 | 休 |

1週間／1週間

♠労働日・労働時間の区分は

　労働日・労働日ごとの労働時間は、変形期間中のすべての労働日・労働日ごとの労働時間をあらかじめ定めてしまわなくても、1か月以上の期間に区切って定めることができることになっています。

【図表113　労働日・労働時間の区分】

変形期間
├─ 区分しない ─┬─ 全期間の労働日を決める
│　　　　　　　└─ 労働日ごとの労働時間を決める
└─ 区分する

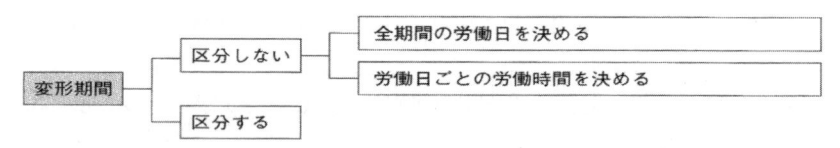

　区分するときは、まず変形期間が始まる前に、最初の期間について労働日・労働日ごとの労働時間を定めます。それ以降の期間については、各期間の労働日数と総労働時間を定めます(図表114)。

　最初の期間後の期間については、各期間の初日の30日前に、当該各期間の労働日と労働日ごとの労働時間を定めます。この労働日と労働日ごとの労働時間は、変形期間が始まる前に定めた各期間の労働日数と総労働時間の範囲でなければなりません。

　また、これらは会社が一方的に定めるのではなく、書面による労使協定が必要です。

【図表114　変形期間の区分と定める内容】

	変形期間			
区分した期間	1か月 （最初の期間）	1か月	1か月	～
決める内容	労働日 各労働日ごとの労働時間	労働日数 総労働時間	労働日数 総労働時間	労働日数 総労働時間

【参照法令・条文】労基法32条の4

♠変形期間の中途で入社・退社した社員の割増賃金は

　変形労働時間制は、ある特定の日や週に法定労働時間である8時間や40時間を超えても、逆に8時間や40時間より少ない労働時間があることによって、平均されますから、時間外労働として割増賃金を支払わなくてよいという制度です。

　しかし、1年単位の変形労働時間制は、変形期間が長くなるという特徴をもっています。

　この変形期間の途中で入社したり、また退職する社員は、この期間をすべて労働するわけではありません。

　もし、40時間より多く労働する期間だけ労働しても、時間外労働として割増賃金が支払われないとしたら、非常な不利益を被ることになります。

　そこで、変形期間の途中で入社または退社した社員については、その期間を平均して40時間を超える時間については、割増賃金を支払うことが要件となっています(図表115)。

【図表115　変形期間の途中で入社した場合の割増賃金】

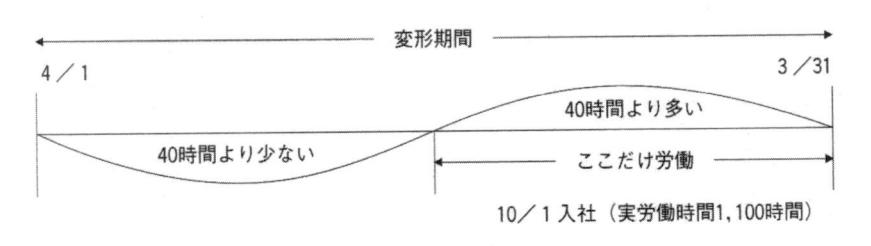

本人の実労働時間－実勤務期間の法定労働時間の総枠
（40×実勤務期間の暦日数÷7）

変形期間
4／1　　　　　　　　　　　　　　　　　　　　　3／31
40時間より少ない　　　40時間より多い
　　　　　　　　　　　ここだけ労働
10／1入社（実労働時間1,100時間）

　図表113の場合は、$1{,}100 - (40 \times 182 \div 7) = 60$ となって、60時間分の割増賃金が必要となります。

　なお、既払分の割増賃金があれば、60時間分からその分を差し引いて清算します。この支払は、3月31日に行います。

　中途退社も同様の計算を行います。清算する時期は、退社時となります。

♠労使協定の届出は

　1年単位の変形労働時間制は、図表116の内容の労使協定を結んで労基監督署に届け出ることが要件となっています

　図表117は、1年単位の変形労働時間制に関する労使協定書の例です。

【参照法令・条文】労基法32条の4の2、37条

【図表117 1年単位の変形労働時間制に関する労使協定書の例】

様式第4号(第12条の4第6項関係)

1年単位の変形労働時間制に関する協定届(記載例) 1日8時間、年間休日105日の場合

事業の種類	事業の名称	事業の所在地(電話番号)	常時使用する労働者数
○○業	○○工業株式会社	○○市○○町1-1	○○人

該当労働者数(満18歳未満の者)	対象期間及び特定期間(起算日)	対象期間中に各週及び各週の労働時間ならびに所定休日	対象期間中の1週間の平均労働時間数	協定の有効期間
○○人(0人)	平成○○年○月○○日から平成○○年○月○○日まで	休日カレンダーのとおり 別紙	40時間 00分	平成○○年○月○○日から平成△△年△月△△日まで

労働時間が最も長い日の労働時間数(満18歳未満の者)	労働時間が最も長い週の労働時間数(満18歳未満の者)	対象期間中の最も長い連続労働日数	特定期間中の最も長い連続労働日数	対象期間中の総労働日数
8時間 00分(時間 分)	48時間 00分(時間 分)	6日間	0日間	260日

旧協定の労働時間が最も長い週の労働時間数	旧協定の協定締結日
時間 分	年 月 日

協定の成立年月日 平成○○年 ○月 ○○日

協定の当事者である労働組合の名称又は労働者の過半数を代表する者の職名 製造班長
氏名 労働 太郎

協定の当事者(労働者の過半数を代表する者の場合)の選出方法 投票による 印
(注意:代表者は管理職以外の者とすること)

使用者 職名 代表取締役 印
氏名 会社 一郎

平成○○年 ○月 ○日 (監督署への提出日)

○○ 労働基準監督署長 殿

記載心得
1 法第60条第3項第2号の規定に基づき満18歳未満の者に変形労働時間制を適用する場合には、「該当労働者数」、「労働時間が最も長い日の労働時間」及び「労働時間が最も長い週の労働時間」の各欄に括弧書きすること。
2 「対象期間及び特定期間」の欄のうち、対象期間については当該変形労働時間制における時間通算の期間の単位を記入し、その起算日を括弧書きすること。
3 「対象期間中の各週及び各週の労働時間並びに所定休日」については、別紙に記載して添付すること。
4 「旧協定」とは、別第12条の4第3項に規定するものであること。

【図表116　労使協定の内容】

労使協定の内容
- ① 対象社員の範囲
- ② 対象期間における労働日及び労働日ごとの労働時間
- ③ 対象となる期間及び起算日
- ④ 特定期間
- ⑤ 労使協定の有効期間

♠育児を行う者等に配慮する

　変形労働時間制(1か月、1年、1週間)により労働者に労働させる場合には、育児を行う者、老人等の介護を行う者、職業訓練または教育を受ける者その他特別の配慮を要する者については、これらの者が育児等に必要な時間を確保できるような配慮をしなければなりません。

♠1年変形を採用した場合の休日振替は

　1年単位の変形労働時間制は、使用者が業務の都合によって任意に労働時間を変更することがないことを前提とした制度です。したがって、通常の業務の繁閑等を理由とし休日振替が通常行われるような場合は、1年単位の変形労働時間制を採用できません。

　なお、1年単位の変形労働時間制を採用した場合に、労働日の特定時には予期しない事情が生じ、やむを得ず休日の振替を行わなければならなくなることも考えられますが、そのような休日の振替までも認めない趣旨ではありません(平11.3.31基発168号)。

【図表118　労働日数・労働時間の限度】

① 労働日数の限度	①	対象期間が1年の場合 →280日
	②	対象期間が3か月を超え1年未満である場合 →280日×対象期間の暦日数／365日
② 1日及び1週間の労働時間の限度	①	1日→10時間
	②	1週間→52時間
	③	3か月を超える1年変形の場合 ・48時間を超える所定労働時間を設定した週が連続3週間以内であること ・起算日から3か月ごとに区切った1期間に、48時間を超える週は、週の初日で数えて3回以内であること
③ 連続して労働させる日数の限度	①	連続労働日数→6日
	②	特定期間(対象期間中の特に業務が繁忙な期間)における連続労働日数は、労使協定の定めがある場合には、1週間に1日の休日が確保できる日数

【参照法令・条文】労基法施行規則6条の2、12条の2、12条の5　など

Q53　1週間単位の変形労働時間制の要件は

Answer Point

♤ 1週間単位の非定型的変形労働時間制適用対象事業は、30人未満の小売業・旅館・飲食店・料理店となっています。
♤ 前日までに書面で労働時間を通知することが必要です。
♤就業規則に始業時刻・終業時刻の記載は必要ありません。
♤労使協定が必要です。

♠1週間単位の非定型的変形労働時間制は

　日ごとの業務に著しい繁閑の差が生じ、1年単位の変形労働時間制や1か月の変形労働時間制のように、これを予測したうえであらかじめ就業規則等で各日の労働時間を定めておくことが困難な事業があります。
　このような場合に、1週間を単位として、前日までに変形労働時間の内容を社員に通知できるようにしたものが、1週間単位の非定型的変形労働時間制です。

♠適用対象事業は

　1週間単位の非定型的変形労働時間制は、適用対象事業が限定されています。小売業・旅館・飲食店・料理店で、かつ30人未満の零細的な事業となっています。

♠事前通知の方法は

　日ごとの業務に著しい繁閑の差が生じる場合には、就業規則等で各日の労働時間を特定することが困難です。とはいえ、日ごとに労働時間の指示を待つということでは、社員はさまざまな生活の予定を立てることができません。
　そこで、1週間単位の非定型的変形労働時間制は、1週間が始まる前に1週間の各日の労働時間を、社員に通知しなければならないこととされています。
　この通知は、書面でしなければなりません。ただし、この通知は、社員一人ひとりに直接通知しなくても、通知する方法を事前に明示し、例えば、掲示板に掲示することでも差し支えないとされています。

【参照法令・条文】労基法32条の5　労基法施行規則12条の5

なお、いったん通知した各日の労働時間の変更については、緊急でやむを得ない事情がある場合に限り、変更しようとする前日までに社員に書面で通知しなければなりません。

また、緊急やむを得ない事由がある場合には、使用者の主観的な必要性でなく、台風の接近、豪雨等の天候の急変等客観的事実により、当初想定した業務の繁閑に大幅な変更が生じた場合が該当します（昭63.1.1基発169号）。

【図表119　事前通知書の例】
○○氏の1週間（○月1日から○月7日）の労働時間は次のとおりです。

日（曜日）	所定労働時間	始業時刻	休憩時間	終業時刻
1（月）	6時間	10時	13時～16時	19時
2（火）	5時間	10時	13時～16時	18時
3（水）	休日	―	―	―
4（木）	6時間	10時	13時～16時	19時
5（金）	9時間	10時	13時～16時	22時
6（土）	9時間	10時	13時～16時	22時
7（日）	5時間	10時	13時～16時	18時

♠労働時間の限度は

変形労働時間制は、ある特定の日や週に8時間または40時間を超えて労働させる制度です。1週間単位の非定型的変形労働時間制も、8時間を超える日があっても、時間外労働とならず割増賃金の支払も必要ありません。

しかし、変形労働時間制であっても、無制限に労働させられるわけではなく、1日について10時間を超えることはできません。

そして、1週間については、あくまで1週間単位ですから、40時間が限度となっています。これを超えると時間外労働となります。

♠就業規則の記載は

1週間単位の非定型的変形労働時間制は、労使協定を締結することが要件として認められる制度です。

ただし、1週間単位の非定型的変形労働時間制を採用するときには、就業規則等に「労使協定の定めるところにより、1日8時間を超えて労働させることがあります」旨の規定をしておかないと、それに従って社員を労働させることができません。

ただ、1週間単位の非定型的変形労働時間制は、もともと「日ごとの業務に著しい繁閑の差が生じるために、就業規則等で各日の労働時間を特定することが困難」と認められた制度です。

したがって、就業規則には、始業時刻や終業時刻を定めておく必要はありません。

【参照法令・条文】労基法32条の5

Q54　変形労働時間制での時間外労働の扱いは

Answer Point

♠所定労働時間が8時間を超えている日に、8時間を超えて労働させても時間外労働にはなりません。ただし、8時間以上となっている所定労働時間を超えたときは時間外労働となります。

♠所定労働時間が8時間に満たないときは、所定労働時間を超えても8時間以内であれば時間外労働にはなりません。ただし、その時間が週の法定労働時間（40時間）を超えると時間外労働となります。また変形期間の労働時間の総枠を超えると時間外労働となります。

♠1年変形の場合、変形期間の中途で採用・入社した社員は、その期間を平均して40時間を超えた時間が時間外労働となります。

♠時間外労働というのは

　時間外労働とは、法定労働時間である1日8時間・1週40時間を超えて労働させた時間をいいます。

　時間外労働をさせるときは、三六協定を締結し、25％以上の割増賃金を支払わなければなりません。

　しかし、変形労働時間制は、ある特定の日に8時間を超え、またある特定の週に40時間を超えて労働させても、労働時間制度の例外として時間外労働になりません。

　では、すべての労働時間が時間外労働とはならず、割増賃金も支払わなくてもよいかというと、そんなことはありません。

♠週の所定労働時間が8時間を超えているときは

　変形労働時間制は、あるときには法定労働時間を超えて多く働かせ、あるときには少なく働かせるという制度です。

　したがって、8時間を超えても、それが変形労働時間として定められている時間（所定労働時間）は、時間外労働となりません。

　しかし、その所定労働時間が8時間を超えている場合は、所定労働時間を超えたときに時間外労働となります。

　例えば、所定労働時間が10時間と定められているとき、8時間を超えて

【参照法令・条文】労基法32条、36条

いる2時間は時間外労働とはなりません。しかし、10時間を超えれば、それは時間外労働となります(図表120)。

【図表120 時間外労働になるか否かの判定】

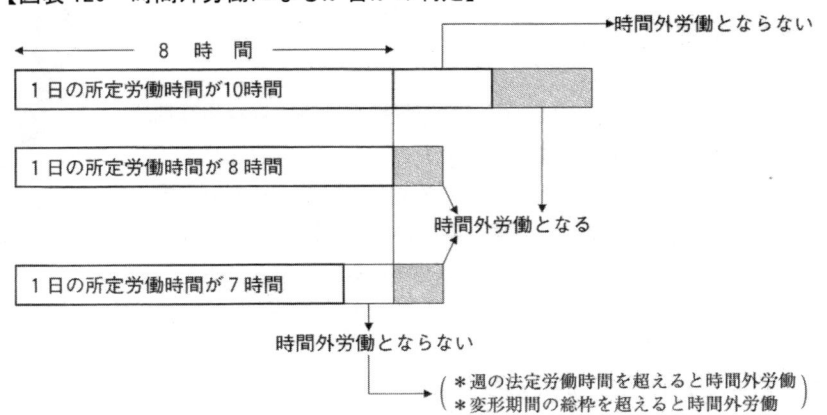

```
┌──── 8 時間 ────┐
┌─────────────────────┬──┐       →時間外労働とならない
│1日の所定労働時間が10時間│▓▓│
└─────────────────────┴──┘
┌─────────────┬─┐
│1日の所定労働時間が8時間│▓│
└─────────────┴─┘         時間外労働となる
┌──────────┐
│1日の所定労働時間が7時間│
└──────────┘
         時間外労働とならない
         (＊週の法定労働時間を超えると時間外労働)
         (＊変形期間の総枠を超えると時間外労働)
```

♠週の所定労働時間が8時間に満たないときは

　週の所定労働時間が8時間に満たないときは、所定労働時間を超えてもすべてが時間外労働となるわけではありません。

　所定労働時間を超えて労働した時間が8時間以内であっても、週の法定労働時間を超えたり、また変形期間の総枠を超えたときは時間外労働となります。もちろん、1日8時間を超えたときは時間外労働となります。

　例えば、その日の所定労働時間が7時間であるとき、1時間残業しても実働8時間ですから、この1時間は時間外労働になりません。

　しかし、その1週間に他の日の労働時間を合計して、週40時間を超えることになると、時間外労働となります。

　また、その1週間は40時間以内に収まっていたとしても、変形期間である1か月を通してみて、1か月の労働時間の総枠を超えることになるときは、時間外労働となります。

♠1年変形の場合は

　1年変形の場合には、変形期間が1か月を超えます。上記と同様に、その期間でみることが必要になります。

　また、変形期間の中途で入社・採用した社員は、実在した期間を平均して40時間を超えた時間が時間外労働となります(Q52の1年単位の変形労働時間制を参照)。

【参照法令・条文】労基法32条の4、32条の4の2、36条、37条

Q55 フレックスタイム制の要件は

Answer Point

♤フレックスタイム制とは、出退勤の時刻を社員に委ね清算期間内で労働時間を清算させる制度です。
♤一般にフレキシブルタイムとコアタイムで構成されています。
♤清算期間内の労働時間が総労働時間の総枠を超えたときは、当月内で清算し、少ない月は翌月に繰り越して清算することができます。
♤フレックスタイム制は労使協定が必要です。

♠フレックスタイム制というのは

　フレックスタイム制とは、清算期間（1か月以内の期間で、一般には1か月）の総労働時間の総枠の範囲内で、何時に出勤してもまたいつに退勤してもよいという制度です（図表121）。
　一般に何時に出勤または退勤してもよい「フレキシブルタイム」と、必ず労働していなければならない「コアタイム」で構成されています。もちろん、コアタイムを設けず、すべてがフレキシブルタイムでも差支えありません。

【図表121　フレックスタイム制のしくみ】

		労　働　時　間　帯		
7：00　　　　10：00　　　12：00 13：00　　15：00　　　　21：00				
フレキシブルタイム	コアタイム	休憩	コアタイム	フレキシブルタイム
いつ出社してもよい時間帯	必ず労働しなければならない時間帯			いつ退社してもよい時間帯

♠フレックスタイム制には労働時間の過不足が生じる

　そうすると、ある日は所定労働時間を超えて働き、ある日は所定労働時間より少なく働くということが起こります。
　働かなければならない時間を超えて働き、また働かなければならない時間の不足が出てくるわけです。これをそのままにしておくわけにはいきません。清算する必要があります。
　なお、フレックスタイム制と裁量労働制を混同しないようにしてください。

【参照法令・条文】労基法32条の3

♠労働時間の清算は

　労働時間を清算するために清算期間(一般に1か月)を定めます。清算期間内の労働時間を合算した時間が、清算期間における総労働時間を超えている場合には、超えている時間分の賃金を当月に支払います。

　その場合、労働時間が法定労働時間の総枠を超えている場合には、時間外労働となりますから、割増賃金が必要です。

　清算期間の総労働時間は、法定労働時間の総枠の範囲内ということになりますから、労働時間が総労働時間を超えていても、法定労働時間の総枠を超えなければ時間外の労働とはならず、割増賃金の支払は必要ありません。

　労働時間が、清算期間における総労働時間に満たない場合、すなわち労働時間の不足があった場合には、働いていない時間ですから、不就業として賃金控除をします。あるいは、不就業として賃金控除をせず、翌月にこの分を繰り越して労働してもらうこともできます。

　この場合に、翌月の実労働時間が法定労働時間を超える時間が生じたときは、その超える時間に対して時間外労働の割増賃金が必要となります。

【図表122　労働時間の清算】

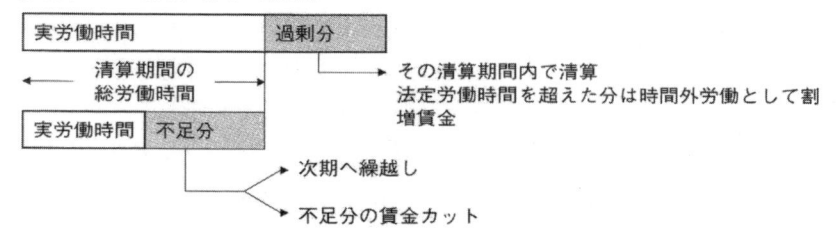

```
実労働時間       │過剰分│
←清算期間の→        └──→ その清算期間内で清算
　総労働時間              法定労働時間を超えた分は時間外労働として割
実労働時間│不足分│        増賃金
                └──→ 次期へ繰越し
                └──→ 不足分の賃金カット
```

♠労使協定の内容は

　フレックスタイム制は、労使協定を締結しなければなりません。ただし、労基監督署への届出は不要です。

　協定する主な内容は、図表123のとおりです。

【図表123　労使協定をする主な内容】

労使協定をする主な内容	①	対象となる労働者の範囲
	②	清算期間中の総労働時間
	③	1か月以内の清算期間を定め、その起算日を明確にする
	④	フレキシブルタイムに制限を設ける場合には、その開始と終了の時刻
	⑤	コアタイムを設ける場合は、その開始と終了の時刻
	⑥	標準となる1日の労働時間
	⑦	協定の有効期限

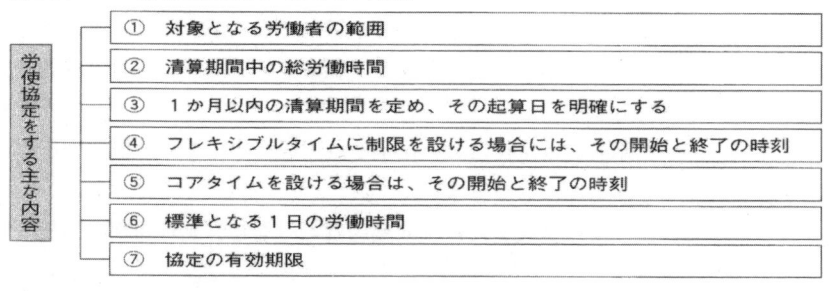

【参照法令・条文】労基法32条の3　労基法施行規則12条の3

Q56 事業場外労働のみなし制ってなに・その要件は

Answer Point

♤ 何時間労働したか算定が難しいため、何時間労働したものと「みなす」のが、みなし労働時間制です。
♤ 労働時間の算定ができる場合は、みなし労働時間制はできません。
♤ 法定労働時間を超えて労働させている場合には、労使協定を締結し労基監督署に届け出ます。
♤ 事業場内の労働時間と事業場外でみなす時間を明確に区分しておきます。

♠事業場外労働のみなし労働時間制というのは

　労働時間の全部または一部を会社の外で働き、労働時間を算定することが困難である場合には、一定の時間を働いたものと"みなして"算定することができることになっています。これを「事業場外のみなし労働時間制」といいます。
　通常は、会社の定めた所定労働時間を働いたものとみなします。また通常の所定労働時間を超えて働くことが必要な場合には、労使協定で業務の遂行に通常必要な時間を定め、その時間を働いたものとみなします。
　協定した業務の遂行に必要な時間が、法定労働時間を超えている場合には、労使協定を労基監督署に届け出なければなりません。また時間外労働となりますから、割増賃金が必要なことはいうまでもありません。

♠労働時間が算定できる場合は適用除外

　事業場の外で労働するからといって、自動的にすべてがみなし労働時間制を適用できるわけではありません。
　事業場の外で労働しても、労働時間を算定できる場合があります。例えば、事業場の外で労働する社員の中に労働時間を管理する人がいたり、また携帯電話等により随時会社の指示を受けながら業務を進める場合は、労働時間を算定することができます。
　また具体的な指示を受けた後に会社に戻るなどの場合にも、労働時間を算定することができることになります。
　したがって、このような場合には、事業場外のみなし労働時間制の適用を受けることはできません。

【参照法令・条文】労基法38条の2

【図表124　事業場の外で労働する社員の労働時間算定】

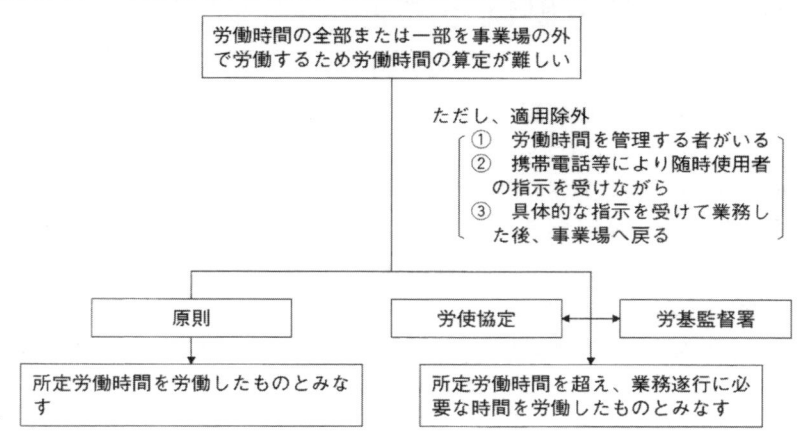

```
         労働時間の全部または一部を事業場の外
         で労働するため労働時間の算定が難しい
                         │
                         │  ただし、適用除外
                         │    ① 労働時間を管理する者がいる
                         │    ② 携帯電話等により随時使用者
                         │       の指示を受けながら
                         │    ③ 具体的な指示を受けて業務し
                         │       た後、事業場へ戻る
         ┌───────────────┼───────────────┐
         │               │               │
        原則           労使協定  ←──  労基監督署
         │               │
  所定労働時間を労働   所定労働時間を超え、業務遂行に必
  したものとみなす     要な時間を労働したものとみなす
```

♠事業場内と外の労働時間の区分は

　通常事業場の外で働く社員であっても、労働時間のすべてが事業場の外とは限りません。例えば、営業社員であっても、会社内でデスクワークもしますし、会社内で営業会議に出席することもあります。

　こういう場合は、労働時間を算定することができます。事業場外のみなし労働時間制は、あくまで労働時間の算定が困難である場合ですから、このように社内で業務をした労働時間が算定できる場合は、当然適用できません。

　そこで、事業場内で働く時間と、事業場外で働きみなし労働となる時間を明確に区分しておくことが必要となります。

【図表125　1日の労働時間を9時間とした場合の例】

事業場場内で労働した時間	「みなし」となる事業場外の労働時間
0　時間	9　時間
1　時間	8　時間
2　時間	7　時間
＜　略　＞	＜　略　＞
7　時間	2　時間

　みなし労働時間の算定の対象となるのは、事業場外で労働した部分であり、事業場内で労働した時間については別途把握しなければなりません。労働時間の一部を事業場内で労働した日の労働時間は、みなし労働時間制による時間と、別途把握した事業場における時間を加えた時間となります(昭63.3.14基発150号)。

【参照法令・条文】労基法38条の2

Q57 裁量労働制ってどういう制度のこと

Answer Point

♤ 裁量労働制とは、業務の性質上その業務遂行の手段・時間配分などを社員に委ねる制度です。
♤ "みなし"となるのは労働時間で、休日・休憩は法定どおり与えなければなりません。
♤ 裁量労働制には、専門業務型と企画業務型の2つに分かれます。

♠ 裁量労働制というのは

　業務によっては、会社が具体的に指揮監督するのではなく、社員の裁量に任せたほうがよいという場合があります。それにより労働時間の算定も画一的に行うのではなく、異なる方法がよいことになります。
　そこで、業務の性質上、業務の遂行を大幅に社員の裁量に委ねる必要がある場合、業務遂行の手段・時間配分などについて会社が具体的に決定するのではなく、社員に任せるようにしたのが「裁量労働制」です。
　労働時間の算定については、各日ごとに行うのではなく、労使協定等で定めた時間によって労働時間を算定することにしたのです。
　すなわち、各日に実際労働した時間ではなく、協定等で定めた時間を労働時間と"みなす"制度です。

♠ 裁量労働制による労働時間は

　裁量労働制は、労使協定等で裁量労働に関する業務を定め、そしてその業務の遂行に必要とされる時間を定めます。その結果、その業務に従事する社員は、実際の労働時間とは関係なく、労使協定等で定めた時間を労働したものとみなされることになります。
　例えば、8時間労働したものと協定等で定めたとき、その日に7時間しか働いていなくても8時間として取り扱います。また逆に、9時間働いた場合でも、8時間とみなすことになります。

♠ 裁量労働制での休日・休憩は

　"みなされる"のは、あくまで労働時間です。休日や休憩時間は法定どお

【参照法令・条文】労基法38条の3、38条の4

りに与えなければなりません。

　1週間に1日、4週間に4日の休日、1日において労働時間が6時間を超えるときは45分以上、8時間を超えるときには60分以上の休憩を与えなければなりません。

　また、深夜時間(午後10時から翌朝の午前5時まで)に労働させた場合には、深夜時間に対する割増賃金が必要です。

♠労働時間の把握は

　裁量労働制度は、社員に時間配分を任せてしまう制度ですから、その限りにおいては労働時間の管理も社員に委ねたことになります。しかし、裁量労働制となると、行き過ぎた成果主義賃金とも相まって、働き過ぎ(働かせ過ぎ)により健康を害することが出てきます。

　同じみなし労働の事業場外労働は、労働時間の算定が困難であるという条件ですが、裁量労働は労働時間の算定ができないということではありません。

　社員の健康管理からも、会社はタイムカードなどで労働時間の把握に努めなければならないでしょう。

♠業務の遂行に必要とされる時間は

　労働者が実際にした労働時間と関係なく、協定等で定めた時間を労働時間とするのが裁量労働です。協定等で不当に短く労働時間を定めると、社員は著しい不利益を被ります。

　したがって、現実に勤務の実態が長時間となっている場合には、その時間を労働時間として協定等で定めなければなりません。

　そして、その時間が法定労働時間を超えているときには、時間外労働として割増賃金を支払うべきです。

♠2つの裁量労働制

　裁量労働制には、業務の性格から、「専門業務型裁量労働制」と「企画業務型裁量労働制」の2つがあります(図表126)。

【図表126　裁量労働制の種類】

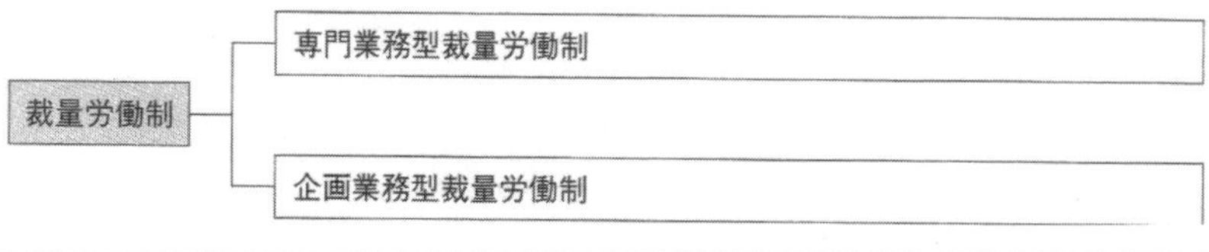

```
                    ┌─ 専門業務型裁量労働制
        裁量労働制 ─┤
                    └─ 企画業務型裁量労働制
```

【参照法令・条文】労基法38条の3、38条の4

Q58 専門業務型裁量労働制の要件は

Answer Point

♤専門業務型裁量労働制は、その名のとおり対象業務が専門業務に限定されています。

♤専門業務型裁量労働制は、労使協定を結び、労基監督署への届出が必要です。

♠専門業務型裁量労働制の対象業務は

専門業務型裁量労働制の対象業務は、図表127のとおりです。

【図表127 専門業務型裁量労働制の対象業務】

専門業務型裁量労働制の対象業務
- ① 新商品・新技術の研究開発の業務
- ② 情報処理システムの分析・設計の業務
- ③ 記事等の取材・編集の業務
- ④ デザイナーの業務
- ⑤ プロデューサー・ディレクターの業務
- ⑥ コピーライターの業務
- ⑦ 情報処理システムコンサルタントの業務
- ⑧ インテリアコーディネーターの業務
- ⑨ ゲームソフト創作の業務
- ⑩ 証券アナリストの業務
- ⑪ 金融商品開発の開発業務
- ⑫ 大学の教授研究の業務
- ⑬ 公認会計士の業務
- ⑭ 弁護士の業務
- ⑮ 建築士の業務
- ⑯ 不動産鑑定士の業務
- ⑰ 弁理士の業務
- ⑱ 税理士の業務
- ⑲ 中小企業診断士の業務

♠ **プロジェクトチームの場合は**

①数人でプロジェクトチームを組んで開発業務を行っている場合、②実際上、そのチームの管理下で業務遂行、時間配分を行う場合、③またプロジェクト内に業務に附随する雑用、清掃等のみを行う社員は、専門業務型裁量労働制に該当しません(平12.1.1基発1号)。

♠ **時間配分等について具体的な指示をしないことが要件**

裁量労働制は、業務の遂行を大幅に社員の裁量に委ねる必要があり、業務遂行の手段・時間配分などについて会社が具体的に指示をしないことを要件としています。

「○日○時の会議に出席しろ」ということは、時間配分等に関して具体的に指示をしていることになります。裁量労働制は、具体的な指示ができません。したがって、抽象的な指示しかできないことになります。例えば「会議には出るように」などとします。

♠ **みなし労働時間制の適用範囲は**

専門業務型裁量労働制の労働時間のみなし規定は、労働時間の算定について適用され、年少者や女性に関する労働時間の算定には適用されません。

また、労働時間のみなし規定が適用される場合であっても、休憩、深夜業、休日の適用は、排除されません(平12.1.1基発1号)。

なお、企画業務型裁量労働制についても同じです。

♠ **労使協定を結び労基署に届出**

専門業務型裁量労働制は労使協定を結んで、労基監督署に届け出なければなりません。労使協定をする内容は、図表128のとおりです。

【図表128 労使協定をする内容】

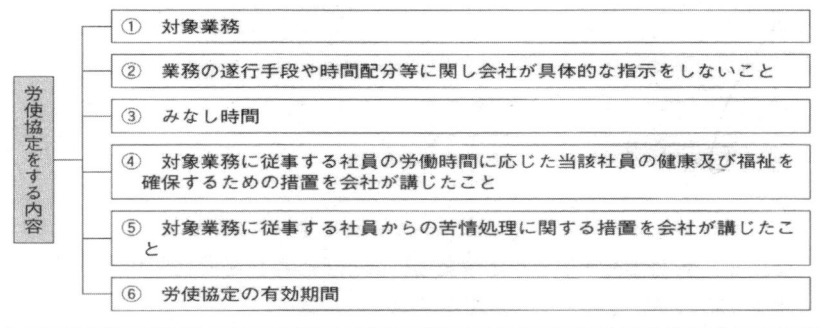

労使協定をする内容		
	①	対象業務
	②	業務の遂行手段や時間配分等に関し会社が具体的な指示をしないこと
	③	みなし時間
	④	対象業務に従事する社員の労働時間に応じた当該社員の健康及び福祉を確保するための措置を会社が講じたこと
	⑤	対象業務に従事する社員からの苦情処理に関する措置を会社が講じたこと
	⑥	労使協定の有効期間

【参照法令・条文】労基法38条の3 労基法施行規則24条2の2

Q59 企画業務型裁量労働制の要件は

Answer Point

♤ 企画業務型裁量労働制は、いわゆるホワイトカラーを対象にした裁量労働制ですが、対象は事業の運営に関する事項について、企画・立案・調査・分析の業務に従事する社員に限定されています。
♤ 企画業務型裁量労働制の適用に不同意とした社員に不利益な取扱いは、禁止されています。
♤ 専門業務型裁量労働制は、労使協定が要件ですが、企画業務型裁量労働制は労使委員会の決議が要件となっています。
♤ 労基監督署への定期的な報告が義務づけられています。

♠企画業務型裁量労働制の対象事業場・対象業務は

成果主義賃金が多くの会社で導入されてきました。時間にとらわれない評価をしたい、賃金としたいという流れの中で出てきたのが、ホワイトカラーを対象にした企画業務型裁量労働制です。

しかし、本ワイトカラーといっても、すべてのホワイトカラーを企画業務型裁量労働制の対象にできるわけではありません

企画業務型裁量労働制の対象業務は、事業の運営に影響を及ぼすものや事業戦略に関するものついて、企画・立条・調査・分析の業務に限定されています。

そして、あくまで、業務の遂行や時間配分については社員に任せ、会社は具体的な指示をしないことが必要です。

また、対象事業場も、事業の運営に大きな影響を及ぼす決定が行われる事業場、支社・支店では、本社・本店の具体的な指示を受けることなく、事業計画や営業計画を決定する支社・支店等と規定されています。

【図表 129　企画業務型裁量労働制の案件】

企画業務型裁量労働制の要件	対象事業場
	対象業務（図表 128）

いかなる事業場においても企画業務型裁量労働制を適用できるというわけではなく、対象業務が存在する事業場においてのみ企画業務型裁量労働制を実施することができるということです。

【参照法令・条文】労基法 38 条の 4

【図表130　対象業務の範囲】

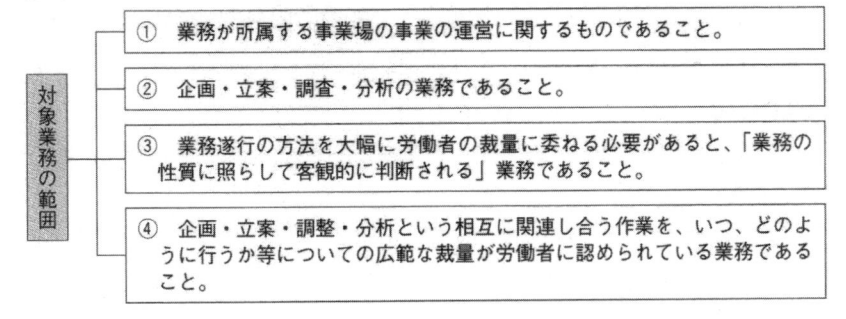

対象業務の範囲
- ① 業務が所属する事業場の事業の運営に関するものであること。
- ② 企画・立案・調査・分析の業務であること。
- ③ 業務遂行の方法を大幅に労働者の裁量に委ねる必要があると、「業務の性質に照らして客観的に判断される」業務であること。
- ④ 企画・立案・調整・分析という相互に関連し合う作業を、いつ、どのように行うか等についての広範な裁量が労働者に認められている業務であること。

♦対象となる社員は

　企画業務型裁量労働制の対象とできる社員は、対象業務に"常態"として従事していなければなりません。また、客観的にみて、対象業務を適切に遂行するための知識・経験等がある社員でなければなりません。

　したがって、学卒の新入社員が経営企画室に所属していても、対象社員とすることはできません。少なくとも、3年～5年の経験が必要とされています。

♦対象労働者の同意は

　対象となる社員に企画業務型裁量労働制を適用するためには、対象となる社員本人の同意(個別の同意)がなければなりません。

　当然に、企画業務型裁量労働制の概要、適用される評価制度や賃金制度の内容を明示し同意を得る必要があります。

　そして、対象社員が同意しなかった場合に、解雇その他不利益な取扱いをしてはなりません。

♦労使委員会の設置は

　企画業務型裁量労働制は、労使委員会の設置が要件です。労使委員会は、社員を代表する者と会社を代表する者で構成されます。

　委員の人数は、何人でも差し支えありませんが、社員代表の委員が半数を占める必要があります。

　会社側委員は、会社の指名によって選出してよいのですが、社員側委員は、対象事業場の過半数労働組合、または過半数労働組合がない場合には社員の過半数を代表する者から任期を定めて指名を受けます。

　社員側委員は、管理職でなく、一般職の社員がなります。

【参照法令・条文】労基法38条の4

♠ 労使委員会の決議は

　労使委員会は、事業場における賃金・労働時間等の労働条件に関する事項を審議し、社員代表が会社に対して意見を述べることを目的として設置されるものです。

　企画業務型裁量労働制に関して、労使委員会で話し合い、決議する必要があります。

　決議は、委員の5分の4以上の多数によります。委員による5分の4以上の多数による決議とは、欠席者を含んだ総数の5分の4以上ではなく、労使委員会に出席した委員の5分の4以上の多数による決議でよいことになっています。

　決議しなければならない事項は、図表131のとおりです。

　なお、みなし労働時間は、1日あたりの労働時間であり、週や月で定めることはできません。

【図表131　労使委員会で決議する事項】

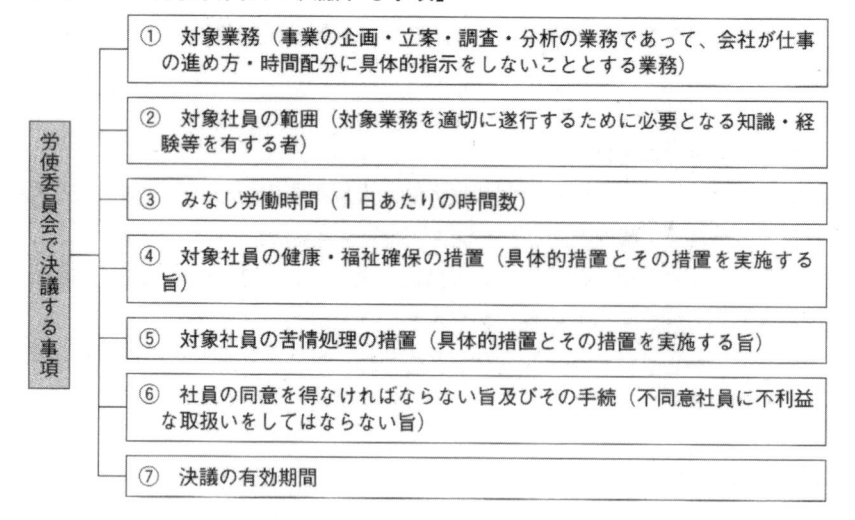

労使委員会で決議する事項
- ① 対象業務（事業の企画・立案・調査・分析の業務であって、会社が仕事の進め方・時間配分に具体的指示をしないこととする業務）
- ② 対象社員の範囲（対象業務を適切に遂行するために必要となる知識・経験等を有する者）
- ③ みなし労働時間（1日あたりの時間数）
- ④ 対象社員の健康・福祉確保の措置（具体的措置とその措置を実施する旨）
- ⑤ 対象社員の苦情処理の措置（具体的措置とその措置を実施する旨）
- ⑥ 社員の同意を得なければならない旨及びその手続（不同意社員に不利益な取扱いをしてはならない旨）
- ⑦ 決議の有効期間

♠ 決議した内容は労基監督署に届け出て、議事録等は3年間保存する

　決議した内容は、労基監督署へ届け出なければなりません（図表132）。また、決議・議事録を作成し3年間保存するとともに、社員に周知します。

♠ 労基監督署への報告は

　企画業務型裁量労働制は、労使委員会の決議を届け出ることとともに、定期報告が義務づけられています（図表133）。

[図表132 決議届の例]

様式第13号の2（第24条の2の3第1項関係）

企画業務型裁量労働制に関する決議届

決議届記入例

事業の種類	事業の名称	事業の所在地（電話番号）	常時使用する労働者数
その他の事業	○○株式会社　本社事業場	○○市○○町1－2－3（○○○－○○○－○○○○）	256

業務の種類	労働者の範囲（職務経験年数、職能資格等）	労働者数	決議で定める労働時間
企画部で経営企画を策定する業務	入社7年目以上、職務の級が主事6級以上	10	8時間
人事部で人事企画を策定する業務	入社7年目以上、職務の級が主事6級以上	10	8時間

労働者の健康及び福祉を確保するために講ずる措置（労働時間の状況の把握方法）	2ヶ月に1回、所属長が健康状態についてヒアリングを行い、必要に応じて特別健康診断の実施や特別休暇の付与を行う。（別添決議第7条のとおり）	決議第7条議第7条のとおり	有・無
労働者からの苦情の処理に関して講ずる措置	別添決議第9条のとおり		有・無

労働者の同意を得なければならないこと及び同意をしなかった労働者に対して解雇その他不利益な取扱いをしてはならないことについての決議の有無

労働時間ごとの、労働時間の状況並びに当該労働者の健康及び福祉を確保するための措置、労働者からの苦情の処理に関する措置、労働者の同意並びに同意しなかった労働者の同意の撤回に関する記録を保存することについての決議の有無

決議の成立年月日 平成○年4月1日～○年3月31日	委員会の同意の有無　有・無

決議の有無	規定の有無	運営規定に含まれている事項
有・無	有・無	招集に関する事項・議長の選出に関する事項・決議の方法に関する事項・定足数に関する事項

委員会委員数	任期を定めて指名された委員	任期
10	氏　名	
	山田　五郎	1年
	田中　理恵	同期
	中谷　浩	同期
	谷沢　みちる	同期
	沢村　謙八郎	同期

その他の委員	
氏　名	
五十嵐　毅	
長谷川　聡	
伊集院　栞	
小野寺　導	
縁ハ緒　静	

委員会への情報開示に関する事項	

決議は、上記委員の5分の4以上の多数による決議により行われたものである。

委員会の委員の半数について任期を定めて指名した労働組合の名称又は労働者の過半数を代表する者の　　職名　企画部主任　氏名　○○　○○

委員会の委員の半数について任期を定めて指名した（労働者の過半数を代表する者の場合の）選出方法（　　投　票　　）

使用者　職名　株式会社○○○○　常務取締役　氏名　○○　○○　㊞

平成○年3月26日

○○　労働基準監督署長　殿

記載心得
1 「業務の種類」の欄には、労働基準法第38条の4第1項第1号に規定する業務として決議した業務を具体的に記入すること。
2 「労働者の範囲」の欄には、職務経験年数、職能資格等の労働基準法第38条の4第1項第2号に規定する労働者の範囲を具体的に記入すること。
3 「決議で定める労働時間」の欄には、労働基準法第38条の4第1項第3号に規定する対象労働者の労働時間として算定される時間を具体的に記入すること。
4 「労働者の健康及び福祉を確保するために講ずる措置」の欄には、労働基準法第38条の4第1項第4号に規定する内容を具体的に記入するとともに、同号の労働時間の状況に応じて組織する労働者の過半数で組織する労働組合がない場合においては労働時間の状況の把握方法においては労働時間の把握方法を具体的に、内容を記入すること。
5 「労働者からの苦情の処理に関して講ずる措置」の欄には、労働基準法第38条の4第1項第5号に規定する内容を具体的に記入すること。
6 「任期を定めて指名された委員」の欄には、労働基準法第38条の4第2項第1号の規定により、労働者の過半数で組織する労働組合がある場合にはその労働組合、労働者の過半数で組織する労働組合がない場合においては労働者の過半数を代表する者に任期を定めて指名された委員を○で囲むこと。
7 「運営規定に含まれている事項」の欄には、該当する事項を○で囲むこと。

Q59　企画型裁量労働制の要件は

【図表133　企画業務型裁量労働制の手続の流れ】

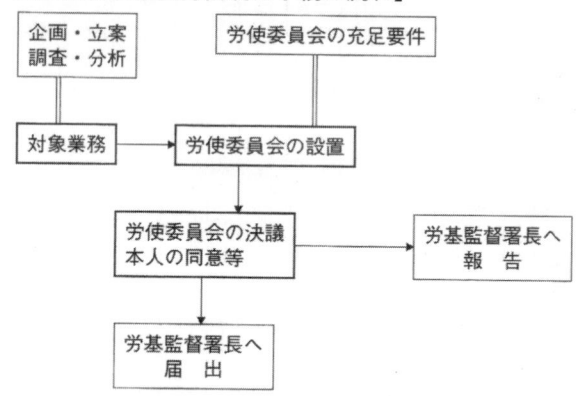

```
┌──────────┐    ┌──────────────┐
│企画・立案 │    │労使委員会の充足要件│
│調査・分析 │    └──────┬───────┘
└────┬─────┘           │
     │    ┌──────┐     ▼
     └───▶│対象業務│──▶┌──────────────┐
          └──────┘    │労使委員会の設置│
                      └──────┬───────┘
                             │
                             ▼
                      ┌──────────────┐    ┌──────────────┐
                      │労使委員会の決議│──▶│労基監督署長へ│
                      │本人の同意等  │    │　　報　告　　│
                      └──────┬───────┘    └──────────────┘
                             │
                             ▼
                      ┌──────────────┐
                      │労基監督署長へ│
                      │　　届　出　　│
                      └──────────────┘
```

　定期報告の内容は、対象社員の労働時間の状況と健康・福祉を確保する措置の実施状況です(図表134)。また、定期報告は、6か月以内ごとに1回となっています。

♠労働時間の管理は

　企画業務型裁量労働制は、成果主義人事の流れの中で導入されている傾向があります。行き過ぎた成果主義人事の中では、成果を上げるためにどうしても長時間労働となります。長時間労働は、社員の健康を害することになりかねません。

　裁量労働制は、業務の遂行や時間の配分を社員に委ねる制度です。だからといって、労働時間を把握しなくてよいというものではありません。裁量労働制であっても、社員の健康確保の観点から会社には適正な労働時間管理を行う責務があります。

　裁量労働制だからといって、長時間労働とならないよう労働時間の管理が必要です。労使委員会で決議すべき事項としても、「対象労働者の健康・福祉を確保するための措置を使用者が講ずること」があります。

　これは、1つめに、対象労働者の労働時間の状況等の勤務状況等を把握する方法として、対象事業場の実態に応じて適当なものを具体的に明らかにすること、としています。

　そして、2つめに、把握した勤務状況に基づいて、使用者がいかなる健康・福祉確保措置をどのように講ずるかを明確にするものであることとしています。

　裁量労働制が、長時間労働の温床とならないようにしなければなりません。

【図表134 定期報告の例】

様式第13号の4（第24条の2の5第1項関係）

企画業務型裁量労働制に関する報告

報告期間　平成〇年2月から〇年7月まで

事業の種類	事業の名称	事業の所在地（電話番号）
その他の事業	〇〇株式会社　本社事業場	〇〇市〇〇町1－2－3（〇〇〇〇-〇〇〇-〇〇〇〇）

業務の種類	労働者の範囲	労働者数	労働者の労働時間の状況 （労働時間の把握方法）	労働者の健康及び福祉を確保する措置の実施状況
経営計画の策定	企画部で、入社7年目以上。主事6級以上	10	平均9時間、最長12時間 （　IDカード　）	特別健康診断の実施 （〇年5月14日）
人事計画の策定	人事部で、入社7年目以上。主事6級以上	10	平均9時間、最長14時間 （　IDカード　）	特別健康診断の実施（〇年5月17日）、特別休暇の付与
			（　　　　　）	
			（　　　　　）	
			（　　　　　）	

平成〇年8月11日

使用者　職名　〇〇〇　株式会社〇〇〇〇　常務取締役
　　　　氏名　〇〇〇　㊞

〇〇　労働基準監督署長　殿

記載心得
1　「業務の種類」の欄には、労働基準法第38条の4第1項第1号に規定する業務として決議した業務を具体的に記入すること。
2　「労働者の範囲」及び「労働者数」の欄には、労働基準法第38条の4第1項第2号に規定する労働者として決議した労働者の範囲及びその数を記入すること。
3　「労働者の労働時間の状況」には、労働基準法第38条の4第1項第4号に規定する労働時間の状況として把握した時間のうち、平均的なもの及び最長のものの状況を具体的に記入すること。また、労働時間の状況を実際に把握した方法を具体的に（　）内に記入すること。
4　「労働者の健康及び福祉を確保するための措置の実施状況」の欄には、労働基準法第38条の4第1項第4号に規定する措置として講じた措置の実施状況を具体的に記入すること。

【参照法令・条文】労基法38条の4

Q60 在宅勤務の扱いは

Answer Point

♤在宅勤務には、労働契約と請負契約とに分けることができます。
♤在宅勤務には、労基法をはじめ労働関係法が適用されます。
♤在宅勤務の労働時間は、みなし労働時間制が適用できます。

♠労働契約か請負契約か

　在宅勤務(サテライト勤務と呼ばれることもあります。またITを活用して自宅等で仕事することをテレワークと呼ばれています)は、インターネットなどを使って、自宅で仕事をする形態です。会社に出向く必要がなく、子育ての人等にとっては、有効な勤務形態といえるでしょう。

　在宅勤務が労働契約による場合は、自宅が職場となっているだけですから、労基法や労働安全衛生法などの適用を受けます。また労働保険や社会保険への加入も必要になります。

　一方、請負契約であれば、業務委託を行うわけで社員となるわけではありませんから、これら労働関係法の適用はありません。

　ただし、請負契約等であっても実態が労働契約と変わらないような場合は、労働者とみなされます。ここでは、労働契約による在宅勤務として解説します。

【図表135　在宅勤務の契約形態】

在宅勤務	労働契約…労働基準法等の適用
	請負契約

♠労働条件の明示は

　労働契約を締結するときは、労働条件の明示が義務づけられています。この労働条件の明示は、ほとんど一般の社員と同じものですが、「就業の場所」が異なってきます。

　在宅勤務は、自宅が職場となりますから、労働条件の明示も就業の場所が自宅であることを明示する必要があります。

♠労働時間は

　在宅勤務で一番の問題が労働時間です。インターネット等を活用して、労

⑤　労働時間の実務ポイント

【参照法令・条文】労基法15条　労基法施行規則5条2項

働時間の全部または一部について、自宅で仕事をする勤務形態である在宅勤務は、職場での勤務などとは異なり、勤務時間帯と日常生活時間帯とが混在する働き方です。

そうすると、どこまでが労働時間で、どこからが日常生活の時間かわかりにくくなります。労働時間の間に、私用に使う時間も出てくるでしょう。したがって、労働時間を把握することが困難となりますから、事業場外のみなし労働時間制を適用することができることになっています。

みなし労働時間制ですから、就業規則または労使協定等で定められた労働時間を労働したものとみなされることになります。そして、労働したものとみなされる時間が法定労働時間を超える場合には、時間外労働として割増賃金の支払が必要となります。

また、現実に深夜に労働した場合には、深夜労働に対する割増賃金を支払わなければなりません。

このようなことから、会社は、在宅勤務者に労働した時間を日報等において記録し提出させることが必要となります。

そして、在宅勤務者の労働時間の状況の適切な把握に努め、必要に応じて労働時間や業務内容等について改善を行うことが必要でしよう。

【図表136　自宅で仕事をする勤務形態】

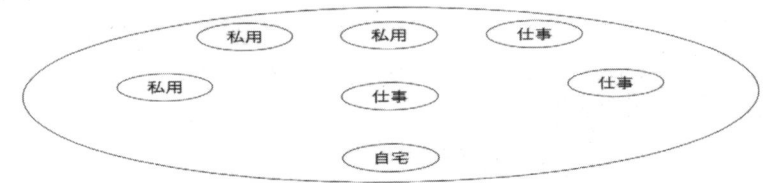

♠労働安全衛生法上の注意点は

会社は、通常の社員と同様に、在宅勤務者についても、その健康保持を確保する必要があります。必要な健康診断を行うとともに、在宅勤務者を雇い入れたときは、必要な安全衛生教育を行う必要があります。

♠労災保険法上の注意点は

労災保険では、業務が原因である災害については、業務上の災害として保険給付の対象となります。しかし、自宅における私的行為が原因であるものは、業務上の災害とはなりません。

情報通信機器を活用した在宅勤務の適切な導入及び実施のためのガイドライン（平16.3.5）が出されています。

【参照法令・条文】労基法38条の2　労働安全衛生法66条1項、59条1項

Q61 労働時間規制の適用が除外されるのは

Answer Point

♤ 一定の業務に従事する社員は、1日8時間・週40時間といった労働時間の規制が除外され、法定労働時間を超えて労働させても時間外労働等の割増賃金の支払は必要ありません。

♤ 部・課長は、管理・監督者として、労働時間等の規制が除外されていますが、名称ではなく実態で判断しなければなりません。

♤ 規制が除外されているのは、労働時間・休日・休憩であって、深夜労働については除外されていません。

♠ 労働時間規制の適用除外者は

業務の性格によって、法定労働時間等で制限することは適さないとして、一定の業務従事者については、労働時間等の規制が除外されています。すなわち、法定労働時間等の制限がなく、法定労働時間等を超えて働いても、時間外労働というのは存在せず、したがって割増賃金の支払も必要なくなります。

適用除外されている社員は、図表137のとおりです。

【図表137　適用除外者】

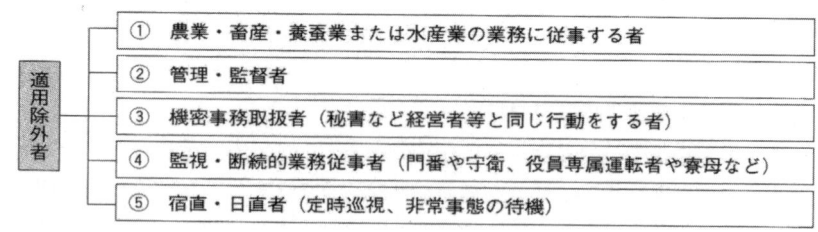

適用除外者	
①	農業・畜産・養蚕業または水産業の業務に従事する者
②	管理・監督者
③	機密事務取扱者（秘書など経営者等と同じ行動をする者）
④	監視・断続的業務従事者（門番や守衛、役員専属運転者や寮母など）
⑤	宿直・日直者（定時巡視、非常事態の待機）

♠ 部・課長は

いわゆる部・課長は、管理・監督者として労働時間等の規制が除外されています。これは、労務管理上において経営者と一体であり、労働時間等で規制するのはそぐわないとしているからです。

したがって、単なる名称ではなく、実態で判断しなければなりません。職務内容や責任と権限、職務態様はどうか、賃金等の処遇はふさわしいか、また出退勤について厳格な適用を受けていないか、などで判断します。

【参照法令・条文】労基法41条　労基法施行規則23条

【図表138　部・課長は単なる名称ではなく、実態で判断】

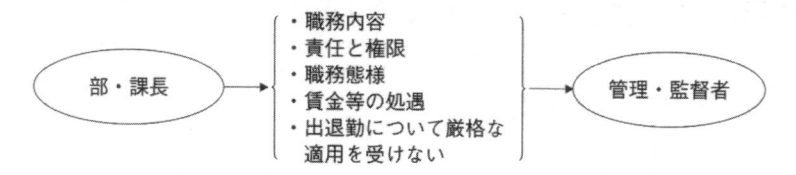

部・課長 → ・職務内容 ・責任と権限 ・職務態様 ・賃金等の処遇 ・出退勤について厳格な適用を受けない → 管理・監督者

♠ 監視・断続的業務従事者は

　監視・断続的業務に従事している社員は、労基監督署の許可を得たうえで、労働時間制等の除外対象となります。

　監視業務従事者は、一定部署で監視業務をし、身体的疲労または精神的疲労の少ない者をいい、例えば門番や守衛などの業務に従事している社員をいいます。

　ただし、交通関係の監視や車輌誘導を行う駐車場の監視等は、精神的疲労が多く、労働時間制等の除外には該当しません。

　また、断続業務従事者とは、仕事が間をおいて行われ、労働時間がしばしば中断する者を指しています。役員専属運転者や寄宿舎の寮母などをいいます。

♠ 宿直・日直者は

　宿・日直者も労基監督署の許可が必要です。定時巡視や緊急の文書・電話を受けたり、また非常事態の待機を目的とし、ほとんど労働する必要のない場合のみ認められます。

♠ 深夜労働の割増賃金は適用される

　管理・監督者や機密事務取扱者などが除外されるのは、労働時間と休日・休憩に関する規制です。

　しかし、深夜労働の規制について除外されているわけではありません。午後10時から翌朝の5時までの深夜に労働した場合には、深夜労働として25％以上の割増賃金が必要です。

　管理・監督者が午後11時まで働いたときには、午後11時までの労働時間に対して時間外労働の割増賃金は必要ありません。

　しかし、午後10時から11時までの1時間に対しては、深夜労働の割増賃金の支払が必要です。

【参照法令・条文】労基法41条　労基法施行規則23条

Q62　休憩時間の与え方は

Answer Point

♤労働時間6時間を超えるときは45分以上、8時間を超えるときは1時間以上の休憩時間を与えなければなりません。
♤労働時間が6時間のパートタイム労働者には、休憩時間を与える必要はありません。
♤労使協定を結べば全社員いっせいに与えなくてもよいことになっています。

♠8時間労働の場合の休憩時間は45分でよい

　労働時間が6時間を超える場合には少なくとも45分、また8時間を超える場合には少なくとも1時間の休憩時間を、労働時間の途中に与えなければなりません(図表139)。
　始業時刻9時で終業時刻が17時の会社では、昼休みに45分の休憩を与えれば労働時間は7時間15分となって、8時間を超えていませんから、それでよいことになります。

【図表139　休憩時間の与え方】

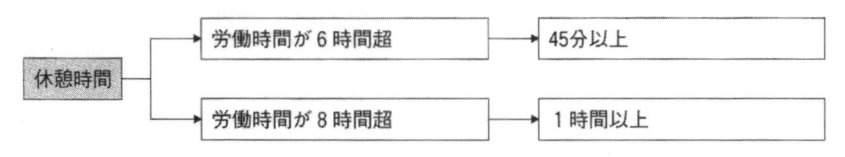

休憩時間	労働時間が6時間超	45分以上
	労働時間が8時間超	1時間以上

　残業でその日の労働時間が9時間や10時間となっても、昼休みの休憩として1時間与えていれば、残業だからといって改めて休憩時間を与える必要はありません。
　しかし、残業が長時間ともなれば、疲労が増してきます。そうすると仕事にも影響し、いい仕事ができなくなります。法的には休憩時間を与える必要がなくても、どこか区切りのよいところで休憩時間を与えるほうがよいかもしれません。
　また、パートタイム労働者で6時間しか勤務しない場合には、休憩時間を与えなくても差し支えありません。もちろん、その日に6時間を超えるようなことがあれば、休憩時間が必要となります。
　労働時間が6時間を超えるときに休憩時間を与えなければならないものですから、6時間の勤務であるときは休憩時間は必要ないことになります。

【参照法令・条文】労基法34条1項

♠休憩時間は労働時間の途中で

　休憩時間は、始業前や終業後に与えることはできません。あくまで労働時間の途中に与えます。この45分または60分の休憩時間を分割で与えることもできます。

　ただし、分割で与えられるといっても、例えば5分くらいの短い時間を小刻みに与えて合計45分とすることは、実質的に休憩といえない状況になりますから問題となります。

♠休憩時間はいっせいに与えるのが原則

　休憩時間は、全社員いっせいに与えるのが原則です。ただし、休憩をいせいに与えることが困難な一定の事業については、除外されています。

　いっせいに与えなくてもよい業種は、図表140のとおりです

【図表140　いっせいに与えなくてもよい業種】

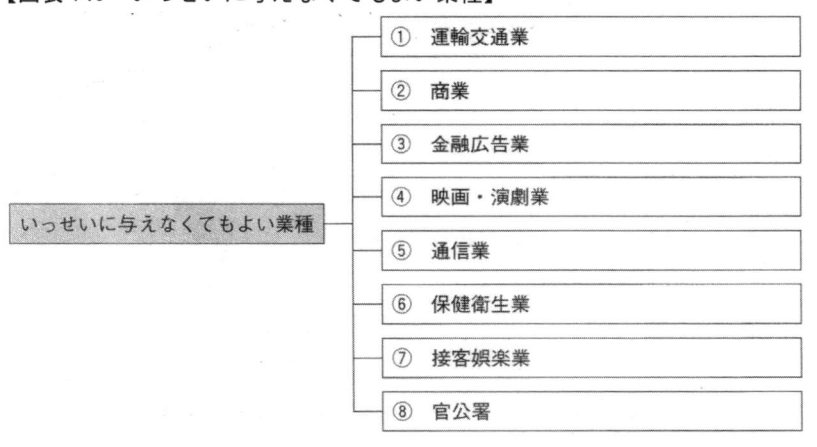

いっせいに与えなくてもよい業種
① 運輸交通業
② 商業
③ 金融広告業
④ 映画・演劇業
⑤ 通信業
⑥ 保健衛生業
⑦ 接客娯楽業
⑧ 官公署

　また、これ以外の業種でも、労使協定を結べばいっせいに休憩を与えなくてもよいことになっています(図表141)。

　なお、この労使協定は、労基監督署への届出は必要ありません。

【図表141　休憩時間の与え方】

休憩時間 → いっせいに与える → 例外 ＜ 適用除外業種／労使協定

　労使協定には、いっせいに与えない社員の範囲や当該社員に対する休憩の与え方などについて定めます。

【参照法令・条文】労基法34条　労基法施行規則31条

Q63 休憩時間の与え方・行動制限のしかたは

Answer Point

♤ 休憩時間は、社員が自由に利用できる時間です。
♤ 会社は社員の自由利用を妨げない範囲で、事業場の規律保持等のために一定の制限を加えることができます。
♤ 昼休み中の電話当番は、休憩時間ではなく、明らかに労働時間にあたります。

♠休憩時間というのは

休憩時間とは、単に作業に従事しない手待ち時間を含まず、労働者が権利として労働から離れることを保障されている時間の意であって、その他の拘束時間は労働時間として取り扱われます（昭22.9.13基発17号）。

休憩時間は、社員が労働から解放された自由に利用できる時間です。

♠昼休み時間中の電話当番は

昼休みの休憩時間に、当番制で電話当番をさせることがあります。この電話当番というのは、完全に労働から離れることを保障された時間ではありません。

電話当番のときは、事務所にいることが義務づけられ、電話がかかってきたときに対応しなければなりませんから、手待ち時間となって休憩時間ではなく明らかに労働時間にあたります。

したがって、この時間のほかに、別に休憩時間を与える必要があります。この場合、休憩時間を交代で与えることになりますから、労使協定を結んでおく必要があります。

♠自由利用の例外は

ただし、この自由利用についても、2つの例外が設けられています（図表142）。

1つは、職務の性質によって適用が除外されている者です。警察官や消防署員、養護施設職員で児童と寝起きをする人などがあります。

もう1つは、事業場の規律保持等のため、会社が必要な制限を加えることができるようになっています（昭22.9.13発基17号）。

【参照法令・条文】労基法34条

例えば、社員が事業場の外へ出るときには、会社の許可を条件とするようなことです(昭23.10.30基発1575号)。

【図表142　休憩の原則】

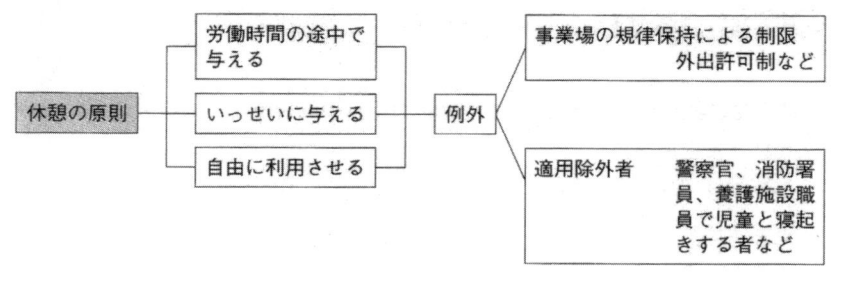

休憩の原則
- 労働時間の途中で与える
- いっせいに与える
- 自由に利用させる

例外
- 事業場の規律保持による制限　外出許可制など
- 適用除外者　警察官、消防署員、養護施設職員で児童と寝起きする者など

♠休憩時間中は外出禁止にできるか

　休憩時間は、自由に利用させることが原則ですが、事業場の規律保持のために外出許可制など一定の制限を加えることは、違法でないとされています。では、外出許可を与えない場合には、休憩時間中に社外へ出ることを禁止できるのでしょうか。

　就業規則等では、始業時刻と終業時刻を定めています。すなわち、始業時刻から終業時刻までを拘束時間として、労働契約を結んでいることになります。休憩時間は、自由に利用できるといっても、この拘束時間内にあり一定の制限はやむを得ないことと解されているのです(図表143)。

【図表143　拘束時間】

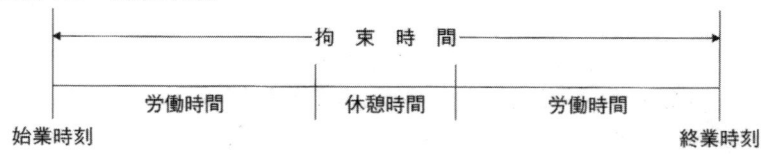

｜←　　　拘　束　時　間　　　→｜
｜　労働時間　｜　休憩時間　｜　労働時間　｜
始業時刻　　　　　　　　　　　　　　　終業時刻

　したがって、拘束時間中は、社内にいることを前提とし、社内にいないことを明確にするため外出許可制や届出制とすることが認められているようです。

　しかし、だからといって休憩時間中の外出をすべて禁止することには、少し無理があるように思われます。もちろん、外出先やその目的によって、休憩時間が終了して業務開始時刻までに帰社できないようなときは、外出を制限できるでしょう。

　したがって、就業規則に休憩時間中の外出について外出許可制を定めている場合でも、外出を禁止とすることは、外出を不許可とする妥当性が問われることになるでしょう。

【参照法令・条文】労基法34条　労基法施行規則33条

Q64 休日の与え方は

Answer Point

♠ 休日は、1週間に1日または4週間に4日の休日を与えなければなりません。

♠ 35％以上の割増賃金を支払わなければならない休日労働とは、所定休日すべてを指しているわけではなく、あくまで1週に1日または4週に4日の休日に働かせた日をいいます。

♠ **法定休日は1週間に1日または4週間4日**

会社は、少なくとも1週間に1日か4週間に4日の休日を与えなければなりません。これを「法定休日」といいます。

したがって、図表144のとおり、法定休日は、1週間に1日か4週間に4日以上の休日があればよく、日曜日や祝祭日である必要はありません。

なお、4週間に4日の休日とする制度を変形休日制といい、就業規則で4週間の起算日を定めておかなければなりません。

休日というのは、社員が働く義務のない日です。会社側からいえば、社員に働くことを免除した日となります。

【図表144 法定休日の与え方】

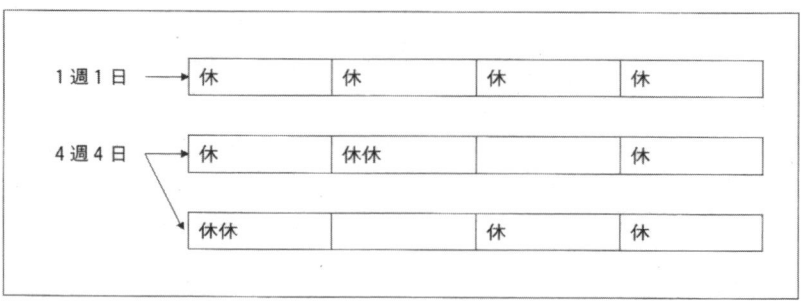

| 1週1日 → | 休 | 休 | 休 | 休 |

| 4週4日 → | 休 | 休休 | | 休 |
| | 休休 | | 休 | 休 |

会社が、この法定休日を含めて定めた休日を「所定休日」といいます。所定休日の日数は、法定休日を上回っていれば何日でもよいことになります。

一般に、1週間に1日または4週間に4日の法定休日だけでは労働時間が多くなって、1週40時間労働制をクリアできませんので、法定休日を上回る所定休日を設けています。

【参照法令・条文】労基法35条

♠休日労働とは法定休日に働くこと

　原則として、この法定休日に社員を働かせてはならないことになっています。もし、社員を休日に働かせた場合には、休日労働として35％以上の割増賃金を支払わなければなりません。

　また、労基監督署に休日労働に関する労使協定を届け出ることになっています。

　しかし、ここでいう休日とは、法定休日のことをいい、所定休日のことを指しているわけではありません。同じ休日であっても、所定休日に働いたものまで休日労働の割増賃金を支払う必要はありません。また労使協定の届出も必要ありません (図表145)。

　すなわち、週休2日制の会社で、法定休日が確保できていれば他の所定休日に働かせても休日労働とはならず、休日労働としての割増賃金の支払は必要ありません。

　ただし、所定休日に働かせたことが1週40時間を超えることになる場合は、時間外労働の割増賃金が必要となります。

【図表145　休日労働のしくみ】

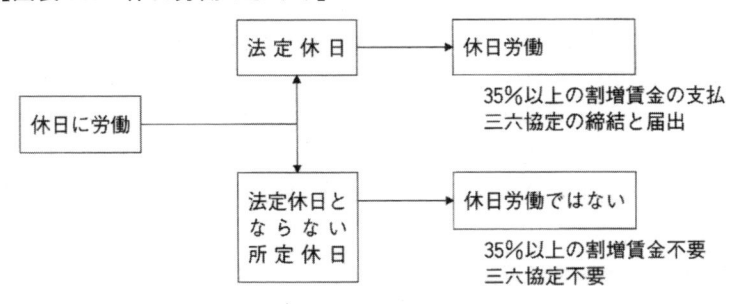

```
                    ┌─────────┐    ┌─────────────┐
                    │ 法定休日 │───→│  休日労働   │
                    └─────────┘    └─────────────┘
┌─────────┐              ↑          35％以上の割増賃金の支払
│休日に労働│              ↓          三六協定の締結と届出
└─────────┘        ┌─────────┐    ┌─────────────┐
                    │法定休日と│───→│休日労働ではない│
                    │ならない  │    └─────────────┘
                    │所定休日 │      35％以上の割増賃金不要
                    └─────────┘      三六協定不要
```

　会社が定めた休日に社員を働かせたとき、その日は法定休日なのか、または法定休日ではない所定休日なのかを明確にする必要があります。賃金計算が異なってくるからです。

　したがって、就業規則の休日の規定も、法定休日を明確にしなければなりません。例えば、「法定休日は毎日曜日とする」などと規定します。

　ときどき、「休日は、毎日曜日・祝祭日・毎土曜日とする」などと一括して規定されていることがあります。

　これでは、法定休日がどの日で、法定休日でない他の休日がどの日かわかりにくくなります。

【参照法令・条文】労基法35条、36条

Q65 代休・振替休日ってどういうこと・その違いは

Answer Point

♤代休とは、法定休日に働かせて、他の労働日に休ませることをいいます。

♤振替休日とは、あらかじめ法定休日と労働日を振り替え、労働日となった日に働かせることをいいます。

♠代体の場合は割増賃金が必要

仕事の都合で休日に仕事をし、他の日に休むことはよくあるものです。それを私たちは、「振番休日」とか「代休」と呼んでいます。

代休も振番休日も、形としては"休日"に働き、"労働日"に休むということで一見同じようにみえます。しかし、明確に区別することが必要です。

代休とは、代わりの休日を特定せずに法定休日に働かせ、その後の労働日に休ませることをいいます。代わりに休ませたところで、法定休日に働かせたことに変わりがありません。

したがって、休日労働として35%以上の割増賃金を支払う必要があります。ただ、後日代わりに休んでいますから、ノーワーク・ノーペイの原則により、休んだ日の賃金を控除して、実質的に割増分だけの支払となります。

♠振替休日には割増賃金は不要

振替休日とは、事前に法定休日を労働日とし、労働日を法定休日と振り替え、法定休日であった労働日に働かせ、労働日であった法定休日に休ませることをいいます。

もし、もともと法定休日であった日に働かせたといっても、その法定休日はすでに労働日に振り替えられていますから、法定休日に働かせたということにはなりません。したがって、この場合には休日労働にあたらず、割増賃金の支払も必要ありません。

ただ、振り替えられた法定休日が同一週にない場合に、1週間の労働時間が法定労働時間を超えることとなうたときには、時間外労働としてその超えた時間に対して25%以上の割増賃金分が必要となります。したがって、振り替える休日は、同一週内にしたほうがよいでしょう。

【参照法令・条文】労基法35条

【図表146 代休と振替休日】

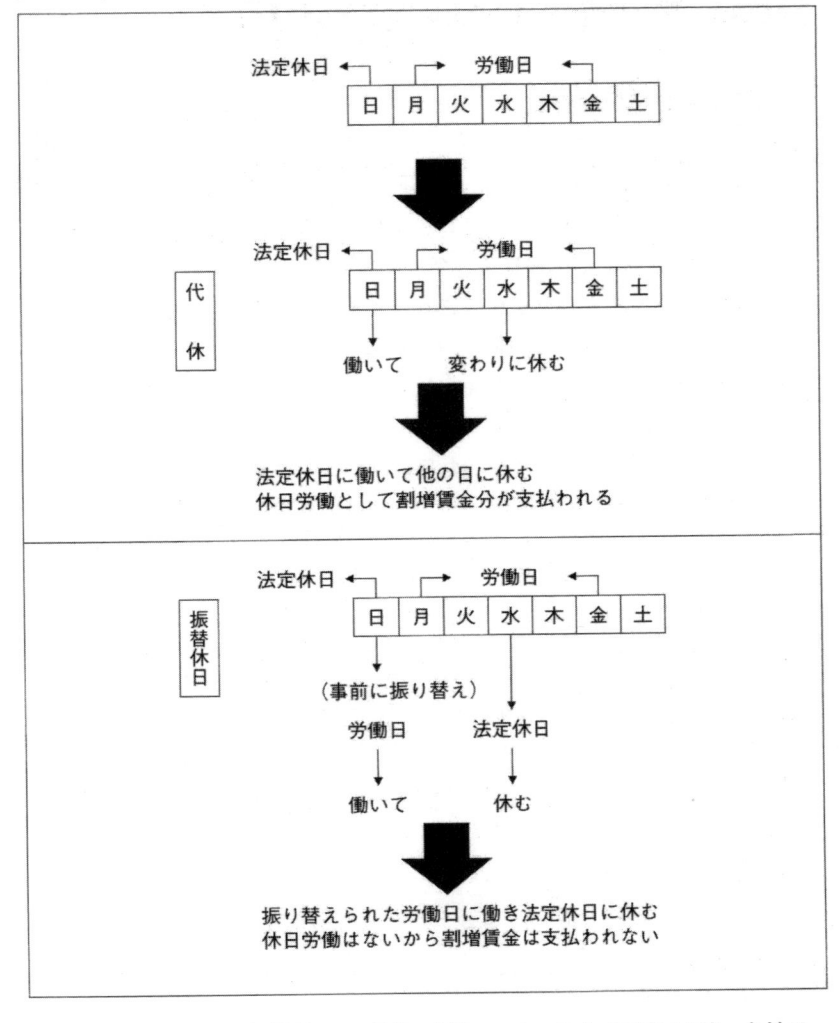

```
          法定休日  労働日
             日 月 火 水 木 金 土
                  ↓
代休:     法定休日  労働日
             日 月 火 水 木 金 土
              ↓         ↓
           働いて    変わりに休む
                  ↓
     法定休日に働いて他の日に休む
     休日労働として割増賃金分が支払われる

振替休日:  法定休日  労働日
             日 月 火 水 木 金 土
              ↓         ↓
           （事前に振り替え）
           労働日      法定休日
              ↓         ↓
            働いて     休む
                  ↓
     振り替えられた労働日に働き法定休日に休む
     休日労働はないから割増賃金は支払われない
```

　このように、代休と振替休日は明確に異なっています（図表146）。会社は、振替休日を行うためには、就業規則等で「業務上必要とする場合には、休日を振り替えることがある」などと定めておかなければなりません。
　振替休日は、業務命令として行えばよく、社員の同意を必要としていません。また、振替休日は、事前に社員に通知すればよいことになっています。
　しかし、社員は休日にはさまざまな予定を入れるものです。代休の場合も含めて、予定された休日を返上させて働かせるのですから、前日の通知というのではなく、一定の余裕をもって通知したいものです。

【参照法令・条文】労基法35条

Q66　年次有給休暇の与え方は

Answer Point

♤ 年次有給休暇は、入社後6か月を経過した後1年間に10日、その後は1年間に1日または2日ずつ増加します。
♤ 最初の6か月またはその後の1年間について、出勤率が80%以上ないと年次有給休暇は付与されません。
♤ 出勤日数がゼロでも、出勤率が100%ということもあります。
♤ 年次有給休暇は1日単位で与えられますので、社員から半日の年次有請求があっても会社は拒否できます。
♤ 年次有給休暇は、取得しなかった日数については翌年に限って繰り越すことができます。
♤ パートタイム労働者も、勤務日数に応じた年次有給休暇が与えられます。

♠ 年次有給休暇の付与日数は

入社した日から6か月間継続して勤務し、全労働日の80%以上を出勤した場合に、その後1年間に10日の年次有給休暇が与えられます。

そして1年6か月以降については、継続勤務1年ごとに20日を限度として1日または2日ずつ増加した年次有給休暇が与えられます。

【図表147　年次有給休暇の付与日数】

勤続年数	6か月	1年6か月	2年6か月	3年6か月	4年6か月	5年6か月	6年6か月以上
付与日数	10日	11日	12日	14日	16日	18日	20日

♠ 年次有給休服は80%以上出勤が条件

ただし、年次有給休暇が与えられるためには、6か月または1年の間に、出勤しなければならない日数の80%以上の出勤率が必要です。

80%以上の出勤率がないと、翌年の年次有給休暇は与える必要がありません。出勤率の計算は、図表148のとおりです。

【図表148　出勤率の計算】

$$出勤率＝出勤日数／全労働日（所定労働日数）$$

分母となる全労働日とは、就業規則や労働協約で労働日と定められた日を

【参照法令・条文】労基法39条

いい、休日労働をした日は含みません。

【図表149　全労働日の計算】

> 全労働日＝総暦日数－所定休日

♠出勤率の算定にあたっての注意点は

この全労働日の80％以上の出勤という出勤率の算定にあたっては、図表150の期間は出勤していなくても、出勤したものとして取り扱われることになっています。

【図表150　出勤率の算定に含める期間】

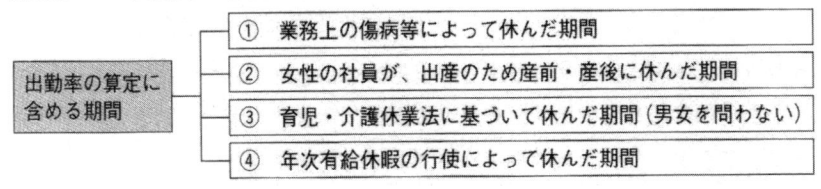

出勤率の算定に含める期間
- ① 業務上の傷病等によって休んだ期間
- ② 女性の社員が、出産のため産前・産後に休んだ期間
- ③ 育児・介護休業法に基づいて休んだ期間（男女を問わない）
- ④ 年次有給休暇の行使によって休んだ期間

したがって、産休の後に続いて育児休業で休んだようなときは、実際の出勤日数はなくても、年次有給休暇の出勤率は100％と算定されることがあります。

また、図表151の期間は、出勤扱いはされませんが、全労働日から除外して計算します。

【図表151　全労働日から除外する期間】

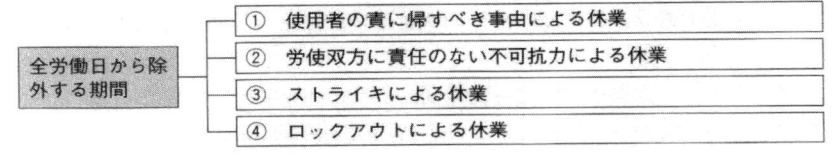

全労働日から除外する期間
- ① 使用者の責に帰すべき事由による休業
- ② 労使双方に責任のない不可抗力による休業
- ③ ストライキによる休業
- ④ ロックアウトによる休業

出勤率による付与日数の例を示すと、図表152のとおりです。

【図表152　出勤率による付与日数の例】

勤続年数	6か月後	1年6か月後	2年6か月後	3年6か月後	4年6か月後	5年6か月後	6年6か月後以上
出勤率	100%	100%	60%	98%	100%	88%	100%
付与日数	10日	11日	0日	14日	16日	18日	20日

♠年次有給休暇は原則として1日単位で

年次有給休暇は、1日単位で与えられることを原則としており、社員が半日の休暇を請求しても、会社は受け入れなくてもよいことになっています。

ただし、絶対に半日単位で与えてはならないということではなく、社員が

【参照法令・条文】労基法39条

半日の休暇を請求した場合に、会社は恩恵的にこれを認めても差し支えないこととされています(昭24．7．7基収1428号、昭63．3.14基発150号)。

なお、労使協定を条件として、時間単位で年次有給休暇を与えることができます。ただし、年間で5日が限度です。

♠年次有給休暇の時効は

年次有給休暇は、2年で消滅時効にかかります。

したがって、本年付与された年次有給休暇は、本年中にすべてを取得できなかったときでも、残日数は翌年に限って繰り越すことができます。

2年間で取得してしまわなかった年次有給休暇の権利は消滅します。

♠年次有給休暇は利用目的によって拒否することはできない

年次有給休暇をどのように利用するかは、社員が自由に決めることができます。したがって、会社は利用目的によって拒否するというようなことはできません。

また、年次有給休暇を取得したことを理由として、社員に不利益となる取扱いは禁止されています。

♠パートタイム労働者の年次有給休暇は

また、パートタイム労働者など1週間の所定労働日数が少ない社員に対しても、所定労働日数に比例して年次有給休暇が与えられることになっています。

パートタイム労働者の所定労働時間が、週で定められている人は、図表153の左欄の週所定労働日数に応じた日数の年次有給休暇を、その他の場合には右欄の1年所定労働日数に応じた日数の年次有給休暇を付与します。

【図表153　パートタイム労働者の年次有給休暇】

週所定労働日数	1年所定労働日数	勤続年数						
		6か月	1年6か月	2年6か月	3年6か月	4年6か月	5年6か月	6年6か月以上
4日	169〜216日	7日	8日	9日	10日	12日	13日	15日
3日	121〜168日	5日	6日	6日	8日	9日	10日	11日
2日	73〜120日	3日	4日	4日	5日	6日	6日	7日
1日	48〜72日	1日	2日	2日	2日	3日	3日	3日

【参照法令・条文】労基法39条、136条

♠ 所定労働時間が週 30 時間以上のパートタイム労働者の年次有給休暇は一般社員と同じ日数

　しかし、パートタイム労働者の中には、週の所定労働日数が少なくても、1日の所定労働時間が長く、週の所定労働時間が一般の社員とそんなに変わらない人もいます。そんな人も上記の年次有給休暇の付与日数だと不合理です。
　そこで、パートタイム労働者であっても、週の所定労働時間が30時間以上の場合には、一般社員と同じ年次有給休暇となります。
　なお、このパートタイム労働者の年次有給休暇の付与日数は、図表154のとおり、1週間の所定労働日数を5.2で除し、一般の年次有給休暇日数を乗じて得た日数(小数点以下切捨て)として求めることができます。

【図表154　比例付与の日数の計算式】

計算による比例付与の日数
＝一般の年次有給休暇日数×１週間の所定労働日数／５.２
（小数点以下切り捨て）

♠ パートタイム労働者の所定労働日数が変更したときは

　一般に、パートタイム労働者は、6か月間や1年間ごとの有期契約をしています。そして、6か月や1年を経過したとき、契約を更新します。この契約の更新のとき所定労働日数を変更することがあります。
　パートタイム労働者の年次有給休暇日数は、所定労働日数で異なります。所定労働日数が変更されれば、当然年次有給休暇の付与日数も変更しなければなりません。
　では、契約を更新したときに所定労働日数を変更した場合は、その時点で年次有給休暇の付与日数も変更しなければならないのでしょうか。
　パートタイム労働者の年次有給休暇の付与日数を変更する時期は、契約の更新時ではありません。現在付与されている年次有給休暇の次の改定時(基準日)に変更することになります。それまでは、現在付与されている年次有給休暇の日数となります(図表155)。
　もちろん、契約の更新により、所定労働日数が増えても、また少なくなっても同様です。次の基準日に、勤続年数と所定労働日数に応じた年次有給休暇を付与します。

【図表155　パートタイム労働者の所定労働日数の変更】

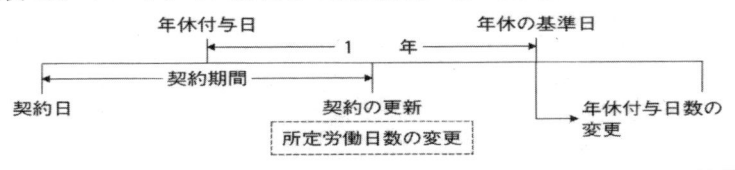

【参照法令・条文】労基法39条

Q67　年次有給休暇の時季変更権ってなに・その行使は

Answer Point

♤年次有給休暇は、法律上当然の権利です。
♤事業の正常な運営を妨げる場合にのみ時季変更権を行使できます。
♤時季変更権行使を判断するため、請求する期限を事前とすることは差し支えありません。

♠年次有給休暇の時季指定権は

年次有給休暇をいつ行使するかは、原則として社員本人の判断に任されています。もちろん、利用目的によって会社から拒否されることなく、社員が請求した日(時季)に与えられます。

労基法の通達では、次のように解釈しています。

年次有給休暇の権利は、法定要件を充たした場合、法律上当然に労働者に生ずる権利であって、労働者の請求をまってはじめて生ずるものではありません。

年次有給休暇の「請求」とは、休暇の時季を指定するという趣旨であって、労働者が時季の指定をしたときは、客観的に所定の事由が存在し、かつ、これを理由として使用者が時季変更権の行使をしない限り、その指定によって年次有給休暇が成立し、労働日の就労義務が消滅します。

したがって、年次有給休暇の成立要件として、労働者による「休暇の請求」や、これに対する使用者の「承認」というような観念を容れる余地はありません(昭48.3.6基発110号)。

♠時季変更権の行使は

しかし、社員が年次有給休暇の指定した日に休まれると、事業の正常な運営を妨げることになる場合に限って、会社は社員の請求した時季を変更することができることになっています。これを「時季変更権」といいます。

しかし、この時季変更権の行使は、会社が自由に行えるというものではなく、客観的に認められるものでなければなりません。

ただ単に忙しいというくらいでは時季変更権は行使できず、事業の規模や内容、作業の内容や性質、作業の繁閑、代行者の配置の難易、労働慣行など

【参照法令・条文】労基法39条

を基準として総合的に判断されます。

このように、時季変更権を行使する前に会社は社員を休ませるための努力が求められているのです。

【図表156　時季変更権の行使】

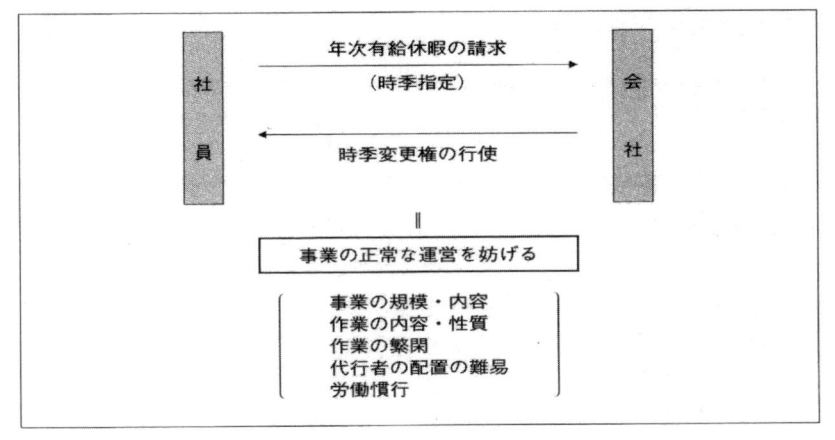

```
           年次有給休暇の請求
  社  ───────────────────→  会
  員      （時季指定）          社
      ←───────────────────
           時季変更権の行使

              ‖
      ┌─────────────────────┐
      │  事業の正常な運営を妨げる  │
      └─────────────────────┘
          ┌ 事業の規模・内容
          │ 作業の内容・性質
          │ 作業の繁閑
          │ 代行者の配置の難易
          └ 労働慣行
```

♠時季変更権行使の通知を速やかに

会社は、社員から年次有給休暇の請求があったときは、時季変更権を行使するか、またしないかをできるだけ早く通知することが必要です。

したがって、社員からの年次有給休暇の請求期限を取得日の数日前と、就業規則で規定することは差し支えないとされています。

なお、事業の正常な運営を妨げる状態がなくなった場合には、会社は速やかに年次有給休暇を与えなければなりません。

♠当日の朝に請求のあった年次有給休暇は

当日の朝に、電話で年次有給休暇を請求してくることがあります。会社には時季変更権が与えられています。社員から年次有給休暇の請求があったとき、会社は時季変更権を行使するか否かを速やかに判断し通知する必要があります。

年次有給休暇は、原則として1日単位で与えることになっています。当日の朝ということになると、すでにその日が経過しています。経過しているその日では、時季変更権の行使を判断する時間がありません。年次有給休暇を認めると時季変更権そのものが形骸化します。

したがって、当日の朝に請求のあった年次有給休暇は、拒否することができます。

【参照法令・条文】労基法39条

Q68　退職時の年次有給休暇・計画年次有給休暇の与え方は

Answer Point

♠ 退職日までの期間を年次有給休暇の請求があったときは、他の日に変更することができませんので、時季変更権の行使はできません。

♠ 保有する年次有給休暇のうち、5日を超える分については計画的に取得させることができます。

♠ 計画付与は、全社員いっせいでも個人別でもできます。

♠退職日前の時季変更権の行使はできない

　退職予定者は、退職日までの間に残っているすべての年次有給休暇を請求することがあります。

　この場合、時季変更権の行使をすることになれば、代わりに休ませる日が退職日までにはなく、退職後となってしまいます。退職後に年次有給休暇で休むというようなことが、現実的にあり得ません。

　したがって、時季変更権の行使はできないことになります。

♠5日を超える分が計画付与の対象

　「計画付与」という制度があります。労使が協定（この労使協定は労基監督署に届け出なくてもよい）を結び、計画的に年次有給休暇を取得させようとする制度です。

　図表157をみてください。年次有給休暇のうち5日を超える分について、計画的に付与します。16日ある社員は残りの11日、20日ある人は15日まで計画付与の対象とできます。したがって、この場合、5日だけが社員の自由に使える年次有給休暇となります。

【図表157　計画付与の対象】

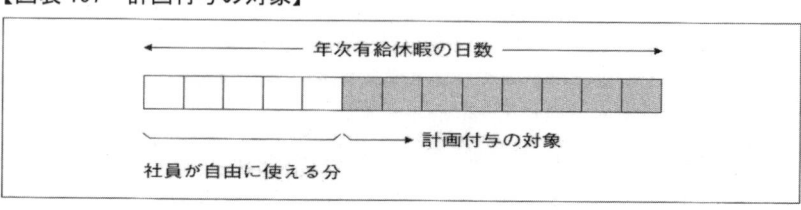

【参照法令・条文】労基法39条

♠計画付与のしかたは

　計画付与は、図表158のとおり、事業場全体でも、職場単位でも、また各個人ごとにおいても行うことができます。

【図表158　計画付与の方法】

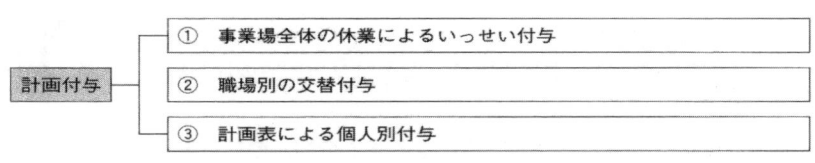

```
                ┌─ ① 事業場全体の休業によるいっせい付与
   計画付与 ────┼─ ② 職場別の交替付与
                └─ ③ 計画表による個人別付与
```

　しかし、事業場全体や職場単位で行った場合には、新入社員や出勤率が低く年次有給休暇の付与されていない社員も休ませることになります。

　この場合は、特別の年次有給休暇または会社都合の休業として、休業手当(平均賃金の60％)を支給しなければなりません(昭63.3.14基発150号)。

　そうすると、余分に休暇を与えることになりますし、また多少の不公平感が生じかねません。

　したがって、計画表を作成して個人別に付与するほうが現実的といえるかもしれません。

♠計画付与で定めた日に出勤させなければならなくなったときは

　労使協定により年次有給休暇を計画付与することとした場合には、会社の時季変更権および社員の時季指定権は、ともに行使できなくなることとされています(昭63.3.14基発150号)。

　したがって、会社は、業務の都合で社員を出勤させたいとしても、計画付与で年次有給休暇とされた日を変更し出勤させることはできません。また、社員がその日に出勤したいと申し出てきても、これを拒否することができます。

　会社は、年次有給休暇とされた日を変更できませんから、計画付与するときに業務の調整が図ることのできるよう設定する必要があります。事業場全体のいっせい付与ではなく、班別や個人別の計画付与として、年次有給休暇を取っていない他の班や個人が、業務の調整をできるようにしなければならないでしょう。

　それでも業務の調整ができないときは、改めて労使協定を締結し直して、業務の調整ができるように年次有給休暇を設定することになります。

　いずれにしても、何の措置もせず、これを変更することはできません。

【参照法令・条文】労基法39条、26条

Q69 育児・介護休業法ってなに・その適用は

Answer Point

♤育児・介護休業法は、育児や家族介護を行う労働者の雇用継続、再就職の促進を図ることを目的としています。
♤育児・休業の対象は、子が1歳になるまでの間、会社に申し出た男女の社員です。
♤介護休業の対象は、要介護状態にある対象家族を常時介護を必要とし、申し出た男女の社員です。
♤育児休業の期間は、原則として子が1歳（夫婦とも育児休業取得時は1歳2か月）に達するまでで、一定の場合には1歳6か月に達するまでです。
♤介護休業の期間は、常時介護を必要とする期間ごとに1回で、通算して93日間です。

♠育児・介護休業法というのは

育児・介護休業法は、男女の社員に対して、育児や介護のための休業、小学校就業前の子の看護休暇、時間外・深夜労働の制限、短時間勤務等を会社に義務づけています。

♠育児休業・介護休業の対象者は

育児休業・介護休業は、男女の社員に与えられるもので、女性社員に限られていません。ただし、図表159の人については、取ることができません。

【図表159　育児休業・介護休業の対象にならない人】

育児休業・介護休業の対象にならない人	① 日々雇用される人
	② 期間を定めて雇用される人
	③ 労使協定で育児休業・介護休業ができないと定められた次の人 ・勤続が1年未満の者 ・1年以内に退職することが明らかな人 ・1週間の所定勤務日数が2日以内の人　など

ただし、図表157の②の期間雇用者のうち、同一の事業主に引き続き雇用された期間が1年以上であり、子が1歳に達する日(誕生日の前日)を超えて引き続き雇用されることが見込まれる(子が1歳に達する日から1年を

経過する日までに労働契約期間が満了し、更新されないことが明らかである者を除きます)場合には、育児休業を取ることができます。

また、介護休業開始予定日から93日を経過する日を超えて引き続き雇用されることが見込まれる人(93日経過日から1年を経過する日までに、労働契約期間が満了し、更新されないことが明らかである者を除きます)は、介護休業を取ることができます。

介護休業の対象家族は、図表160のとおりです。

【図表160　介護休業の対象家族】

| ＊対象家族 | ⇒ | 負傷、疾病、身体上・精神上の障害により、2週間以上常時介護を必要とする家族 |

⇩

配偶者、父母、子、配偶者の父母
同居しかつ扶養する祖父母、兄弟姉妹、孫

♠育児休業の期間は

育児休業の期間は、子どもが1歳(夫婦とも育児休業取得時は1歳2か月)になるまでの間で、社員が申し出た期間です。

もし、1歳になった時点(満1歳の誕生日の前日)で養育予定の配偶者が養育することが困難になったときか、また保育所に入ることを希望していたが入所できないときなどは、さらに6か月間の育児休業を取ることができることになっています。

育児休業の期間には、図表161のとおり、産後の休暇を除きます。

【図表161　育児休業の期間】

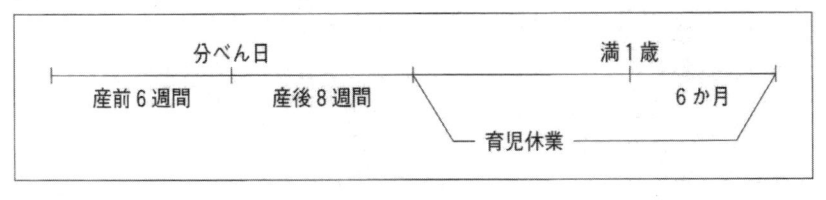

産前6週間	分べん日 産後8週間	満1歳 6か月
	育児休業	

♠介護休業の期間は

介護休業の期間については、要介護状態にある対象家族1人につき、常時介護を必要とする状態ごとに1回の介護休業をすることができることになっています。

期間は通算して延べ93日までです。したがって、93日までであれば、何回でも休業することができます。

【参照法令・条文】育児・介護休業法5条〜9条、11条〜15条

Q70 育児・介護休業法の実務ポイントは

Answer Point

♤社員から請求があったとき、事業の正常な運営を妨げない限り、育児休業または介護休業を拒むことはできません。
♤育児休業や介護休業で休んだこと等を理由として、不利益な取扱いは禁止されています。
♤時間外労働や深夜労働の制限があります。
♤看護休暇や介護休暇も設けられています。

♠事業の正常な運営を妨げない限り育児休業は拒否できない

社員は、会社に申し出て子どもを育てるため、または家族を介護するための休業をとることができます。

会社は、事業の正常な運営を妨げる場合でなければ、この申出を拒むことはできません。単に「忙しいから」という理由では拒否することはできません。

♠育児休業や介護休業で不利益な取扱いは認められない

育児休業や介護休業は、育児・介護休業法で認められた休業の取得です。その休業を取得したために、不利益な取扱いを受けるようなことがあってはならないことです。具体的には、解雇をしたり不利益な配置転換、降格、または減給などです。

賞与の支給で計算基準期間内に育児休業があるとき、育児休業の期間分だけ賞与を減額することは認められています。もともと育児休業期間中の賃金支払が義務づけられていませんから、それ相当分の賞与が支払われなくてもやむを得ないものと考えられているからです。

しかし、賞与の支給について、出勤率を基準にして育児休業のために出勤率が不足し、賞与の全額を支給しないとすることは認められません。育児休業以外の分も、支給しないことになるからです。

♠時間外労働の制限は

小学校就学前の子を養育する社員や要介護状態の家族を介護する社員が請求した場合には、図表162の一定の時間を超えて時間外労働をさせること

【参照法令・条文】育児・介護休業法10条、12条、16条、16条の4

はできません。また、3歳未満の子を養育する社員が請求した場合には、所定外労働が禁止されています。

【図表162　一定の時間】

一定の時間 →	1か月＝24時間・1年＝150時間

♠深夜労働の制限は

小学校就学前の子を養育する社員や要介護状態の家族を介護する社員が請求した場合には、深夜労働をさせてはなりません。

深夜労働の免除請求(時間外労働の免除請求も同)は、何回でもできることになっています。

なお、請求は、1回につき、1か月以上1年以内(深夜労働は6か月以内)の期間について、1か月前までに行わなければなりません。

♠勤務時間短縮等の措置は

育児休業や介護休業をせず、就労しながら育児(子が3歳に達するまで)や介護する社員について、会社は労働時間の短縮など必要な措置をとらなければならないことになっています。

【図表163　勤務時間短縮等の措置】

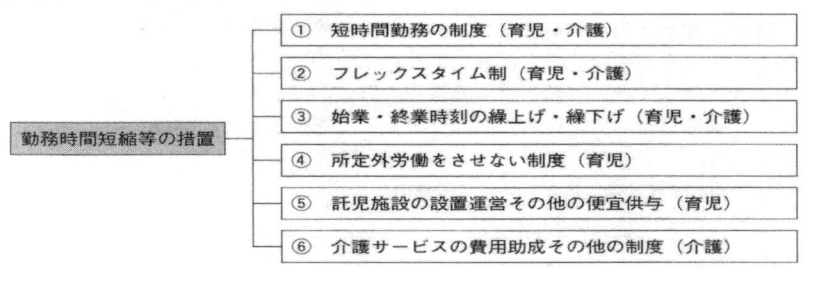

勤務時間短縮等の措置
- ① 短時間勤務の制度（育児・介護）
- ② フレックスタイム制（育児・介護）
- ③ 始業・終業時刻の繰上げ・繰下げ（育児・介護）
- ④ 所定外労働をさせない制度（育児）
- ⑤ 託児施設の設置運営その他の便宜供与（育児）
- ⑥ 介護サービスの費用助成その他の制度（介護）

♠看護休暇は

小学校就学前の子を養育する社員が、子が負傷または疾病による世話を行うために休暇を請求した場合には、1年度につき5日(子が2人以上の場合は10日)を限度として休暇を与えなければならないことになっています。

♠介護休暇

また、要介護状態の親族を介護する社員が請求した場合には、1年度につき5日（要介護状態の親族が2人以上いる場合には10日）を限度として休暇を与えなければなりません。

【参照法令・条文】育児・介護休業法16条、18条、19条、23条

Q71 労働災害ってどういうこと

Answer Point

♤労働災害とは、社員が業務上負傷し、疾病にかかり、または死亡することをいいます。

♤労働災害の認定には、労働者性と業務起因性と人的被害性の3つの要因が必要とされています。

♠労働災害というのは

労働災害とは、社員の就業する建設物、設備、原材料、ガス、蒸気、粉じん等により、または作業行動その他業務に起因して、社員が負傷し、疾病にかかり、死亡することをいいます(労働安全衛生法2条)。

労働安全衛生法では、業務に起因して、負傷し、疾病にかかりまたは死亡することを労働災害として認定しています(図表164)。

【図表164 労働災害と認定する3つの要因】

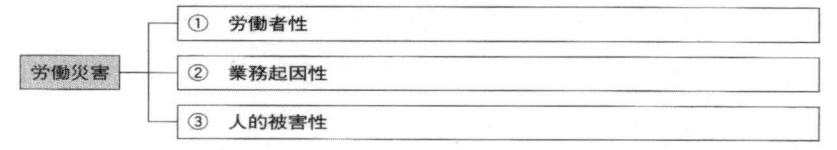

労働災害	① 労働者性
	② 業務起因性
	③ 人的被害性

会社の中で起こる災害は、いろいろありますが、あくまで社員が被災することを対象としています。

また、仕事＝業務に起因して、負傷・疾病または死亡＝人的被害です。物的な被害を含む産業災害とは異にしています。

労災保険法では、通勤災害も補償の対象にしていますが、労働安全衛生法では、通勤災害は直接業務に起因するものでないとして、労働災害に含めていません。

♠労働者性があること

労働災害の認定は、人的な被害であっても、一般の人ではなく、社員に限定されています(Q73の「労働安全衛生法の適用対象は」を参照)。

♠業務起因性があること

労働災害は、建設物、設備、原材料、ガス、蒸気、粉じん等による作業行

【参照法令・条文】労働安全衛生法1条、2条

動とし、建物などの物的条件と労働者の作業行動を労働災害と認定する要因としています。

しかし、これだけではなく、業務に起因するものであれば、広く労働災害とすることとしています。

また、直接就業中の事故だけを意味するのではなく、広く業務に起因する災害も、労働災害として捉えられます。

例えば、長時間にわたる業務の過重な負荷によって発症する職業病や、過労死・過労自殺などの業務関連疾病も、労働災害としているのです。

【図表165　労働災害と認定する要因】

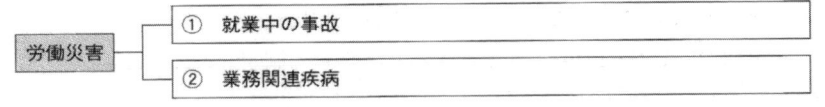

労働災害	① 就業中の事故
	② 業務関連疾病

♠人的被害性があること

労働災害は、社員の負傷、疾病、死亡が対象とされており、あくまでも「人」が被災することです。「物」が被災しても、労働災害とは認定されません。

しかし、物的な被害が人的な被害を引き起こすことがあります。労働災害を防止し、職場における社員の安全と健康を確保することを目的にしている労働安全衛生法が、人的な被害がないからといって、人的被害を誘引する物的な被害を放置することはできません。

そこで、労働安全衛生法では、人的な被害を伴わなくても、ボイラーの破損など一定の事故についても、会社に労基監督署への報告を義務づけています。

労働災害は、災害防止意識や取組の中で長期的にみると減少しているようです。しかし、いまなお1,000名を超える人が労働災害によって命を落としています。社員にとって、仕事で命を落とすようなことがあってはならないことです。会社にとって、社会的責任としても労働災害の防止は避けることのできない課題です。

近年は、仕事に関する強い不安やストレスを抱えている人が増加しており、そこに過重労働が加わった脳・心臓疾患の発症による労災認定件数、また「過労死」の労災認定件数が増加しています。

過労死は、決して個人責任ではありません。現場作業だけではなく、全社一丸となって労働災害を発生させない取組が必要です。

【参照法令・条文】労働安全衛生法1条、2条、100条　労働安全衛生規則96条

Q72 労基法と労働安全衛生法の関係は

Answer Point

♤労働安全衛生法は、労基法から分離独立したものです。
♤労基法は、安全・衛生について労働安全衛生法に委ねています。
♤「安全及び衛生」が労基法にも規定されています。

♠労働基準法から独立した労働安全衛生法

　労基法は、社員の労働条件に関する基準として制定されました。しかし、その後の社会情勢の変化とともに、1つの法律で労働条件に関する、すべての事項を網羅することに無理が生じてきました。

　そこで、「職業能力開発促進法」や「最低賃金法」が、労基法から分離独立しました。

　そして、安全衛生に関する部分についても分離独立し、「労働安全衛生法」として制定されています。

　元々は、労働安全衛生法も労基法の一規定であり、いわば一体的な関係にあるものです。

♠安全・衛生について労働安全衛生法に委ねる

　労基法では、こうした経緯の中で、安全・衛生については労働安全衛生法に委ねています。

　労働安全衛生法1条では、労基法と相まって、労働災害の防止のための危害防止基準の確立、責任体制の明確化および自主的活動の促進の措置を講ずる等、その防止に関する総合的計画的な対策を推進することにより社員の安全と健康を確保するとともに、快適な職場環境の形成を促進することをうたっています。

　労働災害を防止し、社員の安全と健康の促進は、労基法と一体的に進めることとしているのです。

♠労働基準法の安全・衛生の規定は

　安全・衛生に関する事項を労働安全衛生法に委ね、労基法と労働安全衛生法は別個の法律となっていますが、労基法でも、安全・衛生に関する事項

⑦　安全衛生・労働災害の実務ポイント

【参照法令・条文】憲法27条　労基法42条　労働安全衛生法1条

規定されています。

　労働契約の締結に際して、会社は採用者に労働条件を明示しなければならないことになっていますが、その明示しなければならない労働条件の1つに「安全・衛生に関する事項(会社に定めがある場合)」があります。

　また、就業規則には、絶対的必要記載事項と相対的必要記載事項が定められていますが、相対的必要記載事項に安全・街生に関する定めがあります。労働条件を定める労働契約や就業規則は、社員にとっても極めて重要な存在です。

　つまり、労基法の安全や衛生に関する事項が労働安全衛生法に分離独立されたとはいえ、労基法との関係は、分離前以上に強く連携する関係にありますから、その重要性は依然として変わらないといってよいでしょう。

【図表166　労基法と安全衛生法との関係】

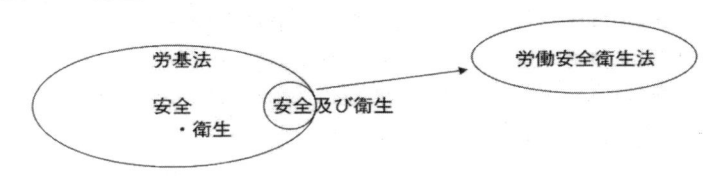

【図表167　労働災害が起こったときの手続】

負　傷　等	報　　告
4日未満の休業 （不休を除く）	4半期に一度報告 労働者死傷病報告（安衛則様式第24号）にて所轄労基監督署へ報告
4日以上の休業	労働者死傷病報告（安衛則様式第23号）にて所轄労基準督署へ遅滞なく報告
死　　　　亡	労働者死傷病報告（安衛則様式第23号）にて所轄労基監督署へ遅滞なく報告

【図表168　報告用紙の例】

	報告用紙	注意事項
衛生管理者	安衛則様式第3号	衛生管理者免許の写しを添付
産業医		医師免許の写し及び産業医資格を証明するものの写しを添付
総括安全衛生管理者		
安全管理者		
定期健康診断	安衛則様式第6号	

【参照法令・条文】労基法15条　労基法施行規則5条、89条

Q73　労働安全衛生法の適用対象は

Answer Point

♤安全と健康を確保し保護される対象は、職場の社員です。
♤社員の安全と健康を確保する責任は、会社にあります。
♤社員も守らなければならない責任があります。
♤国や厚生労働大臣に必要な援助を求めています。

♠保護対象となる社員は

　労働安全衛生法の対象となる社員は、Ｑ３で述べた労働者と同じです。
　なお、同居の親族のみを使用する事業所や事務所の同居の親族と家事使用人については、労働安全衛生法の適用対象とはなりません。
　また、船員法での適用を受ける船員や、一般の国家公務員も同様に、労働安全衛生法の適用から除外されています。

♠会社等の責任は

　労働安全衛生法では、会社が労働災害を防止し、会社の社員の安全と健康の確保をする責任を明確にし、快適な職場環境を実現するよう定めています。会社は、そのために労働条件の改善も行わなければなりません。
　また、社員の属する会社だけでなく、機械器具・建物等を製造・輸入・設計・建設する者、あるいは建設工事の注文者等についても、労働災害の防止について責任をもって対応しなければなりません。

♠社員の責任は

　労働安全衛生法の要請に応じて、会社ではさまざまな安全衛生活動等を行っています。
　しかし、保護されるべき対象者である社員が、会社の行う安全衛生活動等に協力しなければ、社員の安全・健康の確保はできません。
　そこで、労働安全衛生法では、社員にも労働災害を防止する事項を守り、また会社や国、その他の団体が行う労働災害防止の措置に協力するよう求めています。
　労働災害は、社員に直接に危害を与えるものです。会社任せにするのではなく、社員も労働災害を防止するよう努力しましょう。

⑦　安全衛生・労働災害の実務ポイント

【参照法令・条文】労基法９条　労働安全衛生法３条、115条

♠ 国や厚生労働大臣の援助は

　労働災害を防止し、社員の安全と健康を確保することは、社会的な要請でもありますが、これを一企業または個人の活動で行うことは困難なことでもあります。
　そこで、労働安全衛生法は、国や厚生労働大臣に、労働災害の防止に役立つさまざまな活動について援助するように求めています。

♠ 中央労働災害防止協会の活動は

　中央労働災害防止協会(中災防)は、事業主の自主的な労働災害防止活動の促進を通じて、安全衛生の向上を図り、労働災害を絶減することを目的に、労働災害防止団体法に基づき、昭和39年8月1日に設立されました。中災防は、労働災害の防止のために、さまざまな事業を行っています(図表169)。

【図表169　中央労働災害防止協会（中災防）の活動】

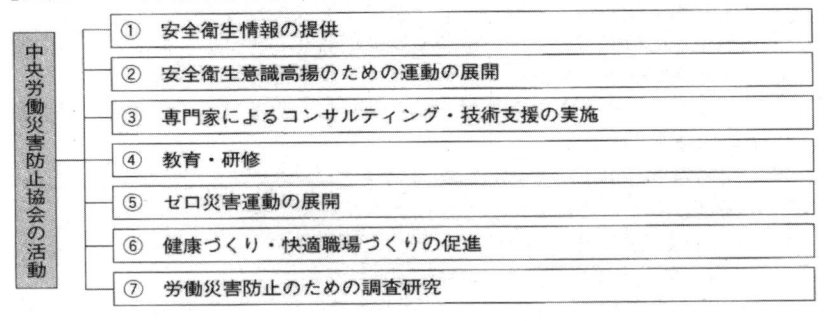

中央労働災害防止協会の活動		
	①	安全衛生情報の提供
	②	安全衛生意識高揚のための運動の展開
	③	専門家によるコンサルティング・技術支援の実施
	④	教育・研修
	⑤	ゼロ災害運動の展開
	⑥	健康づくり・快適職場づくりの促進
	⑦	労働災害防止のための調査研究

　安全衛生意識高揚のための運動の展開として、厚生労働省とともに、全国安全週間および全国労働衛生週間を提唱したり、研究発表、講演、シンポジウムなどを行う全国産業安全衛生大会を開催しています。
　また、専門家によるコンサルテイング・技術支援の実施として、労働安全衛生マネジメントシステム(OSHMS)構築のための指導・援助や、専門家が事業場の安全衛生上の問題点を指摘し、改善等を提案する安全衛生診断を行っています。
　作業環境測定の実施・測定結果に基づく改善提案などの労働衛生技術サービスや、化学物質のモデル安全データシートの作成など、適切な化学物質管理のための支援も実施しています。
　そのほか、受講者の階層・分野に応じた教育研修機会の提供や、職長等教育講師、各種インストラクター講座などの安全衛生教育の指導者を養成しています。活用してみてはいかがでしようか。

【参照法令・条文】労働安全衛生法4条、106条、107条

Q74 安全衛生管理体制づくりで求められるのは

Answer Point

♤ 事業場の種類・規模に応じて、総括安全衛生管理者や安全管理者等を選任し、労基監督署に報告しなければなりません。
♤ 事業場で安全衛生問題を調査・論議するために安全委員会や衛生委員会の設置が、一定の規模や業種によって義務づけられています。

♠ 安全衛生管理組織と調査機関からなる安全衛生管理体制づくり

会社（会社単位ではなく各事業場単位）は、安全管理組織と調査機関からなる安全衛生管理体制を整備しなければなりません（図表170）。

安全衛生管理組織は、事業の種類や規模に応じて、安全・衛生に関する措置のできる権限をもつ総括安全衛生管理者や安全管理者等の選任です。

総括安全衛生管理者や安全管理者等を選任したときは、その旨を労基監督署に報告します。

また、常時50人以上（事業の種類によっては100人以上）の事業場では、調査機関として安全委員会や衛生委員会の設置が義務づけられています。

【図表170　安全衛生管理体制の例】

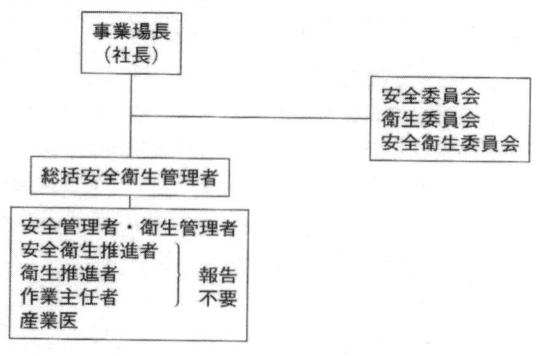

```
事業場長
（社長）
  ├─────────────── 安全委員会
  │                  衛生委員会
  │                  安全衛生委員会
  │
総括安全衛生管理者
  │
安全管理者・衛生管理者
安全衛生推進者
衛生推進者      ｝ 報告
作業主任者         不要
産業医
```

♠ 安全衛生管理組織というのは

安全衛生管理組織は、事業の種類や規模によって次ページの図表171のとおり選任義務、それぞれが行う業務が定められています。

該当する事業場では、選任するのはもちろんですが、選任するだけではなく実効あるものとしてください。

【参照法令・条文】労働安全衛生法10条～14条、17条～19条　労働安全衛生規則

【図表171　安全衛生管理組織の選任義務と業務】

名　称	選任義務・業務
❶ 総括安全衛生管理者	常時100人以上→林業、鉱業、建設業、運送業、清掃業 常時300人以上→製造業、電気業、ガス業、水道業、卸売業、小売業、旅館業、自動車整備業ほか 常時1,000人以上→その他の事業 ：安全衛生業務の統括管理、安全管理者・衛生管理者の指揮
❷ 安全管理者	常時50人以上→上記100人以上及び300人以上の事業 ：安全に関する技術的事項（業績によって異なる） 作業場を巡視し、整備、作業方法等の危険防止の措置を講ずる
❸ 衛生管理者	常時使用する労働者が50人以上のすべての事業場 規模によって複数を選任 ：衛生に関する技術的事項 少なくとも毎週1回作業場を巡視し、設備、作業方法、衛生状態に有害のおそれがあれば、健康障害防止の措置を講ずる
❹ 安全衛生推進者・衛生推進者	常時10人以上50人未満の事業場
❺ 産業医	常時50人以上のすべての事業場 常時1,000人以上は専属の者
❻ 作業主任者	一定の危険有害業務

♠調査機関は

　安全衛生管理体制の調査機関として、安全委員会と衛生委員会があります。この安全委員会や衛生委員会も、事業の種類と規模によって定められています。

　安全委員会や衛生委員会は、それぞれ独立して設置しなくても安全衛生委員会として設置してもよいことになっています。
会議は少なくとも月1回は実施し、記録を3年間保存しておかなければなりません。

　多くの会社では、安全委員会や衛生委員会または安全衛生委員会を設置しているようです。

　ところが、この安全委員会等が実行あるものとして機能しているところは多くないようです。月1回の会議さえ、開かれていないところがあります。

　また、会議は開かれても、安全・衛生に関係のない会社からの一般的な伝達の機会となったり、また社員からの単なる苦情を発する場となったりしていることもあります。

　安全・衛生を推進する実効あるものとしていただきたいものです。

【参照法令・条文】労働安全衛生法　労働安全衛生規則　労働安全衛生施行令

Q75　小規模事業所の安全衛生管理体制のあり方は

Answer Point

♤ トップが安全衛生の基本方針を明確にし、先頭に立つことが必要です。
♤ 社員一人ひとりの業務を明確にし、必要な権限を与えます。
♤ 社員一丸となって活動を推進しよう。

♠安全衛生管理体制というのは

労働安全衛生法で義務づけられる安全衛生管理体制は、常時使用する社員(正社員だけではなくパートタイム労働者なども含みます)の人数によって定められています。

50人未満の小規模事業所では、安全衛生管理組織として安全管理者等の選任義務はなく、また調査機関の安全委員会の設置義務もありません。

【図表172　安全衛生管理体制】

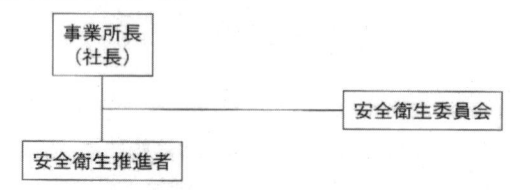

```
事業所長
(社長)
  ├──────── 安全衛生委員会
  └── 安全衛生推進者
```

安全衛生管理組織としては、安全衛生推進者の選任でいいでしょう。しかし、調査機関の安全衛生委員会は設置すべきでしょう。

安全衛生委員会を事業所における安全衛生活動の組織として位置づけ、社員を結集させることが大切です。

♠トップが先頭で

安全衛生がなければ、会社は存在できません。会社全体で取り組まなければならない業務です。会社が片手間に行うというものではありません。まして、誰かが一生懸命にやる、というものでもありません。

そのためには、経営トップが安全衛生に関する基本方針を明確にし、強いリーダーシップを発揮して先頭に立つことです。そうしないと、社員はついてきません。

【参照法令・条文】労働安全衛生法12条の2、19条

♠業務の明確化と権限は

　安全衛生活動は、全社員が取り組むものです。したがって、社員一人ひとりが、安全衛生活動について、業務として何をするのかということを明確にすることが必要です。

　大きな組織になると、安全衛生管理組織や調査機関に携わる社員の業務を明確にし、その社員の指導のもとで一人ひとりの社員を活動させることになります。

　しかし、小規模の事業所では、社員数も少ないですから、すべての社員が業務として受け持ったほうが機能的です。

　小規模事業所の安全衛生管理組織としては、安全衛生推進者が中核となります。安全衛生推進者が、日常の安全衛生活動を推進します。そのためには、権限がなければできません。安全衛生活動に関する権限を安全衛生推進者に与えるとともに、安全衛生推進者が権限を有していることを社員全員に周知します。

♠安全衛生活動は

　安全街生活動は、安全衛生委員会を中心にして行います。安全衛生委員会のリーダーは安全衛生推進者が担います。

　安全衛生委員会が、活動計画を作成し職場で実行します。当然、安全衛生委員会に出席する社員だけではなく、すべての社員を巻き込みます。

　安全衛生活動について紹介すると、図表173のとおりです。

【図表173　安全衛生活動】

項　目	説　　明
❶ ヒヤリ報告活動	1件の重大災害が起こる前に29件の小さな災害と無傷災害が300件発生している（ハインリッヒの法則）といわれています。 　職場で、"ヒヤッ"としたことを報告させ、重大災害を未然に防ぐ活動です。
❷ 危険予知活動	職場ミィーティングなどで、作業における予想される危険性を話し合い、みんなで問題点を解決してから、作業を開始します。KY活動とも呼ばれています。

　図表174は、図表171のハインリッヒの法則のイメージ図です。

【図表174　ハインリッヒの法則（1:29:300）】

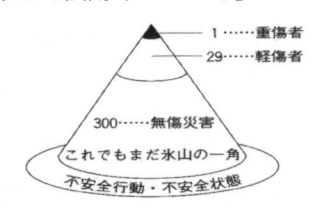

```
        ▲ ─── 1 …… 重傷者
       ╱ ╲── 29 …… 軽傷者
      ╱   ╲
     ╱ 300 ╲…… 無傷災害
    ╱───────╲
  ╱これでもまだ氷山の一角╲
 ╱ 不安全行動・不安全状態 ╲
```

【参照法令・条文】労働安全衛生規則6条、11条、15条

Q76　安全衛生教育のあり方は

Answer Point

♤ 安全衛生管理組織を担当する社員の能力向上を図るため、教育・講習が求められています。
♤ 雇入時や職長等に対して所定の教育をしなければなりません。
♤ 危険有害業務に従事する社員等には特別教育が必要です。
♤ 安全衛生教育は体験学習が効果的です。

♠ 安全衛生管理者等の教育は

　会社の安全衛生は、安全管理者等の安全衛生管理組織に携わる社員が中心となって推進します。
　全社的な安全衛生活動を進めるためにも、安全衛生管理組織に携わる社員が、高い理解と知識また技術を得るための教育が必要です。

【図表175　労働安全衛生法の定めによる安全衛生教育】

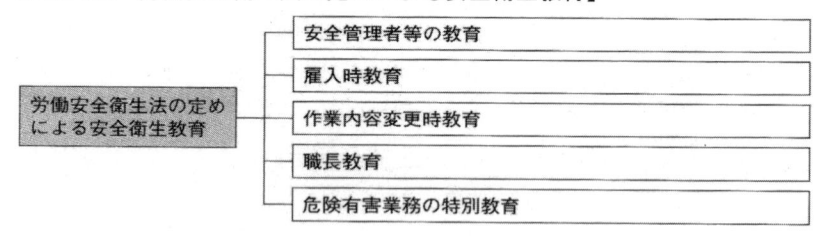

労働安全衛生法の定めによる安全衛生教育
- 安全管理者等の教育
- 雇入時教育
- 作業内容変更時教育
- 職長教育
- 危険有害業務の特別教育

♠ 雇入時や作業内容変更時の教育は

　正社員やパートタイム労働者等の社員を雇い入れたときは、職種が製造現場であれ事務職であれ安全衛生教育をしなければなりません。
　教育内容は、機械や原材料、安全装置などの取扱方法等、作業手順に関すること、疾病の原因や予防に関すること、整理・整頓・清掃に関することなどとなっています。
　また、新しい機械が導入されたときや作業内容が変更されたときなども、同様の教育をしなければなりません。

♠ 職長教育は

　新たに職長になった社員や社員を指導・監督する社員には、職長教育が必要です。

【参照法令・条文】労働安全衛生法19条の2、59条、60条、60条の2 ほか

ただし、この職長教育が必要なのは、建設業、製造業(一定の事業は除きます)、電気・ガス業、自動車整備業、機械修理業です。

【図表176　職長教育項目】

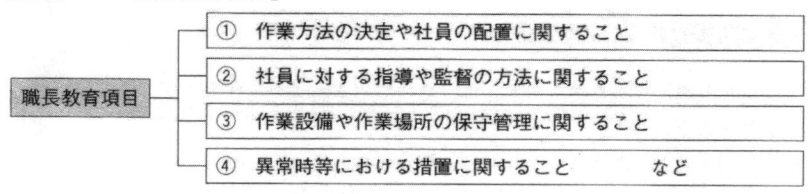

職長教育項目
- ① 作業方法の決定や社員の配置に関すること
- ② 社員に対する指導や監督の方法に関すること
- ③ 作業設備や作業場所の保守管理に関すること
- ④ 異常時等における措置に関すること　　　　など

♠危険有害業務の特別教育は

　研削といしの取替や動力プレスの金型の取付、アーク溶接などの業務に新たに就く社員や現に就いている社員に対して、特別の安全衛生教育が義務づけられています。

　特別教育は、学科と実技の教育が必要となっています。しかし、小企業では社内で教育を実施するのは困難です。自社でできないときには、各地の労働基準協会やボイラー協会、また労働災害防止協会等の団体でも実施していますから、該当する社員をそうした団体に参加させるようにしましょう。そして、それを職場で実施させることです。

♠体験学習で身につけさせる

　安全衛生教育で、大事なことは"法律で定められているから教育を実施する"、というのではなく、職場で活かされなければなりません。ただ単に、教育をすればそれで終わりという認識を、まず捨て去ることです。

　職場の安全・衛生は、何をおいても優先されなければなりません。社員の安全と衛生が確保されなければ、事業活動はありません。

　したがって、安全衛生教育は、一部の社員だけに実施すればよいというものでもありません。すべての社員に対して安全衛生教育が不可欠といえます。

　安全衛生教育は、学習したことが職場に帰ってすぐ行動に活かされなければならないのです。教育の目的と期待する結果を明雅にして実施する必要があります。

　そして、教育方法も、身体で覚えさせる体験学習を中心にしたものとすべきでしょう。ただ講師の話を聞いているだけでは、なかなか身につかないものです。目で、耳で、肌で感じ覚えさせることが必要です。

　職場単位で定期的に繰り返し、繰り返し行わなければならないでしょう。安全衛生教育に終わりはありません。

【参照法令・条文】労働安全衛生法60条の2　労働安全衛生規則36条 ほか

Q77 労基法と労災保険法の関係は

Answer Point

♤社員が業務上災害を被ったときは、会社に労基法上の補償義務があります。

♤社員が業務上災害を被ったときは、労災保険から給付を受けることができます。

♤社員が労災保険から同様の給付を受けたときは、会社はその範囲内で補償義務を免れます。

♠会社の補償義務は

業務上災害とは、社員が労働契約に基づいて会社の支配下にある状態(業務遂行性)で、業務に起因して災害が発生し傷病を被った(業務起因性)ことをいいます。

すなわち業務上災害は、会社の支配下、管理下にあった状態で発生したのですから、"使用者責任"が問われます。そのため労基法でも、被災した社員に対して、会社が療養の費用や休業などの補償をしなければならないと定めています。

なお、通勤災害は、会社の支配下にありませんから、補償義務はありません(労災保険からは保険給付されます)。

業務上災害を被った社員に対して、労基法では会社に療養補償をはじめ、休業補償や障害補償、遺族補償をし、また葬祭料を支払えといっています。そして、例えば、休業補償は平均賃金の60％を支払えと、それぞれ補償しなければならない範囲も定められています。

♠労災保険からの給付は

労災保険法では、業務上災害による社員の負傷、疾病、障害、死亡に対して保険給付を行うこととしています。

負傷・疾病の治療代として療養補償給付、療養中のため休業して賃金の支払がないときには、休業補償給付、負傷・疾病が1年6か月を経過しても治らないときは傷病補償給付、障害が残ったときは障害補償給付、死亡したときには遺族補償給付や葬祭料が支給されることになっています。

また、介護状態にあるときには、介護補償給付も行われます。

【参照法令・条文】労基法施行規則得35条～48条

【図表 177　労災保険からの給付】

労 基 法		労災保険法
療養補償		療養補償給付
休業補償	（最初の3日分）	なし
	（4日目以降）	休業補償または傷病補償年金
障害補償		障害補償給付
遺族補償・葬祭料		遺族補償給付・葬祭料

◆労災保険から給付が行われたときは

　労災保険でも、業務上災害を被った社員に対して、同様の給付が行われます。しかし、同一の災害に対して二重に補填が行われることは不合理です。

　そこで、労災保険から同様の給付が行われたときは、会社はその範囲で労基法の補償義務は免れることになっています。

　業務上災害が発生し社員が災害を被った場合、会社は労基法の定めにより補償しなければならないのですが、労災保険から保険給付が行われたときは、その範囲について会社は補償しなくてもよいのです。

　いわば、労基法による会社の補償義務を労災保険が"肩代わり"しています。

　ただし、労災保険の休業補償給付は、休業4日目からです。最初の3日間については、会社が労基法の定めに従い補償しなければなりません。

◆第三者による災害は

　業務上災害が、交通事故のように、第三者の加害で発生することがあります。この場合には、加害者である第三者が賠償する義務を負います。

　そうすると、被害者である社員は、加害者から賠償を受けると同時に、労災保険からも給付を受けることができます。1つの災害によって二重の補填を受けることになります。

　二重の補填を受けることは不合理です。そこで、労災保険が保険給付を行った場合には、その範囲内で被害者が加害者に対してもっている損害賠償請求権を、労災保険が代位取得することになっています。

　労災保険は、代位取得した損害賠償請求権により第三者である加害者に賠償を請求する(求償)ことになります。

　これは、業務上災害が発生したとき、会社の補償義務と労災保険の給付という二重の補償を避けるのと同じことといえます。

【参照法令・条文】労災保険法

Q78　労災保険法の適用対象は

Answer Point

♤労災保険法の対象となる人は、原則として社員に限られます。
♤取締役等でも、業務執行権をもつ人の指揮監督を受けて従事し、対価として賃金を受ける人は労災保険の対象となります。
♤中小企業主等は特別加入制度により、労災保険の給付を受けることができます。

♠労災保険法は社員が対象

労災保険法(正式名称は労働者災害補償保険法といいます)は、正社員やパートタイム労働者など名称・雇用形態にかかわらず、労働の対価として賃金を受けるすべての社員が対象となります。

労災保険の給付対象は、労基法の労働者です(Ｑ３参照)。

♠取締役等で対象になるのは

会社の取締役等、役員と呼ばれる人は、会社と委任契約の関係にあります。事業所や事務所に使用される者で賃金を支払われる者となりません。

したがって、労働者ではなく、労災保険の対象となりません。会社の代表権・業務執行権をもつ役員は、その代表例です。

しかし、会社の取締役・理事・無限責任社員等の地位にある人であっても、業務執行権をもっていない人で、事実上業務執行権をもっている人の指揮監督を受けて労働に従事し、その対価として賃金を受けている人は、労働者として取り扱われ、労災保険の対象となります。

また、同居の親族は、原則として労基法上の労働者には該当しません。ただし、同居の親族であっても、事業主の指揮命令に従い、就労の実態も他の社員と同様であり、賃金もこれに応じて支払われていること、また労働時間や賃金の決定などの管理が他の社員と同様になされている場合には、労働者として取り扱われ、労災保険の対象となります。

♠特別加入制度というのは

労災保険は、事業主に雇用されている社員が業務上や通勤途上に災害を被ったときに補償を行うものです。したがって、事業主や自営業者、またそ

【参照法令・条文】労災保険法３条　労基法９条

の家族従事者が、災害を被っても労災保険の対象とはなりません。

しかし、こうした人の中には、社員と同じように直接作業に従事し、社員に準じて労災保険で保護することがふさわしい場合があります。

また、海外の事業場に派遣される社員についても、その国の適用範囲や保険給付が十分ではなく、わが国の労災保険で保護すべき場合があります。

こうした人に、都道府県労働局長の承認を受けることによって、労災保険に加入できるようにしたのが、「特別加入制度」です。

【図表178　特別加入者の区分】

区　分	加　入　者
第1種特別加入者	中小事業主等
第2種特別加入者	一人親方等、特定作業従事者
第3種特別加入者	海外派遣者

♠特別加入できる中小事業主等は

特別加入できる中小事業主等とは、業種によって図表179に該当する事業の事業主および家族労働者や法人企業で代表権をもたない役員のうち、実態として労働者に該当しない者です(原則として包括して加入)。

ただし、その事業について、労災保険の保険関係が成立していること、および労働保険事務組合に事務処理を委託していることが要件となっています。

【図表179　特別加入できる中小事業主等】

業　種	常時使用労働者数
不動産業・金融業・保険業・小売業	50人以下
卸売業・サービス業	100人以下
その他の事業	300人以下

なお、海外派遣者を除く特別加入者には、賃金が支払われていません。各人の給付基礎日額に応じて算定基礎額が定められています。図表180の給付基礎日額は、各人の希望により都道府県労働局長が決定します。

【図表180　給付基礎日額】　　　　　　　　　　　　　　　　( )は家内労働

20,000円	12,000円	7,000円	3,500円
18,000円	10,000円	6,000円	(3,000円)
16,000円	9,000円	5,000円	(2,500円)
14,000円	8,000円	4,000円	(2,000円)

【参照法令・条文】労災保険法33条、34条、35条、36条、37条

Q79 労災保険の業務上災害の範囲は

Answer Point

♤業務上災害とは、業務と傷病との間に一定の因果関係があることをいいます。具体的には、業務遂行性と業務起因性が必要とされています。

♤会社の支配下にあっても、私的な行為をしているときは業務上災害となりません。

♤出張など会社の管理下を離れていても、業務に従事しているときは業務上災害となります。

♠業務上災害というのは

業務上災害とは、直訳すると、業務が原因となった災害のことです。しかし、業務と傷病との間に一定の因果関係がなければ、業務上災害とは認められません。

それは、社員が労働契約に基づいて会社の支配下にある状態(業務遂行性)で、業務に起因して災害が発生し傷病を被った(業務起因性)ことをいいます(図表181)。

ただ、仕事中の災害だけが業務上災害というわけではありません。業務遂行性と業務起因性があるか否かで判断されます。

【図表181　業務上災害の判断基準】

業務上災害の判断基準	業務遂行性…労働者が労働契約に基づいて使用者の支配下にある状態
	業務起因性…業務に起因して災害が発生し、傷病を被った

具体的には、社員が会社内で仕事をしている場合の災害です。このような場合の災害は、社員の仕事としての行為や会社の施設・設備の管理状況などが原因となって発生するものと考えられていますので、業務上災害と認められます。

♠支配下の私的な行為は

会社の支配下にあっても、社員の私的な行為等は、業務上災害とは認められません。それは、図表182のような場合です。

【参照法令・条文】労災保険法7条、12条の2の2

【図表182　業務上災害と認められない行為】

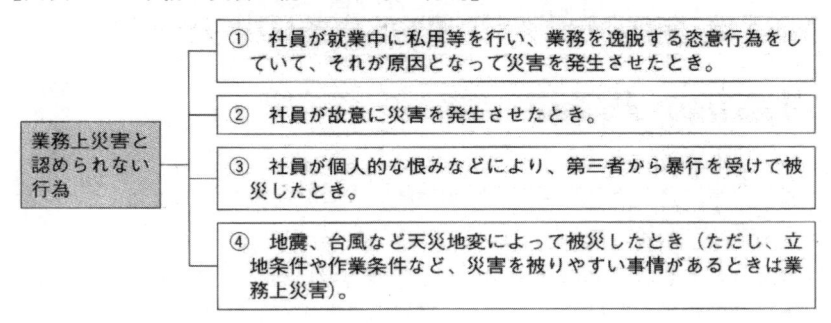

業務上災害と認められない行為
① 社員が就業中に私用等を行い、業務を逸脱する恣意行為をしていて、それが原因となって災害を発生させたとき。
② 社員が故意に災害を発生させたとき。
③ 社員が個人的な恨みなどにより、第三者から暴行を受けて被災したとき。
④ 地震、台風など天災地変によって被災したとき（ただし、立地条件や作業条件など、災害を被りやすい事情があるときは業務上災害）。

♠管理下にないときは

　出張や事業場の外で仕事をしているときは、会社の管理下から離れています。しかし、その場合でも会社の支配下にあることに変わりはなく、会社の指揮命令に基づいて仕事を行っています。

　仕事の場所がどこであっても、私的な行為でない限り、業務上災害となります。

♠業務上災害の疾病というのは

　業務上災害は、いわゆる"ケガ"だけではなく、「疾病」も含まれます。

　ただ、この疾病とは、支配下にある状態で発症した疾病だけのことを指しているわけではなく、支配下にある状態で有害因子にばく露したことによって発症した疾病のことをいいます。

【図表183　業務上災害の例】

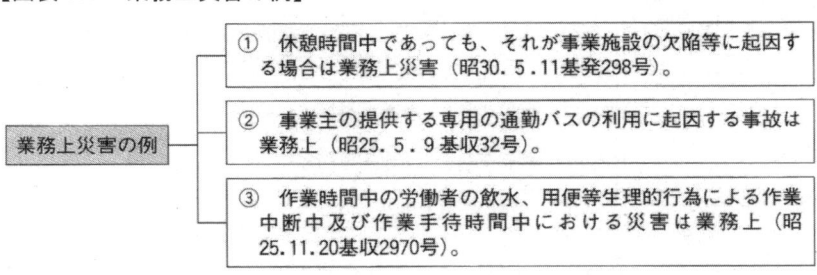

業務上災害の例
① 休憩時間中であっても、それが事業施設の欠陥等に起因する場合は業務上災害（昭30．5．11基発298号）。
② 事業主の提供する専用の通勤バスの利用に起因する事故は業務上（昭25．5．9基収32号）。
③ 作業時間中の労働者の飲水、用便等生理的行為による作業中断中及び作業手待時間中における災害は業務上（昭25.11.20基収2970号）。

♠労災保険の保険給付は

　業務上災害と通勤災害の保険給付の内容は、ほとんど同じです。

【参照法令・条文】労災保険法

Q80 労災保険の通勤災害の範囲は

Answer Point

♤ 通勤災害とされるためには、労災保険法の通勤の要件を充たさなければなりません。
♤ 就業に関し、住居と就業の場所との往復行為、合理的な経路・方法で、中断または逸脱がなく、業務の性質を有しないことが必要です。
♤ 日常生活上必要な行為は、中断または逸脱があっても、その後は通勤となります。

♠通勤災害というのは

　通勤災害とは、社員が通勤により被った負傷、疾病、傷害または死亡をいい、通勤に通常伴う危険が具体化したことをいいます。
　具体的には、図表184の要件のすべてを充たさなければなりません。

【図表184　通勤災害の要件】

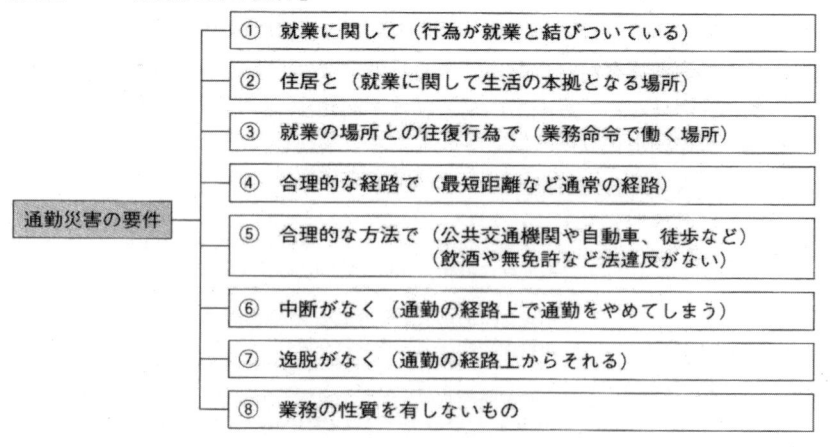

通勤災害の要件
① 就業に関して（行為が就業と結びついている）
② 住居と（就業に関して生活の本拠となる場所）
③ 就業の場所との往復行為で（業務命令で働く場所）
④ 合理的な経路で（最短距離など通常の経路）
⑤ 合理的な方法で（公共交通機関や自動車、徒歩など）
　（飲酒や無免許など法違反がない）
⑥ 中断がなく（通勤の経路上で通勤をやめてしまう）
⑦ 逸脱がなく（通勤の経路上からそれる）
⑧ 業務の性質を有しないもの

　なお、図表184の①の就業については、例えば業務終了後、事業場施設内で労働組合の用務を約1時間25分行った後の退勤は、就業との関連を失わせると認められるほど長時間となるような場合を除き、就業との関連性を認めても差し支えないことになっています（平3．2．1基発75号）。
　したがって、業務終了後に長時間社内にとどまって帰途についたときは、①に該当せず、通勤災害になりません。

【参照法令・条文】労災保険法7条2項・3項

♠会社が禁止しているマイカー通勤でケガをしたときは

　マイカー通勤を禁止している会社があります。しかし、社員がそのルールを破ってマイカーで通勤し、途中で事故を起こし負傷したとき、通勤途上災害として労災保険の給付を受けられるかが問題となります。

　労災保険の通勤途上災害は、合理的な方法であることを求めていますが、マイカーでの通勤を禁止しているわけではありません。マイカー通勤を禁止しているのは、あくまで会社の規定です。したがって、労災保険法で定める通勤途上災害の他の規定に該当していれば、マイカー通勤でケガをしたときは労災保険の給付を受けることができます。

　もちろん、マイカー通勤が無免許や飲酒運転であったときには、合理的な方法とはいえませんから、労災保険の給付は行われません。

♠日常生活上必要な行為は

　通勤の途中で通勤の経路上で通勤と関係のない行為をしたり、就業や通勤と関係のない目的で合理的な経路をそれると、中断・逸脱として、その後も通勤とみなされません。

　しかし、日常生活上必要な行為でやむを得ない理由により最小限度に行う場合には、中断・逸院の間を除き、合理的な経路に戻った後は再び通勤として取り扱われることになっています。

【図表185　日常生活上必要な行為】

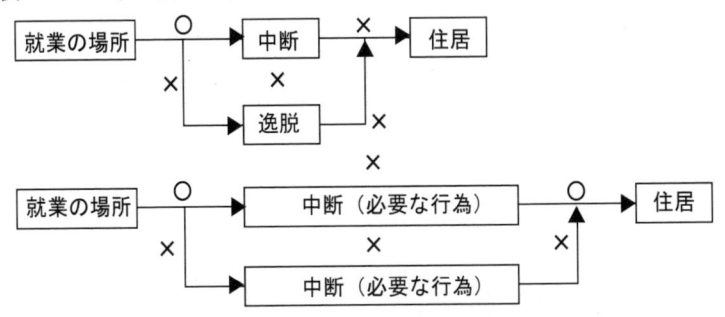

　このように、労災保険の給付の対象となる通勤途上災害は、通常私たちがいう「通勤」とは相当異なっています。通勤途上災害は、会社の支配下にあるわけではなく、会社の賠償責任がありません。

　また、被災した社員にとっても、健康保険の給付に比べて手厚い給付が受けられます。通勤途上災害が適用されるよう、いまいちど「通勤」を考えることが必要でしょう。

【参照法令・条文】労災保険法7条2項・3項

Q81 過労死・過労自殺の認定基準は

Answer Point

♤仕事が特に過重であったために脳・心臓疾患が発症したとき労災補償の対象となります。
♤過労死等の対象疾病は、脳血管疾患と虚血性心疾患等に分類されます。
♤業務による明らかな過重負荷を受けたことによって発症した脳・心臓疾患が業務上疾病(過労死等)として取り扱われます。

♠労災補償の対象となる過労死等(脳・心臓疾患)は

脳・心臓疾患は、血管病変がさまざまな要因により形成され、それが徐々に進行してあるとき突然に発症します。しかし、仕事が特に過重であったために血管病変等が著しく増悪し、その結果、脳・心臓疾患が発症することがあります。

このような場合には、仕事がその発症にあたって有力な原因となったものとして労災補償の対象としています。

また、これを避けるために、時間外労働が月45時間以上の社員に対して、申出等により医師による面接指導等を受けさせなければなりません。

時間外労働時間と健康障害のリスクをみると、図表186のとおりです。

【図表186　健康障害のリスク】

時間外労働時間	月45時間以内	時間の増加と共に健康障害のリスクは徐々に高まる	月100時間または2〜6か月平均で月80時間を超える
健康障害のリスク	低い	→	高い

♠対象疾病は

脳・心臓疾息として労災補償の対象となるのは、図表187のように、大きく分けて「脳血管疾患」と「虚血性心疾患等」があります。

【図表187　労災補償の対象疾病】

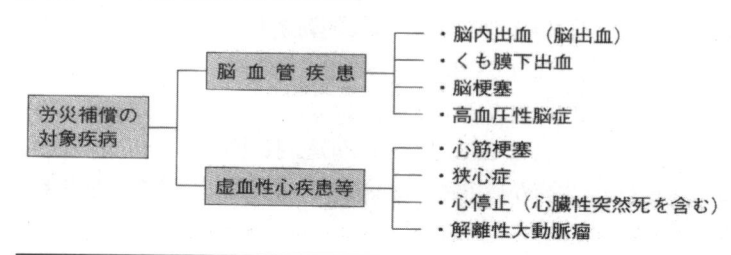

- 労災補償の対象疾病
  - 脳血管疾患
    - 脳内出血(脳出血)
    - くも膜下出血
    - 脳梗塞
    - 高血圧性脳症
  - 虚血性心疾患等
    - 心筋梗塞
    - 狭心症
    - 心停止(心臓性突然死を含む)
    - 解離性大動脈瘤

♠過重労働をさせないように

　過重労働による脳・心臓疾患の原因の1つとして、時間外や休日労働の多さがあげられています。時間外や休日労働は、仕事による負担を増大させるだけではなく、睡眠・休養の機会を減少させますので、疲労蓄積の重要な原因の1つと考えられているのです。個人責任で片づけられては困ります。

　会社は、時間外労働や休日労働の削減、年次有給休暇の取得促進など、過重労働とならないよう対策を講じることが強く求められています。

♠認定要件としての業務による明らかな過重負荷は

　脳・心臓疾患が、過労死等として認定されるためには、「業務による明らかな加重負荷」が必要です。

　この業務による明らかな過重負荷とは、発症直前から前日までの間において、発症状態を時間的および場所的に明確にし得る異常な出来事に遭遇したことです。

　また、発症に近接した時期において、特に過重な業務に就労したことを指します。

　それに、発症前の長期間にわたって、著しい疲労の蓄積をもたらす特に過重な業務に就労したこともあります。

【図表188　業務による過重な負荷】

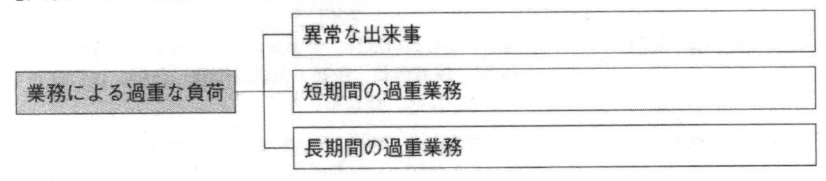

業務による過重な負荷
- 異常な出来事
- 短期間の過重業務
- 長期間の過重業務

♠異常な出来事の判断は

　異常な出来事は、①通常の業務遂行過程では遭遇することがまれな事故または災害等でその程度が甚大であったか、②気温の上昇または低下等の作業環境の変化が急激で著しいものであったか、を検討し、そして精神的負荷や身体的負荷が著しいかによって判断されます。

♠短期間の過重業務の判断は

　短期間の過重業務は、発症前のおおむね1週間の、業務量、業務内容、作業環境等の具体的な負荷要因を考慮し、職場の同僚社員にとっても、特に過重な身体的・精神的負荷と認められるかどうかで判断します。

【参照法令・条文】労働安全衛生法66条の8、66条の9

♠長期間の過重業務は

疲労の蓄積をもたらす最も重要な要因は、労働時間です。

労働時間の評価の目安は、図表189のとおりです。

【図表189　労働時間の評価の目安】

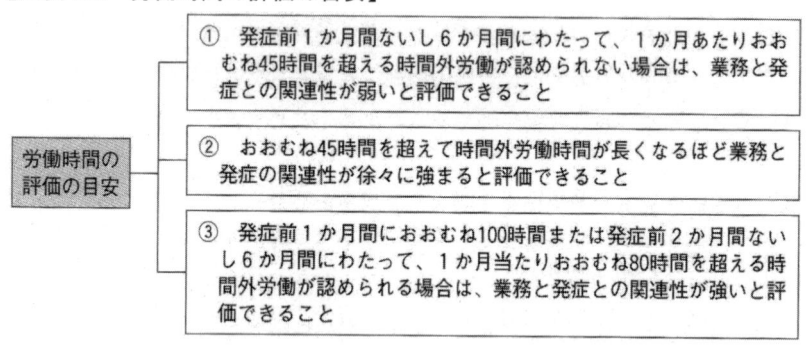

労働時間の評価の目安
- ① 発症前1か月間ないし6か月間にわたって、1か月あたりおおむね45時間を超える時間外労働が認められない場合は、業務と発症との関連性が弱いと評価できること
- ② おおむね45時間を超えて時間外労働時間が長くなるほど業務と発症の関連性が徐々に強まると評価できること
- ③ 発症前1か月間におおむね100時間または発症前2か月間ないし6か月間にわたって、1か月当たりおおむね80時間を超える時間外労働が認められる場合は、業務と発症との関連性が強いと評価できること

要因ごとの負荷の程度を評価する視点は、図表190のとおりです。

【図表190　要因ごとの負荷の程度を評価する視点】

負荷要因		負荷の程度を評価する視点
労働時間　※		発症直前から前日までの間に特に過度の長時間労働が認められるか、休日が確保されていたか等
不規則な勤務		予定された業務スケジュールの変更の頻度・程度、事前の通知状況、予測の度合い、業務内容の変更の程度
拘束時間の長い勤務		拘束時間、実労働時間数、労働密度（実作業時間と手待時間との割合等）、業務内容、休憩・仮眠時間数、休憩・仮眠施設の状況（広さ、空調、騒音等）等
出張の多い業務		出張中の業務内容、出張（特に時差のある海外出張）の頻度、交通手段、移動時間及び移動時間中の状況、宿泊の有無、宿泊施設の状況、出張中における睡眠を含む休憩・休息の状況、出張による疲労の回復状況等
交替制勤務・深夜勤務		勤務シフトの変更の度合い、勤務と次の勤務までの時間、交替制勤務における深夜時間帯の頻度等
作業環境	温度環境	寒冷の程度、防寒衣類の着用の状況、一連作業中の採暖の状況、暑熱と寒冷との交互のばく露状況、激しい温度差がある場所への出入りの頻度等
	騒音	おおむね80dBを超える騒音の程度、そのばく露時間・期間、防音保護具の着用の状況
	時差	5時間を超える時差の程度、時差を伴う異動の頻度等
精神的緊張を伴う業務		図表189、190参照

※は、短期間の過重業務についてのみです。

【図表191 精神的緊張を伴う業務】

	具体的業務	負荷の程度を評価する視点
日常的に精神的緊張を伴う業務	常に自分あるいは他人の生命、財産が脅かされる危険性を有する業務	危険性の度合い、業務量（労働時間、労働密度）、就労時間、経験、適応能力、会社の支援、予想される被害の程度等
	危険回避責任がある業務	
	人命や人の一生を左右しかねない重大な判断や処置が求められる業務	
	極めて危険な物質を取り扱う業務	
	会社に多大な損失をもたらしうるような重大な責任のある業務	
	過大なノルマがある業務	ノルマの内容、困難性、強制性、ペナルティの有無等
	決められた時間（納期等）どおりに遂行しなければならないような困難な業務	阻害要因の大きさ、達成の困難性、ペナルティの有無、納期等の変更の可能性等
	顧客との大きなトラブルや複雑な労使紛争の処理等を担当する業務	顧客の位置づけ、損害の程度、労使紛争の解決の困難性等
	周囲の理解や支援のない状況下での困難な業務	業務の困難度、社内での立場等
	複雑困難な新規事業、会社の建て直しを担当する業務	プロジェクト内での立場、実行の困難性等

※右列の「過大なノルマ」以降の項目には、共通の評価視点として「業務量（労働時間、労働密度）、就労期間、経験、適応能力、会社の支援等」が付されている。

【図表192 精神的緊張を伴う出来事】

	出来事	負荷の程度を評価する視点
発症に近接した時期における精神的緊張を伴う業務	労働災害で大きなケガや病気をした	被災の程度、後遺障害の有無、社会復帰の困難性等
	重大な事故や災害の発生に直接関与した	事故の大きさ、加害の程度等
	悲惨な事故や災害の体験（目撃）をした	事故や被害の程度、恐怖感、異常性の程度等
	悲惨な事故（事件）について責任を問われた	事故（事件）の内容、責任の度合い、社会的反響の程度、ペナルティの有無等
	仕事上の大きなミスをした	失敗の程度・重大性、損害等の程度、ペナルティの有無等
	ノルマが達成できなかった	ノルマの内容、達成の困難性、強制性、達成率の程度、ペナルティの有無等
	異動（転勤、配置転換、出向）があった	業務内容・身分等の変化、異動理由、不利益の程度等
	上司、顧客等との大きなトラブルがあった	トラブル発生時の状況、程度等

Q82　最低年齢っていくつ・その年齢確認は

Answer Point

♤満15歳未満の児童を使用してはならないことになっています。
♤軽易な仕事であれば満13歳以上、映画・演劇の事業は満13歳未満でも使用できます。
♤満18歳未満の年少者を使用するときは、年齢証明書を事業場に備え付けなければなりません。
♤学校長の証明書と親権者の同意書も備え付けます。

♠雇用できる最低年齢は

　満18歳に満たない者は、精神的にもまた肉体的にもまだ未成熟であり、一定の保護措置が取られています。
　中でも、満15歳未満の児童につては、社員として使用してはならないことになっています。この満15歳というのは、満15歳に達するまでということではなく、満15歳に達した後の3月31日までという意味です。すなわち中学校を卒業するまでは、雇用できないということです。

♠軽易な仕事と映画・演劇の仕事は

　満15歳未満は、雇用してはならないという原則ですが、その例外として、軽易な仕事や映画の制作または演劇の事業については、満15歳未満であっても使用することができます。
　軽易な仕事については、満13歳以上ですが、映画・演劇の事業については、満13歳未満でもいいことになっています。
　ただし、この場合においても、労基監督署の許可を受けたうえで、学校で教育を受ける時間を妨げない時間でなければなりません。

【図表193　満15歳未満の雇用】

```
15歳になった以後の3月31日まで ───→ 働かせてはいけない
                                       ↓（例外）
                        満13歳以上OK ←── 軽易な仕事
                        満13歳未満OK ←── 映画・演劇
```

【参照法令・条文】労基法56条 年少者労働基準規則1条

♠満15歳未満の者に就かせてはならない事業は

満15歳未満の者に就かせてはならない事業は、図表194のとおりです。

【図表194　満15歳未満の者に就かせてはならない事業】

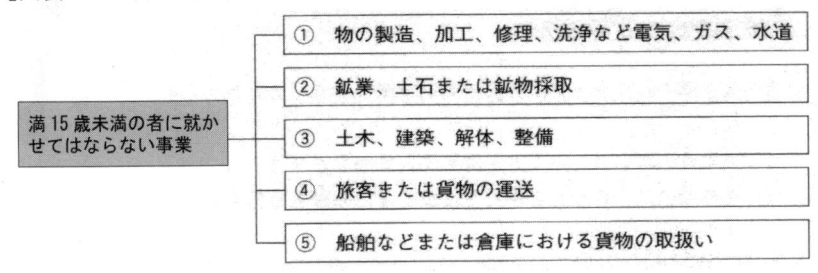

満15歳未満の者に就かせてはならない事業	① 物の製造、加工、修理、洗浄など電気、ガス、水道
	② 鉱業、土石または鉱物採取
	③ 土木、建築、解体、整備
	④ 旅客または貨物の運送
	⑤ 船舶などまたは倉庫における貨物の取扱い

♠年少者・児童・未成年者の区分は

年少者・児童・未成年者の区分は、次の(1)～(3)のとおりです。

(1)　年少者＝満18歳未満の者
(2)　児童＝満15歳未満の者
(3)　未成年者＝満20歳未満の者

♠年齢を証明する書類の備付は

会社は、満18歳未満の年少者を使用するときは、年齢を証明する書類を事業場に備え付けなければなりません。

この年齢を証明する書類は、「住民票記載事項証明書」でいいことになっています(平11.3.31基発168号)。

また、満15歳未満の児童を使用するとき、修学に差し支えないことを証明する学校長の証明書と、親権者または後見人の同意書も備え付けなければなりません。

♠会社は年齢を確認する義務がある

年齢を証明する書類を事業場に備え付けるということは、会社は社員を雇い入れるとき、年少者であるか否かを確認する義務があるということです。すなわち、年齢を確認するために、年齢を証明する書類を事業場に備え付けるということです。

年少者であるかどうか疑わしいのにもかかわらず、その者の言葉を信用して、年齢を証明する書類を備え付けなかったときは、労基法違反となります。

また、就業を禁止されている業務に就かせたときは、さらにその部分においても労基法違反となります。

【参照法令・条文】労基法56条、57条、別表第1

Q83 18歳未満者の扱い方は

Answer Point

♤ 満18歳未満の年少者を変形労働時間制で働かせることは禁止されています。
♤ 満18歳未満の年少者に時間外労働や深夜労働をさせることもできません。
♤ 満18歳未満の年少者を従事させてはならない職種も定められています。

♠変形労働時間制の適用禁止は

　年少者については、1週間単位・1か月単位・1年単位・フレックスタイムの変形労働時間制によって働かせることが、原則として禁止されています。
　ただし、15歳(15歳の3月31日を経過している者)以上18歳未満であって、1週間の労働時間が法定労働時間を超えない範囲内で、その週のうちの1日の労働時間を4時間以内としたときは、他の日に10時間まで働かせることができます。
　また、1週間について48時間、1日について8時間を超えない範囲であれば、1か月単位・1年単位の変形労働時間制によって働かせることができることになっています。

【図表195　変形労働時間制の就労の扱い】

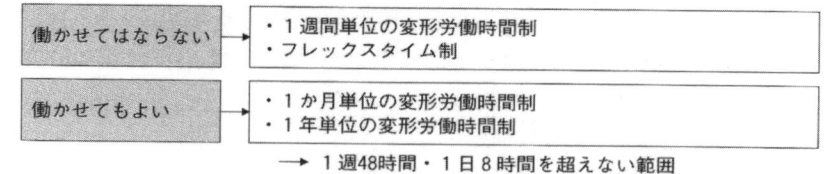

働かせてはならない	・1週間単位の変形労働時間制 ・フレックスタイム制
働かせてもよい	・1か月単位の変形労働時間制 ・1年単位の変形労働時間制

→ 1週48時間・1日8時間を超えない範囲

♠児童の労働時間は

　満15歳未満の児童は、修学時間(当該日の授業開始時刻から同日の授業終了時刻から休憩時間を除いた時間をいいます)を通算して1週40時間、1日7時間を超えて働かせてはなりません。

♠時間外・休日・深夜労働の禁止は

　18歳未満の年少者には、時間外労働や休日労働をさせてはなりません。

⑧ 年少者・妊産婦・職業訓練の実務ポイント

【参照法令・条文】労基法60条

ただし、災害等による臨時の必要があるときは、例外として認められます。
　また、原則として、午後10時から翌朝の午前5時までの深夜に、年少者を働かせてはならないことになっています。
　ただし、満16歳以上の男子について交替制による場合には、深夜に働かせても差し支えないことになっています。また、一定の業種であれば、深夜に働かせることもできます。

【図表196　時間外・休日・深夜労働の禁止】

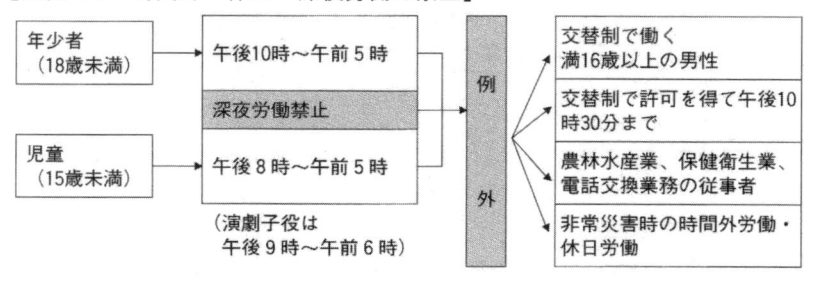

年少者（18歳未満）	→	午後10時～午前5時	深夜労働禁止	例外	→	交替制で働く満16歳以上の男性
児童（15歳未満）	→	午後8時～午前5時（演劇子役は午後9時～午前6時）				交替制で許可を得て午後10時30分まで
						農林水産業、保健衛生業、電話交換業務の従事者
						非常災害時の時間外労働・休日労働

♠満18歳未満の年少者の危険有害業務は

　満18歳未満の年少者を、危険または重量物を扱う仕事に就かせてはなりません。安全・衛生または福祉に有害な場所における仕事にも就かせてはならないことになっています。また、坑内労働も禁止されています。

【図表197　危険業務・重量物業務の禁止】

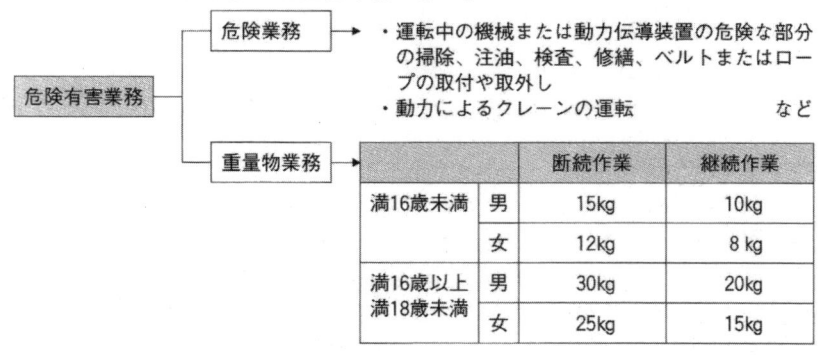

危険有害業務
- 危険業務
  - 運転中の機械または動力伝導装置の危険な部分の掃除、注油、検査、修繕、ベルトまたはロープの取付や取外し
  - 動力によるクレーンの運転　　　など
- 重量物業務

		断続作業	継続作業
満16歳未満	男	15kg	10kg
	女	12kg	8kg
満16歳以上満18歳未満	男	30kg	20kg
	女	25kg	15kg

　何より年少者は、まだまだ肉体的にもまた精神的にも未成熟です。健全な発育のために、変形労働時間制や深夜業務に就かせることを原則禁止し保護するようになっています。
　また、危険・重量物を扱う業務で働かせることも禁止しています。年少者がまだまだ未成熟であることを念頭に置き、保護することを忘れないでください。

【参照法令・条文】労基法60条、61条、62条、63条　年少則7条、8条、9条

Q84 未成年者の労働契約は

Answer Point

♤ 親権者等は、未成年者（満20歳未満の者）に代わって労働契約を結ぶことはできません。
♤ 親権者等は、未成年者の賃金を代わって受け取ることはできません。
♤ 労働契約が未成年者に不利と認められるときは、将来に向かってこの契約を解除できることになっています。
♤ 年少者を解雇し帰郷するときには、会社がその旅費を支払わなければなりません。

♠労働契約の締結は

労働契約は、会社と採用者が合意をして成立します。未成年者(満20歳未満の者)の場合、まだ判断能力が成熟していないものとして、単独で労働契約を結ぶことができないこととされています。

しかし、だからといって、親(親権者)や後見人が、かってに未成年者に代わって労働契約を結ぶことはできません。

この規定は、親権者や後見人の代理契約を禁止したもので、未成年者の行為能力を認めたものではないとされています。

したがって、本人が労働契約を結び、親権者または後見人がその同意をすることになります。

♠労働契約の解除は

労働契約の締結のみならず労働契約の解除についても同様です。労働契約の解除についても、かってに解除することはできません。

したがって、本人の意思に基づかない退職届の提出は、無効となっています。

♠賃金請求権は

賃金については、未成年者単独で請求することができます。したがって、親権者または後見人が未成年者に代わって賃金を受け取ることはできません。

ただ、賃金が未払となっているようなとき、未成年者の賃金訴訟能力の有

⑧ 年少者・妊産婦・職業訓練の実務ポイント

【参照法令・条文】労基法58条、59条 民法4条、823条

無については、裁判例で意見が分かれているようです。

　この労基法の規定は、親権者等が、代理と称して未成年者の賃金を取ってしまうことのないように設けられた規定です。

　しかし、民事訴訟法では、未成年者は、独立して法律行為をなし得る場合を除いては、法定代理人によってのみ訴訟行為をなし得ると定められています。

　また、学説的にも賃金請求は事実行為であり、労働契約について未成年者の行為能力を認めたものではないから、未成年者に対し訴訟能力まで認めたものではない（柳川他「判例労働法の研究」）とする反対意見もあります。

　さらに、「親権者等が未成年者に代わって賃金を受け取ってはならない」という規定の「代わって」についても、未成年者の意思に基づく委任状があれば、親権者等は賃金を受け取ることができるとする意見もあります。

　ただ、これらについては、労基法の直接払の原則（Q30参照）でも、委任状による賃金の支払を禁止していることから、親権者等が未成年者の委任状を持ってきても、親権者等に賃金を支払うことはできないと解されています。

　もし会社が未成年者である社員に代わって親権者等に賃金を支払ってしまったときには、労基法の直接払の原則に違反することにもなります。したがって、重ねて未成年者である社員に賃金を支払わなければなりません。

♠未成年者に不利な労働契約は

　未成年者がした労働契約について、未成年者に不利であると親権者等が認められたときには、将来に向かってこの労働契約を解除できることになっています。

　この、親権者の解除権は、未成年者の意思に反しても行うことができます。これは、親権者自らの利益を守るためのものではなく、あくまで未成年者保護のために行うものであるからです。

♠帰郷旅費の支払は

　満18歳未満の年少者を解雇し、年少者が解雇の日から14日以内に帰郷するときは、会社はその必要な旅費（年少者本人だけでなく、就業のため移転した家族も含みます。昭22.9.13発基17号）を負担しなければなりません。

　ただし、年少者の責任となる解雇で、労基監督署の認定を受けたときは、会社は旅費を支払う必要がありません。

【参照法令・条文】労基法58条、59条、64条、15条 民法4条、823条　民事訴訟法31条

Q85 女性の保護と労働条件は

Answer Point

♣女性の保護規定（時間外労働の規制等）は、撤廃されています。
♣女性社員の深夜労働について安全確保に努めなければなりません。
♣女性の坑内労働禁止も原則撤廃されています。
♣女性であることを理由とする差別的な取扱いは禁止されています。

♠保護規定の撤廃は

　かつて、女性社員の保護規定として、時間外労働・休日労働・深夜労働は禁止されていました。
　しかし、労基法の改定により平成 11 年 4 月 1 日から、この保護規定は撤廃され、"男女平等" という名の下に女性労働者も男性労働者と同様に働くことになっています。

♠深夜労働の安全確保は

　女性社員であっても、深夜労働をさせることができます。しかし、女性が深夜に働くことは、さまざまな危険にあうこともあります。
　そこで、会社は、女性が深夜労働をするうえで、安心して働けるよう必要な就業環境を整備することが求められています（深夜業に従事する女性労働者の就業環境等の整備に関する指針）。

【図表 198　事業主が講ずべき措置】

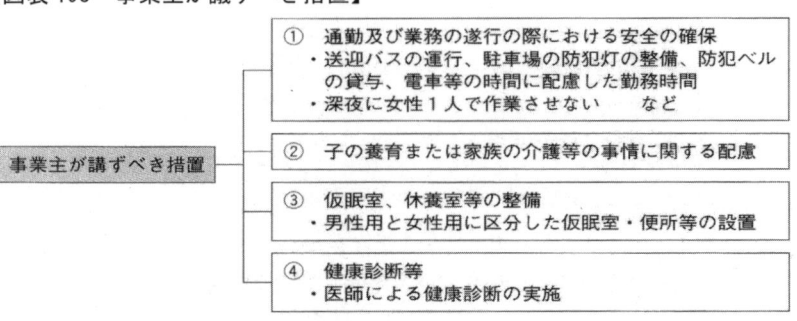

事業主が講ずべき措置	① 通勤及び業務の遂行の際における安全の確保 ・送迎バスの運行、駐車場の防犯灯の整備、防犯ベルの貸与、電車等の時間に配慮した勤務時間 ・深夜に女性 1 人で作業させない　　など
	② 子の養育または家族の介護等の事情に関する配慮
	③ 仮眠室、休養室等の整備 ・男性用と女性用に区分した仮眠室・便所等の設置
	④ 健康診断等 ・医師による健康診断の実施

　社員が女性であることを理由とする差別は、禁止されていますが、こうした配慮は、差別とは無縁です。

♠女性社員の坑内労働は

　坑内労働についても、平成19年4月1日から原則解禁されています。従来は、満18歳以上(満18歳未満はすべて坑内労働禁止―労基法63条)の女性社員に坑内労働をさせることは禁止され、限定的に坑内労働が可能というものでした。
　これが、妊産婦や産後1年を経過しない女性を除く満18歳以上の女性社員は、坑内労働の禁止が人力掘削業務等が限定的になり、原則解禁となっています。

♠女性特有の保護は

　女性の保護規定の撤廃により、労働時間等の制限はありません。しかし、女性と男性は、まったく同じというわけではありません。性的な違いがあります。
　女性特有の保護は、産前産後の休業(Q88参照)、生理休暇(Q87参照)、育児時間(Q87参照)、妊産婦の労働時間(Q86参照)などがあります。
　なお、育児・介護休業法による休業や労働時間の制限等は、女性だけを対象にしたものではありません。

♠女性社員の労働条件は

　女性社員は、男性社員と同様に保護規定がなく働くことを義務づけられています。当然として賃金などの労働条件も、男性社員と公平に取り扱わなければなりません。
　そもそも、女性社員であることを理由として、賃金について男性社員と差別的な取扱いは禁止されています。
　しかし、いまだに、賃金や昇進・昇格等で、不公平な人事を行っている会社が少なくないようです。
　会社の人事制度に、不公平人事＝差別人事は不要です。会社の差別人事は、ヤル気をそぎ、活力を失わせるだけであることを再認識してほしいものです。
　差別人事をしている会社では、安心して働けないし、前向いて働こうという意欲が出ません。そんな会社は、女性から見捨てられるでしょうし、社員として働こうという人もいなくなるでしょう。「能力主義だ、成果主義だ」と標榜している会社が、差別人事をしているなんてことになるとなおさらです。
　会社は、仕事をする場所です。性別や学歴、また国籍等で労働条件に差をつけるなんてことは、いい加減にもうやめましょう。

【参照法令・条文】労基法64条の2、63条、4条

Q86 妊産婦の就業制限は

Answer Point

♤ 妊産婦（妊娠中および産後1年を経過しない女性をいいます）は、変形労働時間制や時間外労働などに制限が加えられています。
♤ 満18歳以上の女性に原則解禁されている坑内労働も、妊産婦に就かせることはできません。
♤ 妊産婦を、重量物の取扱いや有害ガスを発散するなど、有害な業務に就かせてはならないことになっています。

♠妊産婦の保護規定は

妊産婦は、変形労働時間制の適用について制限が設けられています。変形労働時間制は、ある日に8時間を超えまたある週に40時間を超える日があっても、平均して週40時間であればいいという制度です。

ところが、妊産婦本人が請求した場合には、1日8時間または1週40時間を超えて労働させてはならないことになっています。

また、本人が申し出た場合には、時間外労働・休日労働・深夜労働も禁止されます。

妊産婦の置かれた状況を把握して十分な保護が必要です。そして、社員全員で協力する姿勢が望まれます。

【図表199　妊産婦の定義】

妊産婦とは、妊娠中及び産後1年を経過しない女性をいいます

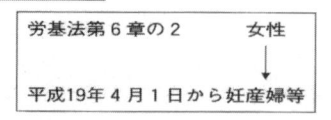

労基法第6章の2　　　女性
↓
平成19年4月1日から妊産婦等

♠妊産婦の妊娠・出産・哺育等は

妊産婦の妊娠・出産・哺育等とは、妊婦にとっては妊娠の正常な維持・継続、それに引き続く出産、さらには母乳による育児等のことであり、産婦にとっては母乳による育児等のことをいいます。

また、哺育等の等には産褥、出産後の母体の回復等が含まれます（平10.6.1基発344号）。

【参照法令・条文】労基法66条、64条の2

♠妊産婦は坑内労働も禁止

坑内労働は、満18歳以上であれば、人力による掘削業務など女性に有害な業務以外の業務について、女性社員を就かせることができます。

しかし、妊娠中の女性労働者を、坑内労働に就かせることはできません。また、産後1年を経過しない女性社員が、業務に就かない旨を会社に申し出た場合には、坑内労働は禁止されます。

♠危険有害業務の就業制限は

妊産婦を、妊娠・出産・哺育等に有害となる重量物を取り扱う業務、また有害ガスを発散する場所での業務に就かせることが禁止されます。

有事業務として就業制限の対象となる業務も、一律ではなく区分されています。

妊産婦を就業させてはならない業務と、妊娠中の女性および申出のあった産後1年を経過しない女性社員を就かせてはならない業務に分かれます。

♠妊産婦の禁止業務は

妊産婦に禁止されている業務は、重量物を取り扱う業務(年齢と作業において区分があります)と、鉛や水銀等の有害ガスが発散する場所の業務です。

♠妊娠中と申出のあった産後1年を経過しない女性の禁止業務は

妊娠中の女性社員と、産後1年を経過しない女性社員のうち業務に就かない旨を会社に申し出た女性社員を就業させてはならない業務は、図表200のとおり多岐にわたっています。

【図表200　妊娠中・申出により就業させてはならない業務】

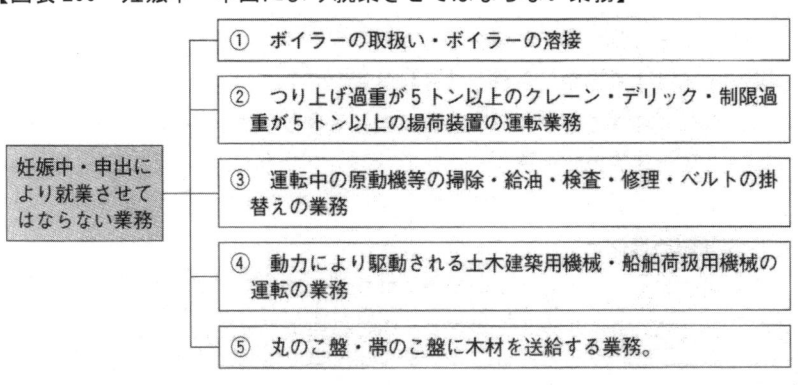

妊娠中・申出により就業させてはならない業務	
①	ボイラーの取扱い・ボイラーの溶接
②	つり上げ過重が5トン以上のクレーン・デリック・制限過重が5トン以上の揚荷装置の運転業務
③	運転中の原動機等の掃除・給油・検査・修理・ベルトの掛替えの業務
④	動力により駆動される土木建築用機械・船舶荷扱用機械の運転の業務
⑤	丸のこ盤・帯のこ盤に木材を送給する業務。

など

【参照法令・条文】労基法64条の3　女性労働基準規則2条

Q87 育児時間・生理休暇の与え方は

Answer Point

♤ 生後満1年に満たない子を育てる女性社員は、休憩時間のほかに30分の育児時間を2回取ることができます。
♤ 生理により就業が著しく困難な日は、生理休暇を取ることができます。
♤ 生理休暇の日数は限定できません。
♤ 育児時間・生理休暇を有給または無給とするかは会社の自由です。

♠ 育児時間の請求をしてきたときは

　会社は、生後1歳未満の子を育てている女性社員が請求してきたときは、午前中に30分、午後に30分の育児時間を与えなければなりません。この育児時間は、休憩時間とは別に与えます。
　休憩時間は、労働時間の途中に与えなければなりませんが、育児時間については、労働時間のはじめまたは終わりであってもよいことになっています。
　したがって、子どもを会社へ運れてこなくても、育児のために始業開始の30分や、また終業時前30分の請求があったときには、育児時間として与えなければなりません。

♠ 1日の労働時間が4時間以内の場合には1日1回

　育児時間についての賃金の支払は、定められていません。有給または無給のどちらでも、会社が自由に決められることになっています。
　また、1日2回の育児時間を与えるとするのは、1日の労働時間が8時間労働であることを想定し義務づけられたものです。
　1日の労働時間が4時間以内であるような場合には、育児時間は1日1回で足りることとされています。

♠ 生理休暇の取得は

　生理日に働くことが著しく困難な女性社員が請求した場合には、休暇を取ることが認められています。ただし、生理休暇は、生理日であるから休暇の請求ができるというものではなく、あくまで著しく困難な状態であるという事実に基づいて請求できるというものです。

【参照法令・条文】労基法67条

就業に著しく困難な状態とは、必ずしも1日単位とは限りません。生理日の就業については個人差があります。2日かかる人もいれば、半日で済む人もいます。半日や時間単位で休暇を請求してきたときには、その範囲で労働させなければそれで足りることとされています。
　なお、この生理休暇も育児時間と同様、有給とするか無給とするかは、会社の自由で、就業規則等にその旨を定めて運用します。
　就業規則等で生理休暇の日数を1日や3日などと、日数を限定することはできません。ただ、生理休暇を有給とし、有給の日数を定めておくことは、それ以上の休暇を与えることが明らかであればよいことになっています。

♠医師等の証明は不要

　生理休暇の請求について、本当に就業に著しく困難であるかどうかが問題となります。
　これについては、原則として、医師の診断書など特別な証明を求めてはならないことになっています。一応事実を推断せしめるに足れば十分ですから、例えば同僚の証言程度の簡単な証明程度にします(昭23.5.5基発682号他)。
　女性社員が生理休暇を請求してきた場合には、それに応じて休ませることになります。

♠生理休暇取得を理由とする不利益取扱いは

　生理休暇は、労基法で認められた休暇です。ただ、労基法は、生理日の就業が著しく困難な女性が生理日に休暇を請求した場合には就業させてはならない、と定めているだけです。賃金については触れていません。
　また、年次有給休暇の出勤率の計算でも、年次有給休暇や育児休業等は休業していても、出勤したものと取り扱うことになっています。生理休暇は、年次有給休暇の出勤率の計算においては欠勤扱いとなります。
　生理休暇を取得したことを理由として、皆勤手当の支払を減額することができるのでしょうか。年次有給休暇を取得したことを理由として皆勤手当の減額は許されないとされています。
　労基法は、生理日に就業させてはならない旨の規定ですが、生理休暇の取得を理由に著しい不利益を課すことは法の趣旨に照らして好ましくない(昭63.4.14基発159号)としています。生理休暇の取得を理由として、皆勤手当を減額することは、生理休暇の抑制につながることであり、許されないと解されているのです。

【参照法令・条文】労基法68条

Q88 産前・産後の休業は

Answer Point

♤ 産前6週間は請求があったとき、産後8週間は請求がなくても休業させなければなりません。
♤ 産後6週間経過後は女性社員が就業を請求し、医師が認めた業務に就かせることは差し支えありません。
♤ 妊娠4か月以上であれば、妊娠中絶でも産後休業を与えなければなりません。
♤ 産休期間中の賃金は、無給でも差し支えありません。無給の場合には、健康保険から出産手当金が支給されます。
♤ 産体期間中およびその後30日間は解雇できません。

♠ 産前・産後の休業は

　会社は、6週間(多胎妊娠の場合は14週間)以内に出産する予定の女性社員が休業を請求したときは休業させなければなりません。
　また出産後8週間は、母体の保護という観点から、社員が休業の請求をしなくても、会社は社員を休ませなければならないことになっています。
　ただし、産後6週間を経過した後、医師が支障のないと認めた仕事であれば、社員が働きたいと希望すれば働くことができます。
　なお、分べんの当日は、産前6週間に含んで計算することになっています。

【図表201　産前・産後の休業】

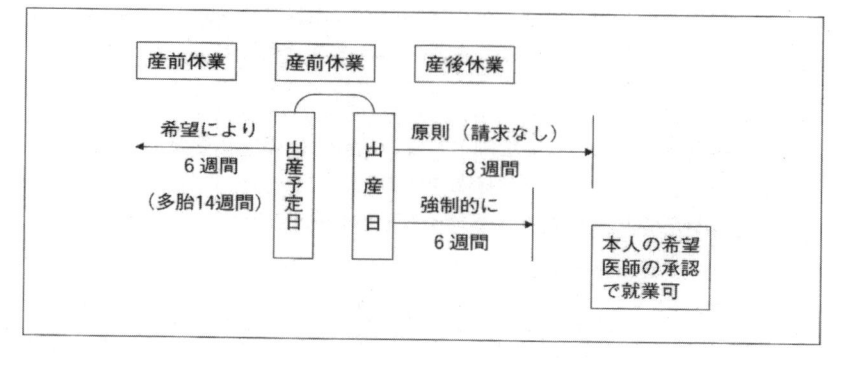

産前休業	産前休業		産後休業	
←希望により 6週間 (多胎14週間)	出産予定日	出産日	原則(請求なし) 8週間 強制的に 6週間→	本人の希望 医師の承認 で就業可

♠ 出産というのは

　出産とは、妊娠4か月以上のことをいいます。1か月は28日で計算しま

【参照法令・条文】労基法65条

すから、妊娠4か月以上とは85日以上となります。赤ちゃんがオギァと生まれた場合だけではなく、死産の場合も出産として取り扱われます(図表200)。

また、妊娠4か月以後に行った妊娠中絶であっても、産後の8週間は休業させる必要があります。

【図表202　出産とは】

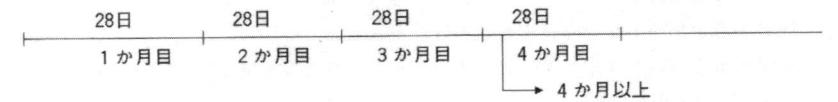

28日	28日	28日	28日
1か月目	2か月目	3か月目	4か月目

→ 4か月以上

♠産前・産後休業の賃金は

産前・産後休業の賃金の支払は、有給または無給のどちらでも会社が自由に決めることができます。無給の場合には、健康保険から出産手当金が支給されます。

♠産前・産後休業中の解雇制限は

女性社員が、産前・産後の休業を取っている期間およびその後30日間は、解雇できないことになっています。

この解雇制限の規定は、産前・産後の休業を請求し休業している期間を指していますから、産前6週間であっても、休業を請求しないで働いている場合は、解雇制限の規定は適用されず解雇ができることになります。

しかし、休業していないために解雇制限期間に該当しないとはいえ、産前・産後休業の期間ということから、その期間中は解雇しないよう求めています(昭25.6.16基収1526号)。

なお、産前・産後の休業期間中およびその後30日間は解雇できないことになっていますが、定年や雇用契約期間の満了、また一定の事業の完了に必要な期間後に退職することになっている場合には、解雇制限期間中であっても辞めてもらうことができます。

そのためには、就業規則等で定年や雇用契約期間の満了、また一定の事業に必要な期間満了により退職することが明確となっていることが必要です。さらに、そのことが社員にも徹底され慣行となっていなければなりません。

そうした場合に退職させても、それは解雇とはなりませんので、解雇制限は適用されていないとされています。しかし、定年や雇用期間の満了等以降に雇用されている社員がいる場合などは、定年や契約期間、また一定の事業満了に退職することが"慣行"となっていませんので、解雇制限が適用されます。

【参照法令・条文】健康保険法102条 労基法19条

Q89 公民権行使の時間は

Answer Point

♤ 会社は、社員が労働時間中に、選挙権その他公民としての権利を行使し、または公の職務を執行するために必要な時間を請求した場合においては、拒むことはできません。

♤ ただし、権利の行使または公の職務の執行に妨げがない限り、請求された時刻を変更することができます。

♠労働時間中でも公民権行使の時間は保障されている

社員は、勤務時間中を会社の支配下におかれ、自由に行動することはできません。そのため選挙権など公民権が行使できなかったり、公の職が執行できなかったら困ります。そこで公民権行使の時間を保障することとされています。

♠公民権と公の職務とは

公民権と公の職務とは、図表203のとおりです。

【図表203 公民権と公の職務】

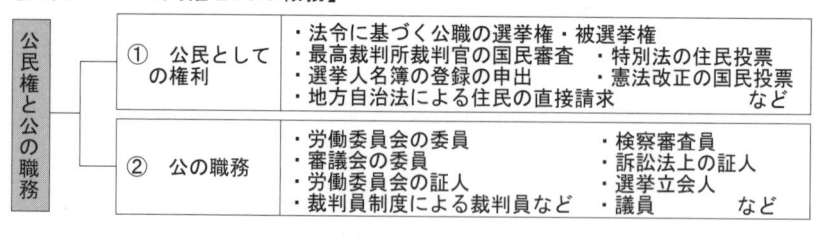

公民権と公の職務	① 公民としての権利	・法令に基づく公職の選挙権・被選挙権 ・最高裁判所裁判官の国民審査　・特別法の住民投票 ・選挙人名簿の登録の申出　　　・憲法改正の国民投票 ・地方自治法による住民の直接請求　　　　　　　　など
	② 公の職務	・労働委員会の委員　　　　・検察審査員 ・審議会の委員　　　　　　・訴訟法上の証人 ・労働委員会の証人　　　　・選挙立会人 ・裁判員制度による裁判員など　・議員　　　　　など

♠長期間の公民権の行使や公の職務は

選挙権の行使などは比較的短時間で済みますが、議員活動は長期間となって、その間労働契約に基づく職務を遂行できなくなります。そこで、会社は懲戒解雇ができるかが問題となります。懲戒解雇は労基法違反でありできないが、普通解雇はできるとした裁判例が多いようです。

裁判員制度による裁判員も、比較的長くなっているようですが、裁判員になったことによる不利益な取扱いが禁止されていますから、裁判員になったことを理由に普通解雇も許されないものと思われます。

【参照法令・条文】労基法7条

Q90 年少者の職業訓練の実施要件は

Answer Point

♤会社は、職業訓練という名目で社員を酷使してはなりませんし、職業訓練と関係のない作業をさせてはなりません。

♤職業訓練について認定を受けると年少者に対する危険有害業務の制限が一部免除されます。

♤職業訓練を受ける未成年者の年次有給休暇は、入社6か月経過後の付与日数が12日となります。

♠職業訓練による酷使の禁止は

会社は、職業訓練だからといって酷使してはならないし、また家事や職業訓練と関係のない作業をさせてはなりません。これは、徒弟の弊害排除と呼ばれています。

♠年少者の危険有害物業務の一部免除の扱いは

年少者を、危険有害業務や坑内労働に就かせてはならないことになっています。ただし、職業能力開発促進法に基づく職業訓練を受けさせた場合には、業務によって一定期間経過後は業務に就かせることができます。

この年少者は、都道府県労働局長の許可を受けなければなりません。したがって、許可を受けない年少者については、危険有事業務や坑内労働に就かせることはできません。

♠職業訓練を受けさせた未成年者の年次有給休暇は

職業訓練を受けることとなった年少者は、場合によっては一般の社員より労働条件について不利な取扱いを受けることがあります。

そこで、年次有給休暇については、一般の社員より高い基準で付与することになっています。入社後6か月を経過した社員の年次有給休暇の付与日数は10日ですが、職業訓練を受ける年少者の付与日数は12日となります。

【図表204 職業訓練を受ける未成年者の年次有給休暇】

勤続年数	6か月	1年6か月	2年6か月	3年6か月	4年6か月	5年6か月	6年6か月以上
付与日数	12日	13日	14日	16日	18日	20日	20日

【参照法令・条文】労基法69条、70条、71条、72条 労基法施行規則34条2の2〜5

Q91 外国人労働者の職業訓練の実施要件は

Answer Point

♤外国人労働者を危険有害業務に就かせようとするときは、技能講習を受けさせなければなりません。

♤この技能講習は、危険有害業務に限定されており、他の業務では必要ありません。

♠外国人労働者の技能講習というのは

多くなっている外国人労働者の就く業務は、危険有害業務であることが少なくありません。外国人労働者の場合、言葉が問題となります。通常の日本語は理解できても、業務に関する日本語の理解が不十分な外国人労働者も少なくありません。

特に危険有害業務では、専門用語の使用等があります。専門用語等の理解ができないために、災害が発生すれば大変なことになります。

そこで、外国人労働者を危険有害業務に就かせる場合には、そうした技能講習を受けさせることが求められています。次ページの図表205の「外国人労働者に対する技能講習実施要領」も示されています。

♠安全衛生の確保は

技能講習を実施すれば、それで終わりではありません。なにより、外国人労働者の安全衛生を確保しなければなりません。安全衛生教育や労働災害の防止のために、文化や日本語がわからないという特性に注意して実施する必要があります。

安全衛生教育では、外国人労働者がその内容を理解できる方法により行う必要があります。特に、外国人労働者に使用させる機械設備、安全装置または保護具の使用方法等が確実に理解されるよう注意しなければなりません。

労働災害防止のための日本語教育等の実施については、外国人労働者が労働災害防止のための指示等を理解することができるようにするため、必要な日本語・基本的な合図等を習得させるようにします。

また、事業場内における労働災害防止に関する標識、掲示等について、図解等の方法を用いる等、外国人労働者がその内容を理解できる方法により行う必要があります（外国人労働者の雇用・労働条件に関する指針より）。

【図表205　外国人労働者に対する技能講習実施要領】

<外国人労働者に対する技能講習実施要領>

1．本要領の趣旨
　本要領は、日常生活に必要な日本語の理解力を有するが、専門的、技術的な事項に関する日本語の理解力が十分でない外国人労働者（以下単に「日本語の理解力が十分でない外国人労働者」という。）に対して、その日本語の理解力に配慮した技能講習が適切に実施されるようにするために定めるものである。
2．技能講習の実施
　日本語の理解力が十分でない外国人労働者に対して行う技能講習は、労働安全衛生法第61条に定める就業制限業務に係る技能講習に限ることとし、次により実施すること。
(1)　外国人労働者向けコースの設置
　日本語の理解力が十分でない外国人労働者に対して技能講習を行う場合には、原則として外国人労働者向けコースを別途設置すること。
(2)　通訳の配置
　講師が外国語に堪能でない場合には、通訳を配置して行うこと。
　なお、通訳は、当該技能講習の講習科目に関する専門的、技術的な知識を有している者が望ましいこと。
(3)　講習時間
　通訳を配置して技能講習を実施する場合には、通訳に要する時間は、各技能講習規程に定める学科講習に係る講習時間に含めないこと。
　なお、通訳に要する時間は、通訳の速度を考慮の上、日本語による技能講習の内容をそのまま訳すのに過不足のない時間とすること。
(4)　修了試験
　イ．修了試験問題の程度は、通常の技能講習におけるものと同等のものとすること。
　ロ．修了試験のうち学科試験は、原則として筆記試験により行うこと。
　ハ．筆記試験は、原則として試験問題を外国語に翻訳して行うこととするが、試験問題を外国語で読み上げ、受講者に解答させる方法としても差し支えないこと。この場合、試験の適正な実施に十分留意すること。
(5)　適切な教材の使用
　外国語によるテキスト、模型及びOHP、ビデオ等の視聴覚教材の活用に努めること。
　なお、外国語による技能講習の補助テキストについて、現在、逐次関係団体において作成しているところであること。
3．技能講習修了証の発行
(1)　氏名の欄は、旅券又は外国人登録証明書に記載されている氏名を記入すること
(2)　本籍地の欄は、国籍を記入すること。
4．業務規程の変更
　日本語の理解力が十分でない外国人労働者を対象として、技能講習を実施する指定教習機関は、業務規程に定める事項のうち、技能講習の時間及び方法に関する事項、技能講習の受講料等に関する事項等必要な事項について変更を行い、所轄都道府県労働基準局長の認可を受ける必要があること。
　なお、通訳を配置して技能講習を行う場合には、技能講習の時間及び方法に関する事項として、その旨及び通訳に要する時間を記載すること。

自社で実施できない場合は、各都道府県の労働局にお問い合わせください。

【参照法令・条文】平8.7.23基発第477号「外国人労働者に対する技能講習の実施について」

Q92 就業規則ってなに・その役割は

Answer Point

♤ 10人以上を雇用する事業場は、就業規則を作成しなければなりません。
♤ 雇用形態の異なる社員がいるときは、個別の就業規則を作成したほうがよいでしょう。
♤ 就業規則は、社員を統括管理する労務管理の根幹であるとともに、担保するものです。

♠ **常時10人以上いれば就業規則の作成義務**

就業規則は、常時10人以上の社員を雇用する事業場では必ず作成して、労基監督署に届け出なければならないことになっています。

常時10人以上とは、いつも10人の社員がいるということではなく、ときには10人未満になっても常態として10人の社員が働いていることを指しています。

そして、この10人とは、正社員だけではなく、パートタイム労働者や、アルバイト、嘱託、臨時社員を含みます。作成した就業規則は、正社員だけでなく、パートタイム労働者やアルバイトなどにも適用されます。

【図表206　就業規則の作成義務】

10人以上　=　正社員、パートタイム労働者、契約社員
　　　　　　　嘱託社員、アルバイト、　　ほか

多くの会社には、正社員のほか、パートタイム労働者や嘱託社員、契約社員、アルバイトなど雇用形態の異なる社員がいます。そして、異なる雇用形態に応じて労働条件も変えています。

もし、就業規則を正社員用として1つしか作成していないと、正社員用の就業規則を労働条件の異なるパートタイム労働者や嘱託社員等にも適用しなければなりません。

就業規則を適用されないことは許されないからです。

したがって、パートタイム労働者にはパートタイム労働者の就業規則を、嘱託社員には嘱託社員の就業規則を作成するようにしましょう。

【参照法令・条文】労基法89条

♠就業規則の作成義務は会社ごとではなく事業場ごとに

　また、事業場ごとに就業規則を作成しなければならないことになっています。したがって、会社全体を指しているわけではありません。

　本社のほかに、10人以上の社員が働いている支店や営業所、また工場等がある場合には、それぞれの支店や営業所また工場ごとに就業規則を作成します。

　ただ、規模が小さく、1つの事業場として独立性を持たないものについては、直近上位の組織に一括して事業場として取り扱われています。

【図表207　就業規則の作成義務のある事業場】

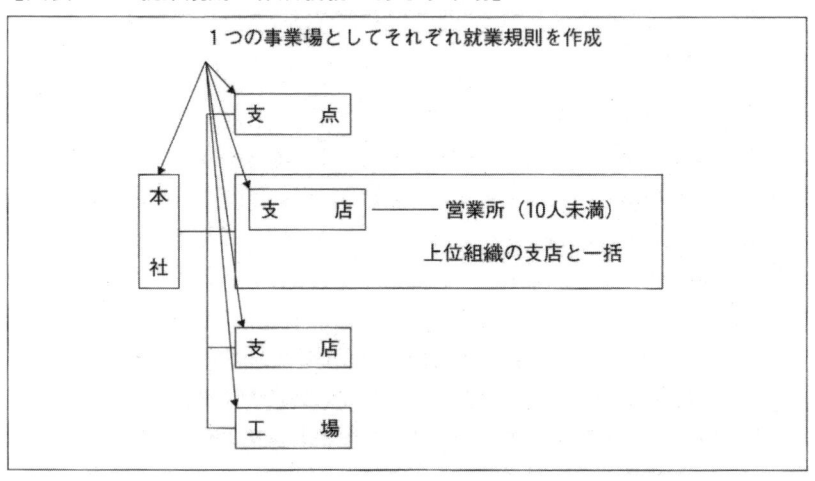

```
           1つの事業場としてそれぞれ就業規則を作成
                ┌──── 支　点
                │
     本   ─────┼──── 支　店 ──── 営業所（10人未満）
     社          │                    上位組織の支店と一括
                ├──── 支　店
                │
                └──── 工　場
```

　なお、10人未満の社員しかいない会社では、就業規則の作成義務はありません。しかし、労務管理をしていくうえで、作成しておいたほうがよいと思われます。

♠就業規則は労務管理の根幹

　就業規則は、社員を組織的・合理的に統括する労務管理の根幹をなすものです。職場の秩序を確立して労使関係の安定を図り、会社経営の維持発展に供しています。

　また、社員の労働条件を担保するものです。それによって、社員は安心して働くことができます。したがって、いつも有効に機能していなければなりません。

　社会の変化に応じて、労務管理のあり方や労働条件も変化を余儀なくされます。それに応じて、就業規則は見直し改定される必要があります。

【参照法令・条文】労基法89条

Q93 就業規則の構成・記載事項は

Answer Point

♤ 労働時間や賃金、退職に関する事項は、必ず就業規則に記載する強制的記載事項となっています。
♤ それ以外でも、事業場に定めがあれば記載しなければなりません。
♤ 就業規則は、1冊にまとめてしまわなくても、別冊として作成してもよいことになっています。

♠就業規則の記載事項は

就業規則でどんな内容を定めるかは、各会社の考え方で決まります。ただ、労働条件の確保ということから、就業規則に定める内容が労基法で定められています(図表208)。

就業規則に、必ず定めなければならないものとして、「絶対的必要記載事項」があります。

また、制度を設けるかどうかは会社の自由ですが、制度がある場合には記載しなければならない「相対的必要記載事項」があります。

それ以外に、会社が自由にできる「任意的記載事項」があります。

【図表208 就業規則の記載事項】

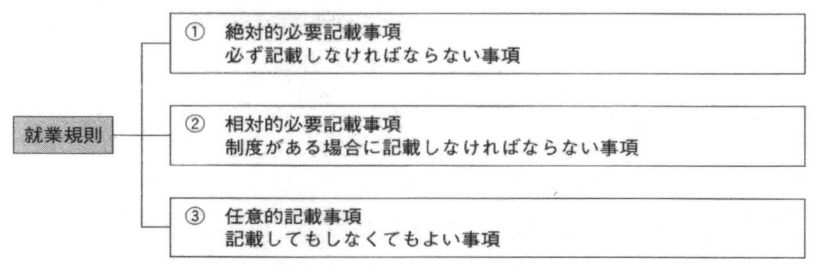

就業規則
- ① 絶対的必要記載事項
  必ず記載しなければならない事項
- ② 相対的必要記載事項
  制度がある場合に記載しなければならない事項
- ③ 任意的記載事項
  記載してもしなくてもよい事項

♠就業規則の形態は

これらの定めは、就業規則を1冊にしてすべてをまとめてしまわなくても、別冊の規則・規定としてつくることもできます。

♠絶対必要記載事項というのは

絶対的必要記載事項は、図表209のとおりです。

【参照法令・条文】労基法89条

【図表209 絶対的必要記載事項】

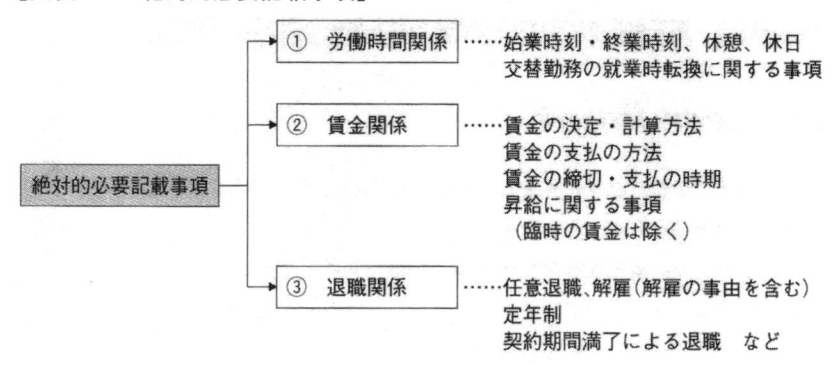

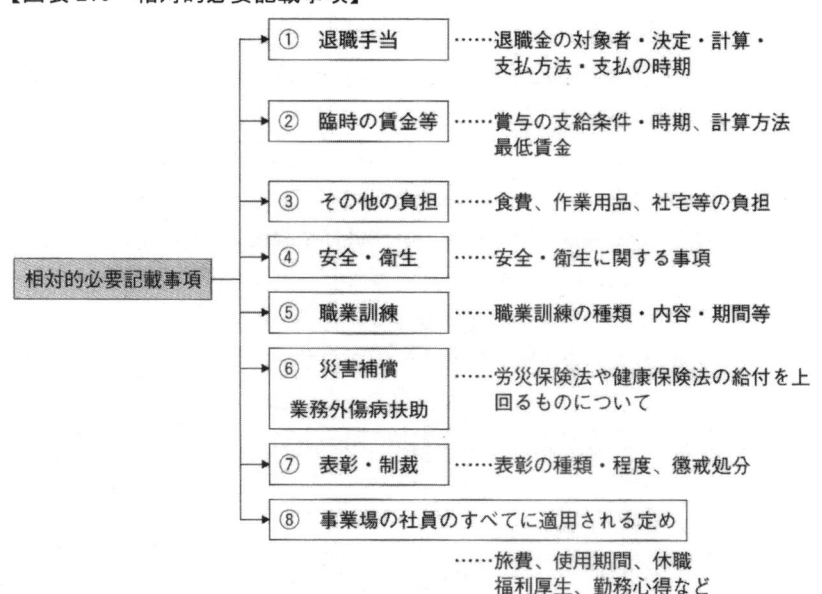

絶対的必要記載事項
- ① 労働時間関係 …… 始業時刻・終業時刻、休憩、休日 交替勤務の就業時転換に関する事項
- ② 賃金関係 …… 賃金の決定・計算方法 賃金の支払の方法 賃金の締切・支払の時期 昇給に関する事項 （臨時の賃金は除く）
- ③ 退職関係 …… 任意退職、解雇（解雇の事由を含む） 定年制 契約期間満了による退職　など

♠相対的必要記載事項というのは

相対的必要記載事項は、図表210のとおりです。

【図表210 相対的必要記載事項】

相対的必要記載事項
- ① 退職手当 …… 退職金の対象者・決定・計算・支払方法・支払の時期
- ② 臨時の賃金等 …… 賞与の支給条件・時期、計算方法 最低賃金
- ③ その他の負担 …… 食費、作業用品、社宅等の負担
- ④ 安全・衛生 …… 安全・衛生に関する事項
- ⑤ 職業訓練 …… 職業訓練の種類・内容・期間等
- ⑥ 災害補償 業務外傷病扶助 …… 労災保険法や健康保険法の給付を上回るものについて
- ⑦ 表彰・制裁 …… 表彰の種類・程度、懲戒処分
- ⑧ 事業場の社員のすべてに適用される定め …… 旅費、使用期間、休職 福利厚生、勤務心得など

♠任意的記載事項というのは

　任意的記載事項は、記載しても記載しなくてもよい事項で、会社で自由に記載できるものです。

　経営理念や経営方針、また社訓やモットー、社史などを記載しているところがあります。社員の労働条件等ではなく、会社や経営トップの思いを社員と共有しようという思いがあるものと思われます。

【参照法令・条文】労基法89条

Q94 就業規則の作成・周知・届出の手続は

Answer Point

♤就業規則の作成・変更の義務は会社にあります。
♤社員の同意は必要なく意見を聴けばそれで足ります。
♤就業規則を社員に周知し、内容を説明しなければなりません。

♠就業規則の作成・変更は会社が責任を負う

就業規則は、事業場ごとに作成しなければなりません。作成義務を負っているのは、会社です。変更するときも同様です。

会社と社員や労働組合が、協力して作成・変更するというものではありません。すなわち、就業規則は会社が一方的に作成・変更できることになります。

しかし、良好な労使関係を醸成していくという観点から、就業規則の作成・変更は、社員の意見を聴きながら進めていくことが望ましいでしょう。

♠社員の意見を聴く

就業規則は、その会社で働く社員の労働条件や服務規律等を定めた規則です。したがって、会社が一方的に作成・変更した就業規則について、社員の意見を聴かなければならないことになっています。

その事業場の社員の過半数を組織する労働組合があればその労働組合、過半数の労働組合がなければ社員の過半数を代表する者の意見を聴くことが必要です。そのとき、反対意見があっても、就業規則の効力に変わりはありません。

♠パートタイム労働者等の就業規則における意見聴取は

パートタイム労働者や嘱託社員の就業規則を作成した場合、パートタイム労働者や嘱託社員が労働組合に加入していないことが考えられます。

労働組合に意見を聴いただけでは、パートタイム労働者や嘱託社員に意見を聴けないことになります。

その場合、パートタイム労働者等の就業規則を作成するときは、パートタイム労働者等の過半数を代表する者の意見を聴くように努めなければならないことになっています。

【参照法令・条文】労基法89条、90条　パート労働法7条

♠就業規則を周知徹底する

　就業規則は、その事業場で働く社員が見たいときには、いつも見ることができる状態にしておかなければなりません。

　就業規則を周知する方法として、事業場内の見やすい場所に掲示する、就業規則を交付する、またパソコンを設置しておきいつでも就業規則を見ることのできるようにしておくこと、などがあります。

♠就業規則の記載内容の説明を

　就業規則は、労務管理の根幹をなすものです。就業規則を交付するだけでなく、記載内容を説明しましょう。

　"文字"の説明だけではなく、それぞれの目的・意図などを説明することが大切です。「わが社の社員の労働条件はこうします。そして、こんな社員になってほしい、こんな行動はしないように」といった教育をするのです。

【図表211　就業規則の作成・届出・周知までの手続の流れ】

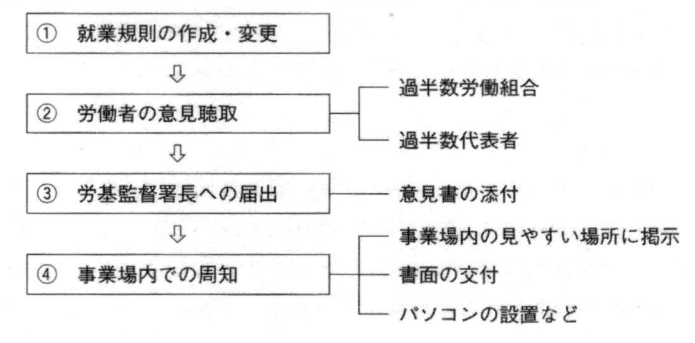

① 就業規則の作成・変更
　⇩
② 労働者の意見聴取 ── 過半数労働組合
　　　　　　　　　　└ 過半数代表者
　⇩
③ 労基監督署長への届出 ── 意見書の添付
　⇩
④ 事業場内での周知 ── 事業場内の見やすい場所に掲示
　　　　　　　　　　├ 書面の交付
　　　　　　　　　　└ パソコンの設置など

♠就業規則を生きたものにしよう

　就業規則は、労務管理の根幹をなすものです。時代の変化とともに人事管理や労務管理の手法が変化します。当然それに対応して、就業規則も改定しなければなりません。

　また、労基法をはじめとする各種労働法の改定も頻繁に行われます。会社の労務管理が、各種の労働法に違反してはなりませんから、就業規則も都度改定します。

　就業規則を改定したら、その都度、社員に説明しなければなりません。作成・改定した就業規則をロッカーや机の引出にしまい込んでいると、何にもなりません。就業規則は日常に使用してこそ、生きてきます。そのためにも、全社員が就業規則を熟知しておく必要があるのです。

【参照法令・条文】労基法89条、90条、15条　労基法施行規則49条

Q95 就業規則に定めができる制裁は

Answer Point

♤ 就業規則の制裁規定は、公序良俗に反しない限り自由にできます。
♤ 懲戒処分は、懲戒の理由・種類・程度を就業規則等に具体的に定める必要があります。
♤ 制裁のうち減給については、1日分の半額、1か月分の10分の1までという制限があります。

♠就業規則に定めができる制裁は

服務規律等に違反したときは、その制裁として懲戒処分を行います。ただし、この懲戒処分は就業規則に定めておかなければなりません。

懲戒処分には、譴責、減給、出勤停止、諭旨解雇、懲戒解雇などがあります。

これらは、社会一般に妥当と認められる範囲であれば、会社は自由に定めることができます。

♠懲戒処分の原則は

懲戒処分は、「罪刑法定主義」、「不遡及の原則」、「一事不再理」、「平等取扱いの原則」、そして「相当性の原則」があります。権利の濫用とならないように注意しなければなりません。

懲戒処分は、懲戒の理由・種類・程度が就業規則等に明記されていることが必要です。就業規則に明記もなく、拡大解釈をして懲戒処分をすることは許されません。

就業規則には、懲戒の理由・種類・程度を具体的に定めておきます。

【図表212　懲戒処分の原則】

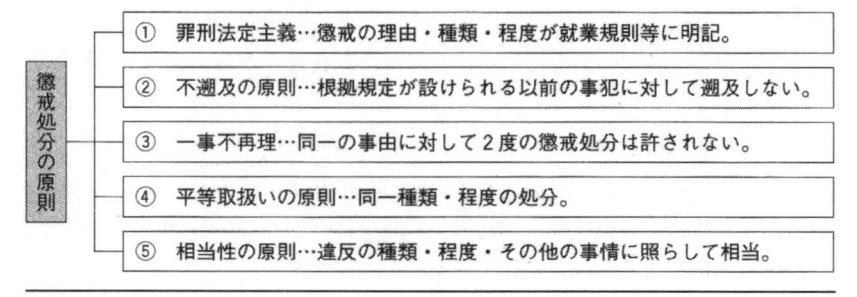

懲戒処分の原則
① 罪刑法定主義…懲戒の理由・種類・程度が就業規則等に明記。
② 不遡及の原則…根拠規定が設けられる以前の事犯に対して遡及しない。
③ 一事不再理…同一の事由に対して2度の懲戒処分は許されない。
④ 平等取扱いの原則…同一種類・程度の処分。
⑤ 相当性の原則…違反の種類・程度・その他の事情に照らして相当。

【参照法令・条文】労基法91条

♠減給の制限は
　制裁を減給で行う場合には、1回の事案に対しては1日分の半額以内、また1賃金支払期(一般には1か月)の数事案に対する減給の総額はその賃金支払期の賃金総額の10分の1以内でなければなりません。
　なお、制裁として昇給を停止したり、職務を変更したり、また月給制から日給制に格下げしたことによって、賃金が低下することは、この減給の制限には該当しません。

♠懲戒処分の実施は不本意なこと
　懲戒処分を行うことは、懲戒処分することが目的ではありません。懲戒解雇は別として、懲戒処分を行うことによって、違反事実を戒め、2度と懲戒処分を受けない社員になってもらうために行うのです。懲戒処分を実施することは、会社にとって不本意なことなのです。
　したがって、服務規律等はしっかり教育をします。一番よいのは、社員が服務規律等をしっかり守り、誰一人も懲戒処分を受けることのない状態にあることです。時に見かけますが、懲戒処分をすることが目的となって、"鬼の首を取ったように"懲戒処分を実施することがあります。とんでもないことです。

♠諮問機関として賞罰委員会の設置を
　懲戒処分は、通常会社の社長や社長に準ずる人や機関が決定します。服務規律等の違反によって懲戒処分が行われるという性格上、経営トップは甘い決定をするわけにはまいりません。甘い決定は、社員の中に服務規律等を守らなくてもよいという風土をつくってしまいます。
　したがって、会社秩序を維持するためには、厳しい決定をせざるを得ません。そうすると、今度は経営トップは厳しい人だ等の悪いイメージが生まれます。
　そこで、諮問機関として賞罰委員会を設置することをおすすめします。賞罰委員会ですから、懲戒処分だけではなく、表彰など褒めることも審議します。賞罰委員会の諮問に基づいて、経営トップが決定するようにします。そうすることによって、厳しい決定であっても、諮問機関が入ることによって、経営トップに対する悪いイメージも少し和らいできます。
　また、賞罰委員会で審議された内容は、他の社員に漏れることがあります。漏れていいのです。どんな行為が懲戒処分の対象になり、またどんなことが褒められるのか、みんなが理解すれば、懲戒処分を受ける社員がなくなり、褒められる社員が増えることになりますから。

【参照法令・条文】労基法91条

Q96　意見聴取・届出・周知をしなかったときは

Answer Point

♤意見を聴かなかったり、就業規則を労基監督署に届け出なかったり、また社員に就業規則を周知しないことは労基法違反です。
♤周知義務違反のときは、30万円以下の罰金が科せられます。

♠意見書を添付して労基監督署に届出

　作成・変更した就業規則は、労基監督署に届け出なければなりません。そのとき、社員代表の意見を聞いた内容を添付します。社員代表の意見書には、署名または記名押印をしてもらいます。
　もし、社員代表が意図的に意見書を提出してこなかったり、署名や記名押印がない場合であっても、意見を聴いたことが明白であれば、就業規則は受理されることになっています。
　なお、就業規則の届出は、書面によらないでも、コンパクトディスクなどの電子媒体でもよいことになっています。ただし、この場合でも、意見書は書面でなければなりません。

♠社員代表の意見を聴かない・労基監督署に届け出ないのは労基法違反

　就業規則の作成・変更について、社員代表の意見を聴かなかったり、労基監督署に届け出ないことは、労基法違反となります。労基法違反には、罰則が設けられており、この場合は30万円以下の罰金が科せられます。
　なお、社員の意見聴取および労基監督署への届出をしなかったり、また社員への周知をしなかった就業規則の効力について、有効とした裁判例があります。
　しかし、この裁判例は、就業規則を作成・改定したあと、意見を聴くために社員側に提示したことをもって、社員に一応周知されたという前提に立って行われたものとされています。
　就業規則は、一般の法律と同様、社員に周知されて初めて効力があると解されています。

♠過半数代表者の不利益取扱いは

　就業規則の作成・改定については、過半数労働組合または社員の過半数を

【参照法令・条文】労基法90条、106条、120条　労基法施行規則49条ほか

代表する者の意見を聴かなければなりません。
　社員の過半数代表者は、投票や挙手など民主的な選出方法によって、選出されなければなりません。
　そこで、この過半数代表者については、一定の保護が設けられています。過半数代表者であることや、過半数代表者になろうとしたこと、あるいは過半数代表者として正当な行為をしたことを理由として、解雇、賃金の減額、降格等労働条件について不利益な取扱いをしてはなりません (平11.1.29基発45号)。

♠就業規則の周知は
　労基法第106条により「法令等の周知義務」が定められています。この法令等の中に、就業規則が含まれています。就業規則を社員に周知徹底することが求められているのです。
　就業規則を周知する方法として、事業場内の見やすい場所に備え付けまたは掲示する、就業規則を交付する、あるいはパソコンを設置しておきいつでも就業規則を見ることのできるようにしておく、などがあります。

♠就業規則を社員全員に交付する
　労基法では、労働条件の明示(重要なものについては書面による明示)を義務づけています。このことから、周知する方法としては、就業規則を社員全員に交付すべきでしょう。
　就業規則には、労働条件など外部に漏らしたくない事項が含まれています。そこで、就業規則を交付するときは、マル秘扱いとし管理を厳しくしたり、また通し番号を打っておいて、誰に何番の就業規則を交付したかがわかるようにしておきます。

♠周知義務違反として30万円以下の罰金が科せられる
　就業規則どを社員に周知していなかったために、会社が行った懲戒解雇が無効となった最高裁の判例もあります。また、周知義務違反として、30万円以下の罰金が科せられます。
　就業規則は労務管理の根幹です。就業規則を社員に周知しないようでは、社員の納得を得ることはできません。よい労使関係を醸成する労務管理もできないでしょう。確実に周知するようにしてください。

【参照法令・条文】労基法90条、106条、120条　労基法施行規則49条、50条の2

Q97 就業規則の効力はいつから

Answer Point

♤ 社員が就業規則の内容を知っていなければ、就業規則の内容を守らせることはできません。就業規則は、社員に周知して効力が発生します。
♤ 就業規則の施行日や届出日より周知日が遅くなったときには、周知日が効力発生日となります。

♠ 就業規則の効力は社員に周知してから

就業規則は、社員の労働条件のほか、会社と共に社員も守らなければならない事項が定められています。そのためには、社員が就業規則の内容について知っていなければなりません。知らないで就業規則に記載されていることを守ることはできません。何よりどんな労働条件なのかもわからないで、安心して働くことはできません。

ですから、就業規則は社員に周知しなければならないと定められているのです（Q96）。したがって、就業規則を社員に周知して初めて、就業規則の効力が発生すると考えられています。

♠ 就業規則の施行日と周知日が異なるとき

就業規則を作成したりまた改定した場合には、施行日が記載されます。当然、その施行日より前に社員にその内容を周知しなければなりません。そうしないと、施行日から作成しまた改定した就業規則を、社員に適用することができないからです。

もし、就業規則の内容を施行日までに周知できない場合には、その後に就業規則の内容を社員に周知した日から効力が発生します。

♠ 就業規則の届出が遅れたとき

就業規則を作成・改定したときは、労基監督署に届出なればなりません。届出が遅れてしまったとき、就業規則の効力も遅くなってしまうのか、が問題となります。しかし、就業規則の届出義務は、就業規則の作成・改定についていわれていることで、必ずしも就業規則の効力要件となっているわけではないとされています。

したがって、仮に就業規則の届出が遅れた場合であっても、その前に社員に周知されていれば、その周知した日から効力が発生することになります。

【参照法令・条文】労基法第89条、106条

Q98　就業規則の内容が法違反のときは

Answer Point

♤就業規則で定める基準に達しない労働契約は無効とし、無効となった部分は就業規則で定める基準となります。
♤労基法の基準に達しない労働契約は無効となって、無効となった部分は労基法の水準となります。
♤就業規則は、労基法に違反してはなりません。
♤就業規則が労基法に違反するとき、労基監督署長が就業規則の変更を命ずることができます。

♠労働契約と就業規則の関係は

　社員の労働条件は、就業規則を基準にして定められます。そして、会社と社員が結ぶ労働契約は、その就業規則に定められた労働条件に従って行われます。そのための就業規則でもあります。就業規則に定められた労働条件とかけ離れた労働条件で、労働契約を結ぶことは本来ありません。
　就業規則は、労務管理の根幹であり、会社と社員が協力して遵守しなければなりません。もし、労働契約の労働条件が、就業規則で定めた労働条件とかけ離れたものであると、社員は就業規則を遵守することができなくなります。
　したがって、就業規則で定める基準に達しない労働契約は無効とされます。そして、無効となった部分は就業規則で定める基準となります。

♠労働契約と労基法の関係は

　労基法に定める労働条件の基準は、最低のものです。労基法の基準を下回る労働条件は許されません。したがって、労基法の基準に達しない労働契約は無効となって、無効となった部分は労基法の水準となります。

♠就業規則の内容が違反しているときは

　就業規則は、このように労働契約の基準となるものです。労働契約が労基法を下回ることができない以上、その基準となる就業規則は、労基法を下回ることはできません。労基法に違反しない就業規則でなければならないのです。もし、就業規則が労基法に違反しているときは、労基監督署が就業規則の変更を命ずることができることになっています。

【参照法令・条文】労基法１条、13条、92条、93条

Q99 就業規則の変更による労働条件の不利益変更は

Answer Point

♤就業規則は、会社が一方的に作成・変更できるものですが、労働契約の一方の当事者である社員の同意がない限り、社員の不利益となる就業規則の変更は原則として許されません。

♤賃金や退職金などの重要な労働条件は、仮に社員の同意がなくても高度の必要性と合理性があれば、社員の不利益となる就業規則の変更が認められています。

♠労働条件は会社と社員の双方合意のうえで成り立っている

社員が会社で働くということは、労働契約を結んでいることを示しています（わが国では、契約書という書面で行う習慣はないようですが）。労働契約に労働条件が含まれています。

労働条件は、会社と社員の合意のうえで成り立っているのです。当然、労働条件を変更するときは、会社と社員が話し合って、双方合意のうえで行われなければなりません。

♠就業規則の不利益変更は社員の同意が必要

社員一人ひとりの労働条件は、就業規則に定められた労働条件に基づいています。就業規則を変更すれば、当然社員一人ひとりの労働条件も変更されることになります。

しかし、就業規則は、社員の同意を必要とせず、会社が一方的に作成・変更ができるのです。

会社が一方的に変更した就業規則が、社員にとって不利益であっても、それに基づいて労働条件を変更するなんてことが許されるはずがありません。労働契約の一方の当事者である社員の知らないところで、労働条件が不利益に変更されることになるからです。

したがって、就業規則が社員にとって不利益となる変更は、社員の同意が必要となります。そして、この同意は、社員代表者の同意というものではなく、一人ひとりの社員の同意が必要です。社員一人ひとりが会社と労働契約を結んでいるのですから。

【参照法令・条文】労働契約法9条、10条

♠就業規則の不利益変更をするときは

　では、就業規則の不利益変更は、社員の同意がなければ絶対できないのか、というとそうでもありません。どうしても会社の都合によって、不利益となる変更をせざるを得ないことがあります。

　そこで、社員に変更後の就業規則を周知させ、就業規則の変更が合理的なものである場合に、就業規則の変更によって、社員の労働条件を変更することもできることになっています。

　具体的には、社員の不利益の程度、労働条件変更の必要性、変更後の就業規則の相当性などを総合的に勘案して判断されます(図表213)。

【図表213　就業規則の不利益変更】

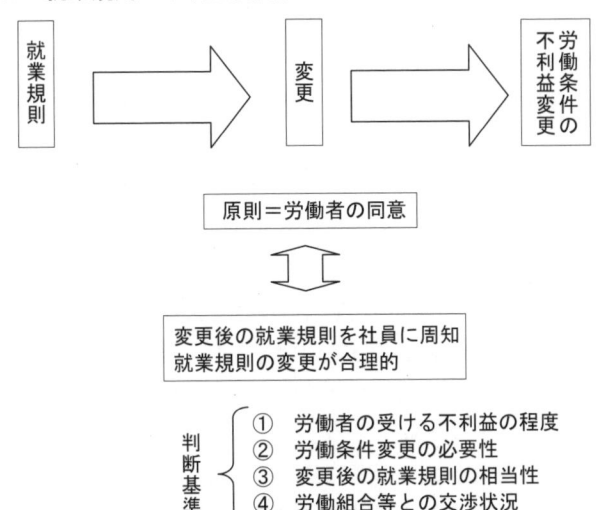

就業規則 ⇒ 変更 ⇒ 労働条件の不利益変更

原則＝労働者の同意
⇧
変更後の就業規則を社員に周知
就業規則の変更が合理的

判断基準
① 労働者の受ける不利益の程度
② 労働条件変更の必要性
③ 変更後の就業規則の相当性
④ 労働組合等との交渉状況
⑤ その他

　就業規則を不利益に変更せざるを得ないときには、拙速にするのではなく、労働組合や社員と相談しながら、慎重に進めることが必要でしよう。

　労働条件は、会社と社員の納得性が基本です。やむを得ない事情があり、いくら裁判等で認められたとしても、就業規則を会社が勝手に社員の不利益なものに改定して、その後の労務管理がうまく進むとは思えません。社員は、会社に対して強い不信感を残すでしよう。社員が会社に不信感を抱いて、果していい仕事ができるのでしようか。

　就業規則の不利益変更は、社員にやむを得ない事情を説明し、時間をかけて行うことが必要だと思います。

Q100 労働協約と就業規則の力関係は

Answer Point

♧ 労働協約は、労働組合活動の成果物です。
♧ 労働協約の労働条件その他社員の待遇に関する基準に反する労働契約や就業規則を、無効にするという法的効力をもちます。
♧ 就業規則は、労働協約に違反してはならず、違反している場合には労基監督署長が就業規則の変更を命ずることができます。

♠労働協約の成立は

労働協約は、労働組合が組合活動としての団体交渉を通じて、会社と労働条件や労使間のルールについて合意したものです。労働協約は、労働組合の活動における成果物です。

ただし、書面に作成し、協約の当事者である労働組合と会社が署名または記名押印しなければなりません。口頭の合意や、署名または記名押印のないものは、労働協約として法的効力をもたないことになっています。

また、労働協約という名称をつけていなくても、要件を満たせば労働協約と解されています。

♠労働協約の効力は

労働協約は、労働組合と会社、すなわち"組織"対"組織"の契約です。しかし、労働協約のうち、労働条件その他社員の待遇に関する基準は、組織としての労働組合に対してではなく、個人としての組合員の権利・義務を規律します。

労働組合の構成員である組合員と、会社が結ぶ個別の労働契約の効力を規律するのです。すなわち、もし、組合員と会社が結んだ個別の労働契約が、労働協約に違反した部分があるときには、この部分を無効とします。

無効となった部分または労働契約に定めのない部分に対して、労働協約の基準を適用させる効力をもちます。これを「規範的効力」といいます。労働協約は、このように組合員が会社と結んだ労働契約を優越します。

労働条件その他社員の待遇に関する基準とは、賃金、労働時間、休日・休暇・休職、安全衛生、災害補償、服務規律、懲戒、定年・解雇、人事、福利厚生などの基準です。

【参照法令・条文】労働組合法 14条、16条

【図表214　規範的効力】

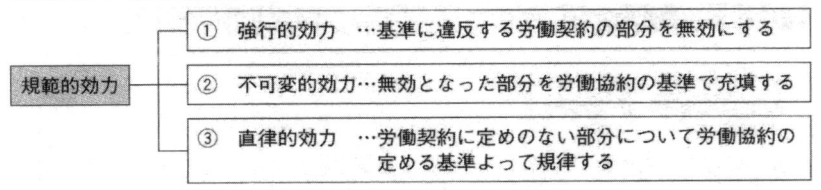

規範的効力
- ① 強行的効力　…基準に違反する労働契約の部分を無効にする
- ② 不可変的効力…無効となった部分を労働協約の基準で充填する
- ③ 直律的効力　…労働契約に定めのない部分について労働協約の定める基準よって規律する

♠労働協約は就業規則をも無効にする

　そして、労働協約は、個別の労働契約のみならず、当該事業場に適用される就業規則をも無効にする効力をもちます。

　就業規則の内容が、労働協約の労働条件その他社員の待遇に関する基準に違反するとき、その部分について就業規則の規定は無効となります。無効となった就業規則の部分は、労働協約の基準が適用されることになります。

♠就業規則は労働協約に違反してはならない

　また、労基法でも、就業規則は、労基法（Q98の「就業規則の内容が法違反のときは」を参照）と同様、労働協約に違反してはならないと定められています。

　なお、この"違反してはならない"のは、個別の労働契約と同様、労働協約に定める「労働条件その他社員の待遇に関する基準」です。

　そして、違反があった場合、労基監督署長は就業規則の変更を命ずることができることになっています。

♠労働協約の有効期間は

　労働協約で有効期間を定めたときは、その上限は3年となっています。もし、3年を超える有効期間を定めた場合であっても、3年協約となります。これは、紛争のない安定的な労使関係をできるだけ長く維持させたいからです。しかし、あまり有効期間を長くすると、その間の社会の変化に適応できず、労働協約に縛られることになってしまいます。そこで3年に制限したものとされています。

　「○○が終了するまで」といった不確定な期限を定めた労働協約は、3年以内に延長または更新協議ができないときに、3年で労働協約は失効すると解されています。

　労働協約に、自動更新する旨を定めており、自動更新したときは労働協約は無期協約となります。そして、この無期協約を解約する場合には、90日前に書面で解約予告をしなければならないことになっています。

【参照法令・条文】労働組合法14条、16条　労基法92条

Q101　配転命令ってなに・有効要件は

Answer Point

♤ 配置転換（狭義）は、職務や勤務場所を変更することをいいます。
♤ 職務や勤務場所も、労働契約の内容です。
♤ 配置転換は、原則として当事者である社員の同意が必要です。
♤ 就業規則等に定めがあって包括的な同意がされていれば、社員一人ひとりの同意がなくても配置転換ができるものとされています。

♠職務や勤務場所を変更する配置転換というのは

　配置転換は、広い意味と狭い意味の2つがあります。広い意味の配置転換とは、職務や勤務場所の変更のほか、昇進や昇格など会社内における人事異動のすべてをいいます。
　一方、狭い意味の配置転換は、会社内における職務や勤務場所の変更のみを指しています。ここでは、狭い意味の配置転換として解説いたします。

♠仕事の内容や種類、労働の場所も労働契約の内容は

　一般に多くの会社では、職務や勤務場所を変更する配置転換が行われています。社員にとって慣れ親しんだ仕事や勤務場所を変更することは、苦痛を伴うことがあります。まして、住居を変更する勤務場所の変更(転勤)は、社員本人やその家族にとっても不便を生じます。
　そこで、こうした配置転換については、厳格な運用が求められています。

♠配置転換は原則として社員の同意が必要

　業務の種類や内容、労働力を提供する勤務場所は労働契約の内容です。したがって、これを変更する配置転換は労働契約の変更にあたります。
　労働契約の変更は、原則として契約の当事者である社員の同意が必要です。したがって、配置転換も当事者である社員本人の同意(個別同意)が必要となります。

♠労働契約で配置転換を合意しておく

　会社の配置転換は、業務の必要性から行われるものです。したがって、個々の社員一人ひとりの同意を得なければ配置転換ができないということになる

【参照法令・条文】労働組合法

と、業務に支障を来し円滑な業務運営ができなくなるおそれがあります。

　配置転換は、業務命令として行われるものであり、社員は会社の業務命令に従う義務があれば、当然配置転換に従わなければなりません。

　会社と社員が交わした労働契約の内容に、会社は業務の都合により職務や勤務場所の変更という配置転換を行い、社員はこれに従うというように義務が明確に定められていれば、問題はありません。

　これを「特約説」といって、こうした労働契約をしている場合にのみ、業務命令として配置転換ができるというものです。

♠就業規則等に配置転換の規定があるときは

　しかし、わが国では、労働契約そのものをきちんと締結するという習慣がありません。社員が、会社の指示に従って職務や勤務場所を変更する旨の労働契約を締結することは、一般に少ないようです。

　また、そもそも採用時に職務や勤務場所をわざわざ限定することが多くありません。すると、社員一人ひとりの同意を得なければ、配置転換を行うことができないのか、ということになります。

　そこで、就業規則や労働協約で「業務上の必要があるときは職務や勤務場所の変更を行う」旨が定められていれば、社員一人ひとりの同意を得なくても配置転換ができるものと解されています。

　これは、就業規則や労働協約の定めによって、個々の社員の同意を得なくても「包括的に同意」があったものとみなされているのです。

　就業規則や労働協約の定めにより、社員は包括的に配置転換を同意し、義務となっていると考えられています。これを「包括的同意説」といいます。

　今日では、この包括的同意説が主流を占めているようです。

♠職務を限定して採用した社員は

　就業規則や労働協約に定めがあれば、包括的同意があったものとして、会社は社員一人ひとりの同意を得なくても配置転換ができるものと解されています。しかし、職務や勤務地を限定して採用した社員については、この包括的同意説は及ばないとされています。

　職務や勤務地を限定して採用されたということは、その職務や勤務地で働くことを条件とする特約があったわけですから、包括的同意説はこの特約を覆すことはできません。したがって、職務や勤務地を限定して採用した社員を配置転換するときには、社員一人ひとりの同意が必要となります。

Q101 配転命令ってなに・有効要件は

【参照法令・条文】労基法

Q102 配転命令が無効となるのはどんなとき

Answer Point

♠配置転換に業務の必要性がないときは、無効となります。
♠嫌がらせや報復など不当な動機・目的による配置転換も無効です。
♠不当労働行為とされる配置転換は、禁止されています。
♠社員の不利益となる配置転換は、ケース・バイ・ケースによるようです。

♠業務の必要性のない配置転換は無効

配置転換は、社員が拒否をしても就業規則等に規定されていれば、包括的同意があったものとして業務命令として行えるようです。しかし、無制限に配置転換ができるわけではありません。

配置転換は、業務上の必要があるときに行われます。したがって、業務の必要性がないのに、配置転換を行った場合は権利の濫用として無効となります。

ただ、この業務の必要性については、余人をもって替えがたいというような高度の必要性は必要なく、適性配置や社員の能力開発など、会社の合理的運営に効果があれば、業務の必要性があるものとして取り扱われています。

♠不当な動機・目的による配置転換は無効

社員が、日頃から上司や会社の上層部に対して反抗的であったり、また正当な業務活動であったものの会社に大きな損害を与えたりすることがあります。

このようなとき、会社や上司は、その社員をそのままにしておくことができず、嫌がらせをしたりまた報復したいと考えたりします。

そして、嫌がらせや報復等の延長として配置転換が行われることがあります。

これらの配置転換は、不当な動機・目的をもったものであり、人事権の濫用として無効となります。

♠不当労働行為としての配置転換は無効

日頃から、労働組合を嫌悪する経営者も少なくありません。労使協調を批判したり、会社の合理化に反対する労働組合の活動家を、何とか排除したい

【参照法令・条文】労基法

と考えたりします。

そこで、労働組合の活動家を配置転換させ、その職場から切り離すことによって労働組合の弱体を狙ったりすることがあります。

社員が正当な組合活動をしたこと等を理由として、社員に不利益となる取扱いをすることは「不当労働行為」として禁止されています。

労働組合の活動家を排除したり、また労働組合の弱体化を狙った配置転換は、この不当労働行為として無効となります。

♠社員の不利益となる配置転換は

配置転換によって労働条件が著しく低下するものや社員の生活に著しい不利益を被るときも、配置転換はできないものとされています。

共働きの夫婦が、勤務場所の変更によって、別居生活を強いられる場合があります。また、共働きの夫婦でなくても、配転命令によって子どもの学校等の関係で単身赴任しなければならないことがあります。夫婦が別居せざるを得ない環境というのは、社員の生活に著しい不利益を被るものです。

しかし、近年の裁判例では、夫婦が別居するということは、"通常甘受すべき程度の不利益"として、配置転換は有効であるとしています。

ただ、配置転換によって親の介護ができなくなるのは、著しい不利益であり会社は配慮すべきであるとして、無効とした裁判例もあります。

このように、社員の不利益となる配置転換については、ケース・バイ・ケースによって取扱いは異なっているようです。

憂うべき現象ですが、近年では配置転換を含めて、企業の人事権を広く認めるという傾向があるようです。

【図表215　配置転換の効力】

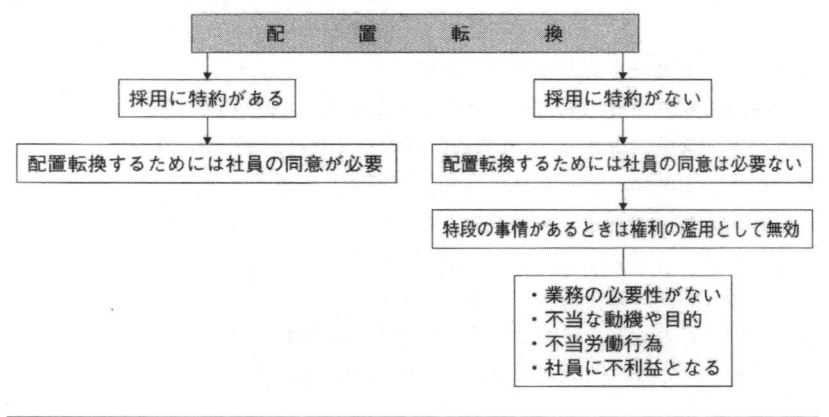

```
                    配  置  転  換
           ┌───────────┴───────────┐
     採用に特約がある              採用に特約がない
           │                           │
  配置転換するためには        配置転換するためには
    社員の同意が必要            社員の同意は必要ない
                                       │
                              特段の事情があるときは権利の濫用として無効
                                       │
                                ・業務の必要性がない
                                ・不当な動機や目的
                                ・不当労働行為
                                ・社員に不利益となる
```

【参照法令・条文】労働組合法7条

Q103 出向ってなに・有効要件は

Answer Point

♤出向とは、雇用関係を維持したまま、他の会社の指揮命令下に服することをいいます。
♤出向には社員本人の同意が必要です。
♤包括的同意があれば、個別の同意がなくても出向させることができると解されています。

♠出向というのは

出向とは、属している会社と雇用関係を維持したまま、他の会社の指揮命令に服し労働力を提供することをいいます。

出向は、社員が希望して就職した会社とはまったく別の会社の指揮命令下に置かれて働くことです。採用された会社と雇用関係は存在するものの、実質的に別の会社の社員となることを意味します。

【図表216　出向のしくみ】

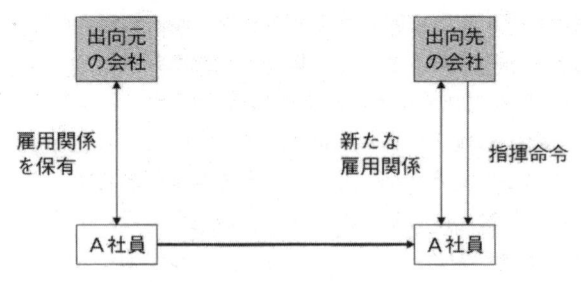

```
出向元              新たな              出向先
の会社              雇用関係            の会社
  ↑                                      ↑
雇用関係                                指揮命令
を保有                                    ↓
  ↓                                    
A社員  ─────────────→  A社員
```

♠原則として出向は本人の同意が必要

社員は、採用され労働契約を結んだ会社に対して、労働力を提供する義務を負っています。会社は、労働契約に基づいて社員の指揮命令権を有します。すなわち、社員は、採用された会社の指揮命令に従うのであって、他の会社の指揮命令に従う道理はありません。

ところが、出向とは、会社が労働契約に基づいて有する指揮命令権を、一方的に他の会社に譲り渡すことを指しています。社員本人の知らないところで、指揮命令権を譲り渡すことが許されるわけはありません。

したがって、出向は社員本人の同意が必要となります。

【参照法令・条文】民法625条

♠社員の同意は個別同意か包括的同意か

　出向に関しては、一般に就業規則等で「会社は業務の都合により出向を命じることがある。社員は正当な理由がなければこれを拒むことはできない」と規定をしているようです。
　では、この就業規則等の規定をもとに、業務命令として一方的に社員を他の会社に出向を命ずることができるのでしょうか。
　出向に関しては、社員の同意が必要ということに異論を唱えることはありません。ただ、この同意に関しては、「個別同意」が必要か、また「包括的同意」でよいか、という議論があります。

♠就業規則に詳細な規定が必要

　近年の裁判例では、包括的同意があれば、社員一人ひとりの個別同意を必要とせず、出向を命ずることができると解されているようです。
　社員は、就業規則等に出向の規定が詳細に規定されていることを知りながら、またこのように就業規則が変更されたことを知りながら、何の異議も申し述べないときは、会社が業務命令として出向を命ずることを、黙示的に承認したものと解されています。

♠出向先から復帰させるときは

　出向先で働いている社員を、復帰させる必要が生じたとき、出向させるときと同様、何らかの同意が必要となるのでしようか。
　出向先から復帰させるときには、出向させるときに出向元と出向社員との間で交わされている合意内容によるでしょう。出向期間をいつまでと限定して、その期間が経過すれば出向元に復帰させることがあります。出向社員も、出向期間が経過すれば出向元に復帰するつもりでいます。
　この場合には、合意どおりに、その期間が到来したことによって復帰させるのですから、出向社員の同意を必要としないものとされています。もし、出向期間を延長する場合には、合意内容の変更ですから、当然同意を必要とします。
　一方、出向元に復帰させる予定がなく出向期間を限定しないで出向させた場合には（この場合は、もう出向と呼ぶことができず、転籍となるのでしょうが…）、出向社員の同意が必要です。出向社員は、出向元に復帰することを考えずに出向先で働いているのです。それを出向元の都合によって復帰させることは、合意内容の変更ですから、当然本人の同意が必要となります。もちろん、出向先の同意も必要となるでしょう。

【参照法令・条文】民法625条

Q104　出向が無効となるのはどんなとき

Answer Point

♤就業規則等の規定は、単なる出向させる旨の規定ではなく、詳細に定めておく必要があります。
♤不当な動機や目的、また不当労働行為となる出向命令は無効です。
♤労働条件の低下や生活に著しい不利益となる出向命令も無効となります。

♠就業規則等に詳細な規定を

　就業規則等に出向に関する規定が定められており、社員がそれまで何ら異議を申し述べてこなかったときは、社員は包括的に同意しているものとして、業務命令として出向させることができるとされています。

　しかし、就業規則等の規定が、単に「業務の都合により出向させることができる」程度の規定では、業務命令として出向させることには不十分とされています。

　出向の理由、出向先や手続、また賃金などの労働条件、復帰の取扱いなど、詳細に定めておかなければ、包括的同意として社員が出向を承認したはいえないとされています。

　したがって、業務命令として出向させるためには、「出向規定」などを整備し、出向の理由、出向先や手続、また賃金などの労働条件、復帰の取扱いなどを詳細に定めておく必要があります

【図表217　詳細な出向の規定項目】

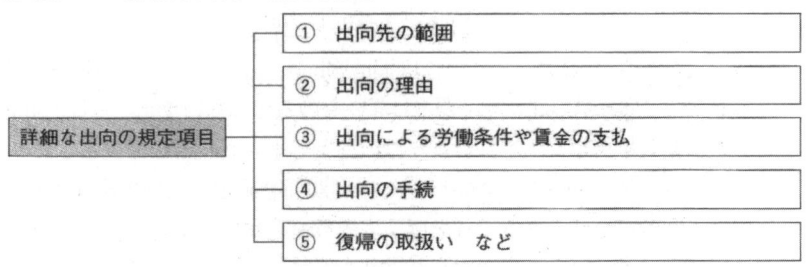

詳細な出向の規定項目
- ① 出向先の範囲
- ② 出向の理由
- ③ 出向による労働条件や賃金の支払
- ④ 出向の手続
- ⑤ 復帰の取扱い　など

♠不当な動機や目的・不当労働行為にあたる出向は

　社員が日ごろから反抗的であったり、非協力的であったことから、いじめや報復を意図した出向命令は許されません。

また、労働組合の活動家をいまの職場から切り離して労働組合の弱体化を狙ったり、労働組合の活動家を排除するために行う出向命令も無効となります。

♠著しい不利益のある出向は

出向が夫婦別居となるような場合には、社員にとっては著しい不利益な生活を強いられることになります。しかし、著しい不利益かどうかは、人によって異なることもあります。「通常甘受すべき程度の不利益」と判断されると、出向命令も無効ではなくなります。

また、出向する場合、出向先の会社で労働力を提供します。出向における賃金等の労働条件については、出向先の労働条件を適用することが考えられます。その場合、出向元の会社より出向先会社の労働条件が低いことがあります。この場合には、社員の労働条件は出向することによって低下してしまいます。このような労働条件が低下する出向命令は、無効とされます。

ただ、労働条件の低下が僅かであるような場合には、もともと出向で他の会社で働く以上は出向元と全く同じ労働条件でありえず、不利益の程度が小さい場合には出向命令は有効とする裁判例があります。

もちろん、労働条件が著しく低下するような場合には、出向命令は無効となりますから、出向によって労働条件が低下しないよう、出向元の会社でその補填措置を講ずる必要があります。

♠同一企業グループ間の出向は

会社によっては、会社内の一部門を独立させて別会社をつくることがあります。このような場合には、出向といっても、もともと同一の会社であったものであり、配置転換程度の感覚があります。

こうした同一企業グループ間や、親子会社間の出向については、配置転換と同一視をして出向の有効性が認められているようです。

しかし、同一企業グループとはいえ、別会社に変わりがありません。出向が無制限に認められるわけではなく、社員一人ひとりの同意を得るか、また就業規則等で詳細な出向に関する規定がなければなりません。

【図表218　同一企業グループ間の出向】

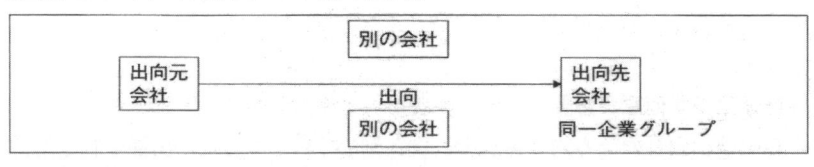

【参照法令・条文】労働組合法7条

Q105 転籍ってなに・有効要件は

Answer Point

♤ 転籍とは、転籍元会社との雇用関係を解消させ、転籍先会社と新たな雇用関係を締結するものです。
♤ 移籍出向という表現は、出向とは異なります。
♤ 転籍には、必ず社員本人の同意を必要とします。

♠転籍というのは

　転籍とは、現在勤めている会社との雇用関係をいったん解消し、すなわち退職することによってその会社の社員という身分を失います。そして、他の会社と新たな雇用関係を結ぶ、すなわち就職することをいいます。
　出向は、現在勤めている会社の社員としての身分をもったまま、他の会社の社員としての身分をもちますから、出向と転籍とはまったく異なるものです。

【図表219　転籍のしくみ】

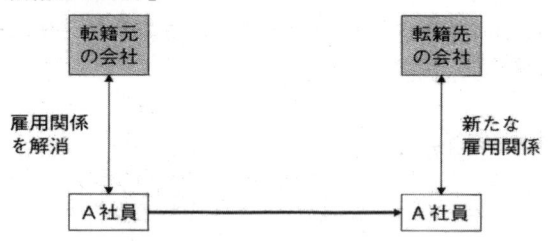

```
  転籍元              転籍先
  の会社              の会社
    ↕                  ↕
 雇用関係           新たな
 を解消            雇用関係
    │                  │
  A社員 ──────────→ A社員
```

♠転籍を移籍出向という表現は

　出向は2つあって、転籍のことを移籍出向(または離籍出向)、出向のことを在籍出向と表現されたりしています。
　しかし、転籍は現在在籍する会社の雇用関係を解消して退職してしまうわけですから、雇用関係を保有したまま他の会社に移る出向とは、根本的に異なります。
　"籍"を移しているのに、出向なんてありません。移籍出向は明らかに転籍です。
　移籍出向という言葉を使って、転籍が"さも出向の一形態のように装う"のはやめたいものです。

♠転籍は必ず同意が必要

　転籍は、会社の一方的な意思で、現在勤めている会社との労働契約を解除

し、転籍先の会社で労働契約を締結させようとするものです。転籍命令は、転籍先会社との新たな労働契約を結ぶことを条件として、現在勤めている会社の労働契約を解約するよう申し入れたものといえます。

どこの会社と労働契約を結ぶかは、社員の自由です。また、労働契約を解約しようとする申入れに対しては、それに合意するか否かも社員の自由です。社員は、これに従わず拒否することができます。

したがって、転籍は、配置転換や出向の場合とは異なり、いくら就業規則等に転籍の規定を設けていたとしても、包括的合意があったものとして転籍させることはできません。転籍が、包括的合意により認められるとする裁判例があるようですが、これは転籍後の労働条件などによる特殊なケースです。

転籍は、社員本人の同意がない限り行うことはできません。社員が、転籍命令を拒否したからといって、そのことを業務命令違反として懲戒処分の対象とすることも無理があります。

♠企業グループ間の転籍は

企業グループ間の転籍についても、基本的には社員本人の同意が必要です。しかし、採用時等にグループ会社への転籍がある旨を説明し、社員から異議の申立もないような場合などには、転籍ができるとした裁判例があります。

また、企業分割に伴う転籍については、労働者が分割会社との間で締結している労働契約であって、分割契約等に承継会社等が承継する旨の定めがあるものは、分割契約等にかかる分割の効力が生じた日に、承継会社等に承継されるものとされます。なお、労働契約承継法では、社員本人の同意を必要とされていません。

♠企業分割による転籍は

1つの会社の一部門を分割して、新たな別の会社を設立することがあります。企業分割による転籍については、労働契約承継法で次のとおり定められています。社員が、分割会社との間で締結している労働契約であって、分割契約等に承継会社等が承継する旨の定めがあるものは、当該分割契約等にかかる分割の効力が生じた日に、当該承継会社等に承継されるものとされています。

ただし、厚労省令で定める者以外は、通知がされた日から異議申出期限日までの間に、分割会社に対し、分割会社との間で締結している労働契約が承継会社等に承継されることについて、書面により、異議を申し出ることができることになっています。異議を申し出たときは、社員が分割会社との間で締結している労働契約は、承継会社等に承継されないことになります。

【参照法令・条文】労働契約承継法3条、4条、5条、6条

Q106　海外への出張・出向・転籍の扱いは

Answer Point

♤海外出張は業務命令で、出向や転籍は、本人の同意を得る必要があります。
♤一時的な海外出張は日本の労働法が適用されます。
♤海外勤務の場合には、わが国の労働法の適用はありません。ただし、日本国内会社の行使する権限に関しては労働法が適用されます。
♤海外勤務者には、労災保険の特別加入制度がありますが、医療保険や雇用保険、また年金保険は、現地の保険制度に加入することになります。年金制度については、社会保障協定が結ばれている国があります。

♠海外派遣への業務命令は

　社員を海外へ派遣することがあります。しかし、海外派遣といっても、一時的な出張、海外の支店や現地法人への転勤、また出向・転籍があります。
　出張は、通常の国内出張と同様に業務命令で派遣することができるでしょう。
　転勤の場合も、国内の転勤に準じて行うこともできると思われます。ただ、国内とは違って、社員の生活に著しい不利益を被ることがあります。この場合には、転勤命令が権利の濫用となることがありますから、やはり本人の同意を得るようにすべきでしょう。
　出向は、国内では比較的会社の裁量権が認められる方向ですが、海外の会社に出向させる場合はより慎重に行うべきでしょう。本人の同意をきちんと取って行うべきです。転籍は、本人の同意を得ることが当然です。

♠労基法等の適用は

　海外への派遣が、商談や機械修理等の出張など、一時的なものと認められれば、労基法等わが国の法律が適用されると考えられます。
　ただし、海外出張という国内の通常業務とは異なった就労なので、その労務の性質上法律の適用は制約を受けることになります。
　また、労基法の違反行為が海外の指揮命令権者により行われた場合には、罰則の適用はできません。
　一方、海外支店で勤務したり、海外の現地法人への出向など、恒常的に勤

務させる場合には、海外の指揮命令権者の下で就労することになりますので、原則として、日本の労基法は適用されないことになります。

しかし、このような海外勤務者についても、配転や昇格あるいは解雇など一定の事項について国内会社が権限を行使することがあります。

このような場合、国内会社の行使する権限に関する範囲で、わが国の法律が適用されることになります。

♠海外勤務者の社会保険・労災保険は

出張以外の海外派遣は、現地の保険制度に加入することになります。ただ、派遣される国によっては、社会保険の制度が十分発達していないところがあります。

そこで、労災保険については、特別加入制度が設けられています。

特別加入が認められるのは、①海外支店、営業所等の駐在員、②海外関連会社への出向、③海外で行う据付工事・建設工事に従事する場合、④国際協力事業団での派遣等です。

なお、海外出張は、国内の労災保険が適用されます。

【図表220　海外勤務者の労災保険料算定基礎額】

給付基礎日額	保険料算定基礎額	給付基礎日額	保険料算定基礎額
20,000円	7,300,000円	8,000円	2,920,000円
18,000円	6,570,000円	7,000円	2,555,000円
16,000円	5,840,000円	6,000円	2,190,000円
14,000円	5,110,000円	5,000円	1,825,000円
12,000円	4,380,000円	4,000円	1,460,000円
10,000円	3,650,000円	3,500円	1,277,500円
9,000円	3,285,000円		

♠年金は

年金制度については、日本国内と海外の両方で保険料を二重払しなくても済むように、社会保障協定が結ばれている国があります。しかし、まだアメリカ、ドイツ、ベルギー、フランスなど、わずかしかありません。

また、年金加入期間の通算措置がある場合とない場合があります。

なお、社会保障協定が結ばれていても、年金給付の額は、国内で加入した期間のみで計算された額となっています。

【参照法令・条文】労災保険法27条7号、30条

Q107　昇格・昇進・降格の扱いは

Answer Point

♤昇格とは職能資格等級などの等級が上がることをいい、昇進とは役職が上がることをいいます。降格とは、下位の等級に下がることをいいます。

♤昇格や昇進・降格は、原則として会社の人事権の裁量で行うことができます。

♤降格や降職（役職が下がる）またそれらのもととなる評価が、恣意的に行われると人事権の濫用として無効となる場合があります。

♤職務の変更がない懲戒処分としての降格や降職は、制裁規定に違反することがあります。

♠昇格・降格というのは

　職能資格制度や職務等級制度といった人事制度を導入している会社は少なくありません。職能や職務によって、会社内で格付されている等級(資格ともいいます)が、能力や職務によって上位の等級に上がったり、また下位の等級に下がったりします。

　上位の等級に上がることを「昇格」といい、下位の等級に下がることを降格といいます(図表221)。

【図表221　昇格・降格】

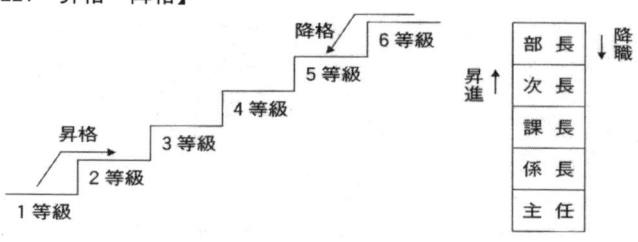

♠役職が変わる昇進・降職

　多くの会社には、職階が設けられています。係長や課長といった役職(ポスト)です。係長から課長となるように、役職が上がることを「昇進」といいます。逆に、課長から係長に役職が下がることを「降職」と呼んでいます。

　このように、昇格と昇進とは密接に結びついていますが、異なるものです。混同して使わないようにしたいものです(図表219)

♠ 人事権の行使としての降格や降職は

　会社は、格付した等級における職務や、また任命した役職の職務を十分発揮されることを期待しています。しかし、勤務成績が芳しくなかったり、心身の故障等で期待した職務を遂行されなかったら、会社の事業活動が停滞し困ります。

　職務に必要な適格性に欠ける社員をそのまま放置することはできません。降格や降職といった処分をすることが考えられます。これは、人事権として、会社が当然もっている権利とされています。

　しかし、降格や降職が、いじめなど恣意的に行われる場合には、人事権の濫用として無効となります。

　また、降格や降職の前提となる人事評価が、恣意的なものであるときも同様です。

【図表222　人事権の行使としての降格や降職】

人事権の行使　→　降格降職　←　懲戒処分の行使

♠ 懲戒処分としての降格や降職は

　降格や降職は、人事権として行うものだけとは限りません。懲戒処分として降格や降職を行うことがあります。

　懲戒処分とは、その社員がもっている会社に対する義務や職場規律に違反した場合に、制裁として行うものです。

　職務が同じであるのに賃金だけが下がることは、労働力の対価である賃金を継続的に減額するものであり、減給の制裁に該当し違反となります。

　懲戒処分として降格したことによって、職務はそのままで賃金だけを下げると、減給の制裁規定に違反するということです。

　降職の場合には、例えば課長から係長に降職したときは、たとえ賃金が減給しても、課長という職務から係長という職務に変わりますから、減給の制裁に該当しないと思われます(昭26.3.31基収518号)。

　したがって、懲戒処分として降格する場合には、それに応じて職務を変更する必要があります。

　懲戒処分による降格や降職が人事権の濫用とならない場合でも、一度の失敗がいつまでも"尾を引く"というのでは困ります。いつも敗者復活・名誉挽回のできる人事制度でなければなりません。したがって、一定期間の様子を見て、元に戻すという制度にしてもらいたいものです。

【参照法令・条文】労基法91条

Q108 労使慣行の意味・その効力は

Answer Point

♤ ある事実が相当期間に継続して行われ、労使双方がこれに従うことを当然とされている場合には労使慣行として、拘束力をもちます。
♤ 労使慣行となっている労働条件を変更するためには、社員の同意が必要です。
♤ 労使慣行の変更となる就業規則の改定も、原則として社員の同意が必要です。

♠就業規則等で定めのない労使慣行は

社員の労働条件は、通常、就業規則をはじめ労働協約や労使協定で定められています。しかし、就業規則等とは異なる労働条件やルールが、いつの間にか会社内で定着していることがあります。

社員は、就業規則等には定められていないが、ある労働条件やルールを当然の事実として受け入れ、また今後もそうなると思い、会社もそれが当たり前と受け止めていることがあります。

このように、ある一定の事実が、相当期間にわたって継続的に行われており、社員も会社もそれを当然としているような場合には、"慣行または慣習"として法的拘束力をもちます。

民法92条のほか、法の適用に関する通則法3条でも「慣習が当事者の法規範意識に与えられるに至った場合は慣習法としての効力が認められる」と規定されています。

退職金や賃金の支払について、「就業規則に定めがなかったけれど、労使慣行として定着しているから支払え」という裁判例もあります。

♠労使慣行の変更は

社員は今後もこの労使慣行が継続するものと思い、また継続することを期待しています。したがって、労使慣行として定着している労働条件を変更しようとするときは、社員の同意が必要となります。

社員の同意を得ないで労使慣行を変更することは、権利の濫用として無効となることがあります。

労使慣行が就業規則等と異なるときには、就業規則等を変更する必要があ

【参照法令・条文】民法92条　法の適用に関する通則法3条

ります。

　また、就業規則等を改定することによって、労使慣行を変更しようとすることがあります。このとき、就業規則等の変更によって、労使慣行が社員の不利益変更となるときには、就業規則の不利益変更と同様、原則として社員の同意が必要です。

　このように、労使慣行として定着している労働条件やルールは、社員の同意を得ないで会社が一方的な変更することはできません。

　変更するためには、社員と十分話し合い、変更の合理性があることを理解してもらったうえで、一定期間を猶予期間として周知するなどの方法が必要となります。

【図表223　労使慣行と定着している労働条件やルール】

❶　労使慣行
　①　事実が長期間反復継続して行われていること
　②　当事者がこれに従うことを明確に拒否していないこと

❷　労働条件やルール

労使慣行・就業規則等　──社員の同意──▶　就業規則等（労使慣行）

♠就業規則や労働協約に反する労使慣行は

　労使慣行として定着している労働条件を変更するときは、社員の同意が必要とされていますが、その労使慣行が就業規則や労働協約の規定に反する場合、どうなるかが問題となります。

　これについては、就業規則や労働協約の規定を優先して、労使慣行の効力を認めないとする裁判例が多いようです。労使慣行は、就業規則や労働協約にない部分を補充したり、就業規則や労働協約の規定が不明確であるようなときに解釈する場合等について効力があるとしています。したがって、就業規則や労働協約を否定し、労使慣行を優先させるまでの効力はないと解されているようです。

　ただし、就業規則や労働協約に規定があるものの、就業規則や労働協約の規定が形骸化しており、会社も労使慣行を優先する意識がある場合には、就業規則や労働協約の規定に反する労使慣行であっても、労使慣行に効力があるとされています。

Q109　セクシャル・ハラスメントの意味・防止義務は

Answer Point

♤ セクシャル・ハラスメントは、個人の尊厳を傷つける許されない行為です。
♤ セクシャル・ハラスメントには、対価型と環境型があります。会社に必要な措置を講ずるよう義務づけられています。

♠ セクシャル・ハラスメントは個人の尊厳を傷つける許されない行為

　職場のセクシャル・ハラスメントは、社員(女性社員だけでなく男性社員に対しても)の個人としての尊厳を不当に傷つける許されない行為です。

　会社にとっても、セクシャル・ハラスメントによって職場の秩序を乱し、被害を受けた社員の業務遂行を阻害します。また、働く意欲をなくすことによって生産性を低下させることになります。

　近年、セクシャル・ハラスメント被害の裁判が多くなっています。セクシャル・ハラスメントは、一個人の問題として片づけるのではなく、会社の責任が問われています。

♠ セクシャル・ハラスメントは対価型と環境型に分かれる

　職場のセクシャル・ハラスメントは、図表224のように「対価型」と「環境型」に分かれます。

【図表224　セクシャル・ハラスメントの種類】

セクシャル・ハラスメント
- 対価型
  性的な言動に対する社員の対応(拒否や抵抗)により、社員が労働条件上の不利益(解雇、降格、減給、配置転換など)を受けること。
  (性的な関係を要求し拒否されたため解雇、車中で上司が腰や胸を触り、抵抗されたために配置転換など)
- 環境型
  性的な言動により、社員が就業するうえで看過できない程度の支障が生じること。
  (給湯室で上司が抱きついてきて出勤するのが苦痛、事務所内にヌードポスターを掲示し苦痛で仕事に専念できないなど)

♠ 性的な言動というのは

　性的な言動とは、図表225のように性的な内容の発言・行動を指します。

【参照法令・条文】男女雇用機会均等法11条

【図表225　性的な言動】

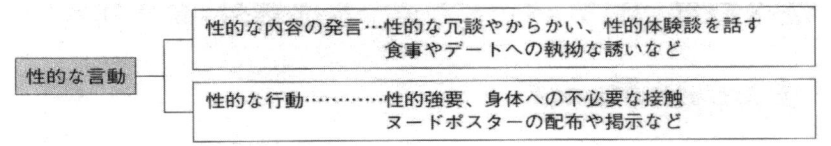

- 性的な言動
  - 性的な内容の発言…性的な冗談やからかい、性的体験談を話す　食事やデートへの執拗な誘いなど
  - 性的な行動…………性的強要、身体への不必要な接触　ヌードポスターの配布や掲示など

♠会社が講ずべき措置は

　会社は、職場におけるセクシャル・ハラスメントに関し、雇用管理上講ずべき措置が義務づけられています (図表224)。

　この講ずべき措置は、会社の規模や職場の状況の如何を問わず、必ず講じなければならないものです。

【図表226　会社が講ずべき措置】

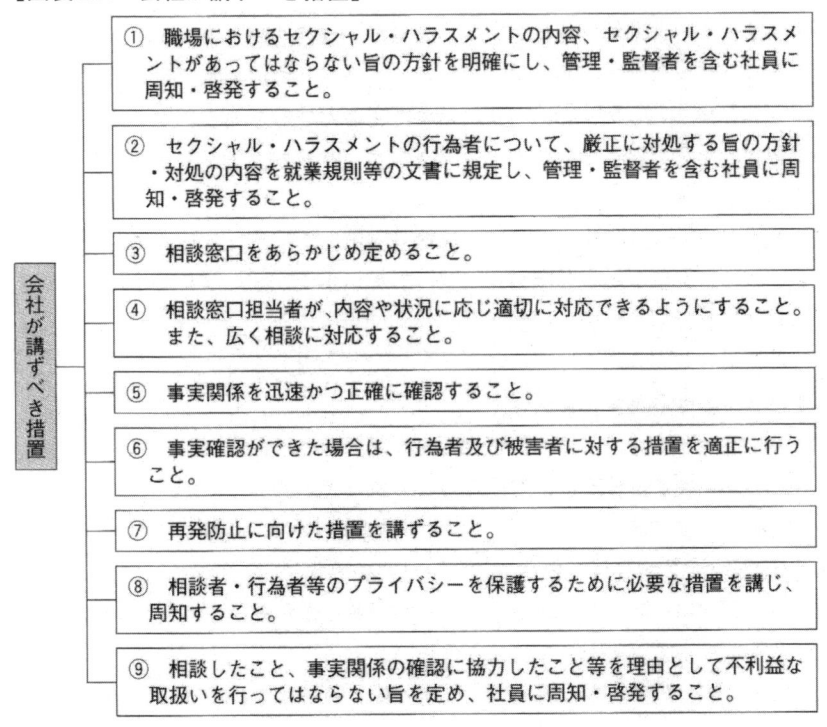

会社が講ずべき措置
- ① 職場におけるセクシャル・ハラスメントの内容、セクシャル・ハラスメントがあってはならない旨の方針を明確にし、管理・監督者を含む社員に周知・啓発すること。
- ② セクシャル・ハラスメントの行為者について、厳正に対処する旨の方針・対処の内容を就業規則等の文書に規定し、管理・監督者を含む社員に周知・啓発すること。
- ③ 相談窓口をあらかじめ定めること。
- ④ 相談窓口担当者が、内容や状況に応じ適切に対応できるようにすること。また、広く相談に対応すること。
- ⑤ 事実関係を迅速かつ正確に確認すること。
- ⑥ 事実確認ができた場合は、行為者及び被害者に対する措置を適正に行うこと。
- ⑦ 再発防止に向けた措置を講ずること。
- ⑧ 相談者・行為者等のプライバシーを保護するために必要な措置を講じ、周知すること。
- ⑨ 相談したこと、事実関係の確認に協力したこと等を理由として不利益な取扱いを行ってはならない旨を定め、社員に周知・啓発すること。

　なお、違反に対する是正指導に従わない場合は、会社名が公表されます。

　また、報告徴収の拒否や虚偽の報告には、20万円以下の過料が科せられます。

【参照法令・条文】男女雇用機会均等法11条、30条、33条　事業主の講ずべき指針

Q110　パワー・ハラスメントの意味・防止義務は

Answer Point

♤ パワー・ハラスメントは、職場の権力を背景にした"いじめ"です。
♤ 業務上必要な指導か否かが、パワー・ハラスメントになるかどうかの分かれ道となります。
♤ 会社は社内規定を設けたり、また管理職の研修や受付窓口の設置などのパワー・ハラスメント防止対策を講じる必要があります。

♠ パワー・ハラスメントというのは

　上司などが職場の権力を背景にして、自分より弱い立場の部下などに"嫌がらせ"や"いじめ"を繰り返し、肉体的・精神心的に追い詰めることを、パワー・ハラスメント（略してパワハラ）と呼ばれています。
　また、ボス・ハラスメント（ボスハラ）と呼んでいる人もいます。教師や大学教授が生徒に対して行うものをアカデミック・ハラスメント（アカハラ）といわれています。
　セクシャル・ハラスメントは、性的な言動によって行われますが、パワー・ハラスメントは、職場の権力を背景にしています。どちらも、個人の尊厳を不当に傷つける許せない行為です。

♠ リストラや成果主義が影響

　パワー・ハラスメントは、単に個人の問題だけではなく、リストラや行き過ぎた成果主義が影響を与えていることもあります。
　リストラが"華やかなころ"、リストラに応じない社員に"草むしり"をさせたり、"ダメ社員、金食い社員"などの悪罵暴言を吐いて、自ら退職していくようにし向けた会社が、少なからずありました。これもパワー・ハラスメントといっていいでしょう。
　近年では、成果主義の導入によって、部下に対して、できもしない高いノルマを要求する上司がいます。
　そして、成果が上げられないと上司から罵倒され、精神的に追い詰められて、挙げ旬に出社できなくなる社員もいます。
　終身雇用が崩壊して雇用不安があり、"辞めなければならなくなる"などと追い詰められ、深刻な問題となっています。

♠業務上必要な行為か否か

　上司は、部下を管理指導する役割をもっています。業務を遂行するために、さまざまな業務命令を発するでしょう。また時には、"叱る"ことも必要です。
　部下は、上司の業務命令に従う義務があります。また、社員教育などでも、"しごき"などが公然と行われてきました。
　パワー・ハラスメントが難しいのは、どこまでがパワー・ハラスメントとならなくて、どこからパワー・ハラスメントとなるのかが、指導や業務上の命令などに隠れて見えにくいことです。業務命令や叱ることが、すべてパワー・ハラスメントとなると、上司は業務命令も指導もできません。だからといって、パワー・ハラスメントが許されるわけではありません。
　上司のその言動が、業務上必要な行為なのかどうか、社会的に相当であるかどうかが、いくつかの裁判例で判断されているようです。
　その言動が社会通念上相当な範囲を超えて、合理的な理由のない過酷な肉体的・精神的な苦痛を伴うものであったり、懲罰や報復など不当な目的で行われたり、いわゆる職場のいじめである場合には違法となります。

♠パワー・ハラスメント防止対策は

　パワー・ハラスメントによって、社員はいつもプレッシャーを感じたり、またヤル気を失わせて、職場の環境を悪化させます。生産性も低下するでしょう。
　また、会社が損害賠償請求を受けることもあります。深刻な問題となりつつあるいま、会社は緊急にパワー・ハラスメントを起こさせない対策を講じる必要があります。
　まず、パワー・ハラスメントは許さないことを社内に明示し、就業規則などの社内規則に盛り込むことです。そして、パワー・ハラスメントを受けた社員からの受付窓口の設置が必要でしょう。さらに、第三者による調査機関も必要となります。
　何より、社員教育です。特に管理職の研修が必要でしょう。パワー・ハラスメントを生じさせるのは、管理がともすると昔の軍隊的管理方式になっている場合です。
　管理することを統率することと勘違いしている管理職が少なからず存在します。「おい、こら」方式のマネジメントのあり方を、根本から変える取組が必要かもしれません。

Q111 労基法の監督機関は

Answer Point

♤労基法の基本的な行政窓口は、各地の労基監督署です。その労基監督署は、厚生労働省の労基局および都道府県の労働局の指揮監督を受けて、基準行政を行っています。

♤労基監督署が、労基法の実施に関する事項を司っています。

♤労基監督官は、会社に臨検し、書類を提出させ、また尋問する権限があります。そして、労基法違反には司法警察官の権限が与えられています。

♠労働基準行政のしくみは

各地の労基監督署が厚生労働省の出先機関として、労基法の実施を行っています。労基法は、厚生労働省の所管です。

したがって、厚生労働大臣が、労基監督署の指揮監督を行うことになります。ただ、その間に行政機関として、厚生労働省の労基局(女性に関する規定については雇用均等・児童家庭局)と都道府県の労働局が設けられています。

【図表227　労働基準行政のしくみ】

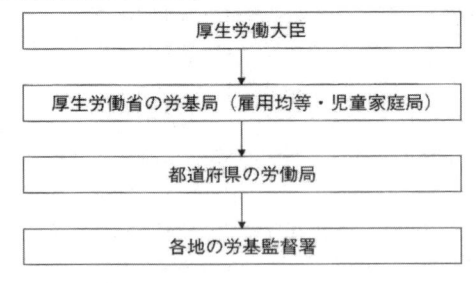

```
┌─────────────────────────┐
│       厚生労働大臣        │
└─────────────┬───────────┘
              ↓
┌─────────────────────────┐
│厚生労働省の労基局（雇用均等・児童家庭局）│
└─────────────┬───────────┘
              ↓
┌─────────────────────────┐
│     都道府県の労働局      │
└─────────────┬───────────┘
              ↓
┌─────────────────────────┐
│     各地の労基監督署      │
└─────────────────────────┘
```

♠実際の業務を行うのは労基監督署

実際の実務は、厚生労働省の出先機関である労基監督署が行っています。大きい労基監督署は「第1方面～第○方面」、小さい労基監督署は「第1課」の労基監督官が、労基法を担当します。

なお、労基監督署長も労基監督官です。

労基監督署は、労基法だけを担当しているわけではありません。労働安全衛生法やじん肺法、最低賃金法、労災保険法などに関する業務も行っています。

【参照法令・条文】労基法99条、100条

♠労基監督官の権限は

　労基監督官には、大きな権限が与えられています。会社や寄宿舎その他の付属建設物に臨検(法令違反の発見とその違反事項の是正を目的とした立入調査)すること、書類の提出を求めることや、会社や社員に対して尋問することができます。

【図表228　臨検の種類】

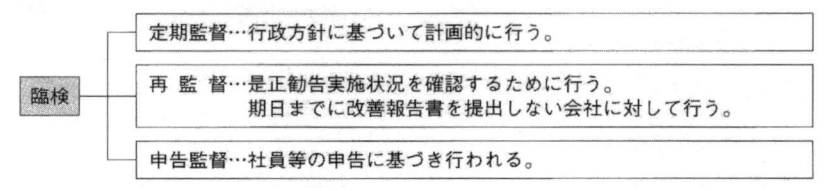

```
         ┌─ 定期監督…行政方針に基づいて計画的に行う。
         │
 臨検 ───┼─ 再 監 督…是正勧告実施状況を確認するために行う。
         │            期日までに改善報告書を提出しない会社に対して行う。
         │
         └─ 申告監督…社員等の申告に基づき行われる。
```

♠臨検というのは

　臨検は、通常事前に日時や用意しておく書類等を連絡してから行われますが、場合によっては"抜き打ち"で行われることもあります。

　さらに、労基監督官は、労基法の違反がある場合(罰則対象となる事項について)には、司法警察官として捜査権が与えられています。また、違反者を逮捕することもできます。

【図表229　労基監督署が担当する法律と業務】

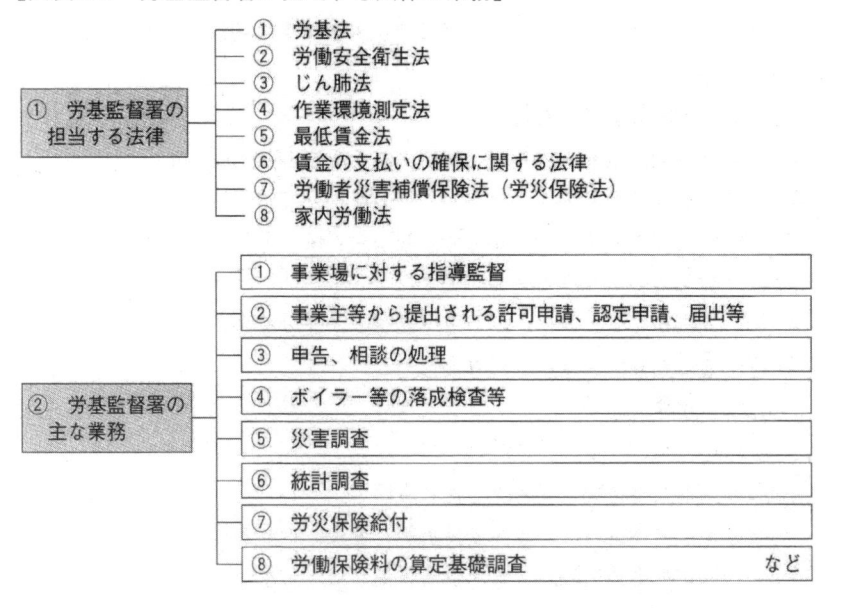

```
                      ┌─ ① 労基法
                      ├─ ② 労働安全衛生法
                      ├─ ③ じん肺法
 ① 労基監督署の ─────┼─ ④ 作業環境測定法
    担当する法律      ├─ ⑤ 最低賃金法
                      ├─ ⑥ 賃金の支払いの確保に関する法律
                      ├─ ⑦ 労働者災害補償保険法(労災保険法)
                      └─ ⑧ 家内労働法

                      ┌─ ① 事業場に対する指導監督
                      ├─ ② 事業主等から提出される許可申請、認定申請、届出等
                      ├─ ③ 申告、相談の処理
 ② 労基監督署の ─────┼─ ④ ボイラー等の落成検査等
    主な業務          ├─ ⑤ 災害調査
                      ├─ ⑥ 統計調査
                      ├─ ⑦ 労災保険給付
                      └─ ⑧ 労働保険料の算定基礎調査            など
```

【参照法令・条文】労基法101条〜103条、104条、104条の2

Q112 労基法違反の罰則は

Answer Point

♤労基法に違反したときは、懲役刑もあります。
♤労基監督署の求めに応じす、臨検を拒んだり、虚偽の報告をしたときも罰則があります。
♤是正勧告を受けて、改善しなければ送検されることになります。

♠労基法違反の罰則は

　労基法は、労働条件の最低の基準を定めた法律であり、これに違反し、またこの基準を下回ることはできません。そして、労基法に違反した場合は、罰則が設けられています。労基法に違反したことによって、逮捕された人も出ています。

　特に、強制労働をさせた場合には、1年以上10年以下の懲役または20万円以上300万円以下の罰金に処せられます。

　また、中間搾取や最低年齢に違反したり、坑内労働をさせてはならない人を坑内労働に就かせたりしたときは、1年以下の懲役または50万円以下の罰金が科せられます。

　このように、労基法違反には、懲役刑もある非常に厳しい法律です。

♠サービス残業も労基法違反

　サービス残業(賃金不払残業)が新聞紙上を賑わせています。わが国を代表するような大会社さえも、サービス残業をさせていたことが報道されていました。サービス残業も明らかに労基法違反です。労基法に違反することのないようにしていただきたいものです。

　ただ、罰則があるからということではなく、健全な労使関係を醸成するためにも、また社会的責任としても会社のコンプライアンス(法令遵守)が求められています。

♠臨検を拒んだり虚偽の報告をしたときは

　労基法違反の罰則は、さまざまな規制に違反したときだけではなく、労基監督官の臨検や虚偽の報告、また帳簿書類を提出しなかったときなどにも

【参照法令・条文】労基法117条〜121条、101条、104条の2

30万円以下の罰金に処せられることになっています。

【図表230　労基法違反の主な罰則】

1年以上10年以下の懲役または20万円以上300万円以下の罰金	強制労働
1年以下の懲役または50万円以下の罰金	中間搾取、最低年齢に違反 坑内労働の禁止に違反
6か月以下の懲役または30万円以下の罰金	国籍・信条・社会的身分による差別的取扱 男女差別賃金 強制貯金、違約金・損害賠償の予定 前借金と賃金の相殺 解雇制限対象者の解雇 解雇予告（手当）なしの解雇 休憩時間を与えない 法定休日を与えない 割増賃金を支払わない 有給休暇を与えない 産前産後休暇を認めない 法定労働時間を超えて労働させた場合（法定除外事由以外） 業務災害の補償をしない　　　　　　　　　　　　　など
30万円以下の罰金	労働条件を明示しない 退職証明書を交付しない 賃金支払の5原則違反 必要な協定届の不届 休業手当の不支給 就業規則の不作成 就業規則の未届出 就業規則を周知しない 就業規則の作成・変更につき労働者代表の意見を聴かない 減給の制裁違反 監督官の臨検を拒む 労働者名簿・賃金台帳等の不整備 労働者名簿・賃金台帳等の3年間不保存　　　　　　　　など

♠是正勧告と改善報告の違いは

　労基監督官が労基法に違反していると判断したときは、会社に是正するよう勧告をします(是正勧告)。

　それに対して、会社は指定された期日までに改善し、その旨を労基監督官に報告(改善報告)をします。

　是正勧告は行政指導です。しかし、会社が改善しなかったとき、労基監督官は法違反として送検することになります。

　そして、検察庁が起訴すると、裁判所の判断を待つことになります。裁判所が有罪と判断すれば、罰則が決まります。

【参照法令・条文】労基法102条

Q113 期間雇用者の契約解消は

Answer Point

♤ 雇用契約期間内に解雇するには、合理的な理由が必要です。
♤ 更新を繰り返した後に、期間満了だからといって雇止めをするときは解雇となります。
♤ 雇止めは、少なくとも 30 日前に予告しなければなりません。

♠ 期間雇用者の雇用契約の解除は

　期間雇用者とは、前述のとおり、例えば 1 年、6 か月のように雇用期間を限定した社員のことですが、この期間雇用者には、パートタイム労働者も含みます、

　会社と社員が雇用期間を定めたときは、双方とも、その期間を全うしなければならないという義務を負っています。会社は、社員を雇用し賃金を支払います。社員は、労働力を提供します。

　ただし、やむを得ない理由があれば、雇用契約を解除することができます。会社が行う雇用契約の解除は解雇であり、社員が行う雇用契約の解除が退職となります。

　この期間中に、会社が雇用契約を解除しようとするときは、解雇となります。解雇については、「解雇は、客観的に合理的な理由を欠き、社会通念上相当であると認められない場合は、その権利を濫用したものとして、無効とする」と定められています。

　合理的な理由もなしに解雇することはできません。

♠ 期間満了の退職は

　雇用期間が満了したときに退職させることは、当初の契約に沿った雇用契約の解除となりますから、解雇ではありません。ただし、一般的には、雇用期間が来たから、それで雇用契約を解除することは多くありません。雇用契約を更新し、引き続いて働いてもらうことが多いようです。

　このように、雇用契約の更新を繰り返した場合には。雇用期間を定めた契約から雇用期間を定めない契約に"転化"したものとして取り扱われています。

　したがって、雇用期間の更新を数回繰り返した後に、雇用期限が来たから

【参照法令・条文】民法 627 条、628 条 労基法 18 条の 2

辞めてもらうという、いわゆる「雇止め」は、期間満了の退職ではなく解雇となります(図表231)。

解雇である以上は、30日前に解雇の予告をするか、平均賃金の30日分の予告手当を支払うことが必要となります。

【図表231　解雇の手続】

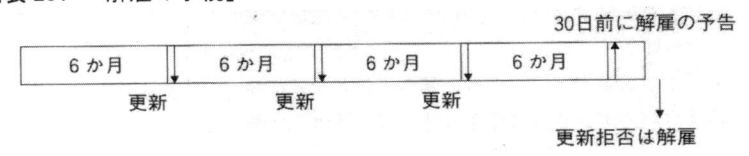

```
|  6か月  |  6か月  |  6か月  |  6か月  |      30日前に解雇の予告
           更新      更新      更新         ↓
                                        更新拒否は解雇
```

ただ、雇止めをする最後の雇用契約の更新のときは、「今回限りで、以後は更新しない」旨を合意していると、その雇用契約が期間満了したことによって退職してもらうことになります。

♦期間雇用者の契約締結・更新・雇止めに関する基準は

図表232は、有期労働契約の締結および更新・雇止めに関する基準です。

【図表232　有期労働契約の締結・更新・雇止めに関する基準】

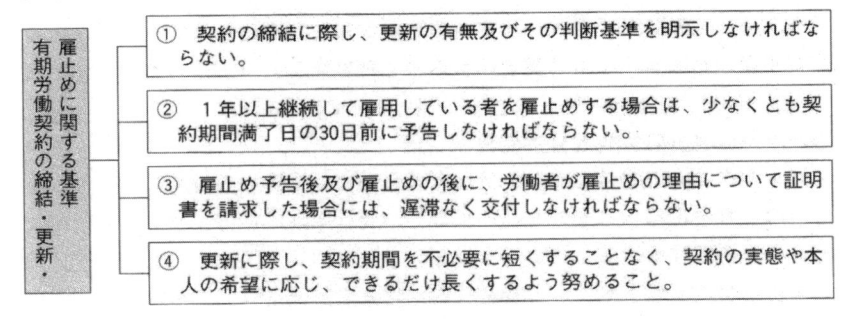

有期労働契約の締結・更新・雇止めに関する基準
- ① 契約の締結に際し、更新の有無及びその判断基準を明示しなければならない。
- ② 1年以上継続して雇用している者を雇止めする場合は、少なくとも契約期間満了日の30日前に予告しなければならない。
- ③ 雇止め予告後及び雇止めの後に、労働者が雇止めの理由について証明書を請求した場合には、遅滞なく交付しなければならない。
- ④ 更新に際し、契約期間を不必要に短くすることなく、契約の実態や本人の希望に応じ、できるだけ長くするよう努めること。

雇用契約を締結するときは、契約の更新をするのか、更新しないのかを明示しなければなりません。そして、そのときの判断基準、すなわちどんなときに契約を更新して、どんなときに更新しないのかを併せて明示してください。

図表230の②と③は、労基法に定められている解雇の手続と退職証明書の発行です。期間雇用者も労働者ですから当然労基法が適用されます。④について、雇用契約期間の上限は原則として3年になっています。長くするとしても、3年以内ということになります。

なお、この基準は、雇用期間を設定するパートタイム労働者にも適用されます。

【参照法令・条文】労基法18条の2、20条、21条

Q114 期間雇用者は5年を超えると無期雇用者になれるってホント

Answer Point

♤ 5年を超えて反復更新された場合、期間の定めのない労働契約に転換されるしくみになっています。
♤ クーリング期間（6か月）があれば、雇用期間は通算されません。
♤ 施行日（平成25年4月1日）前の有期労働契約はカウントされません。

♠期間雇用（有期労働契約）者は不安定雇用に置かれている

有期労働契約で働く多くの人は、パート労働者や派遣労働者などいわゆる"非正規労働者"と呼ばれる人たちです。

非正規労働者は、少し企業環境が悪化すると、いとも"簡単"に雇止めという解雇が行われています。不安定雇用は緊急の社会問題となっています。

♠無期雇用への転換の申込

期間雇用が通算して5年を超えて繰返し更新された場合、期間雇用者が申し込むことにより、無期雇用契約に転換します。

【図表233　無期雇用への転換のしくみ】

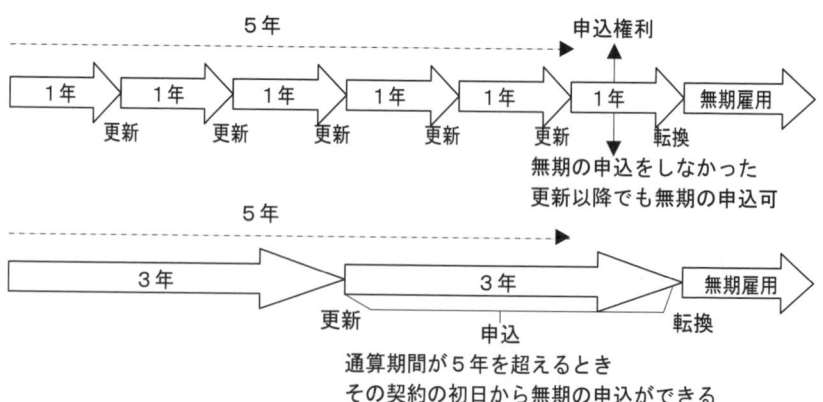

```
         5年
┌─1年─┬─1年─┬─1年─┬─1年─┬─1年─┬─1年─┬無期雇用→
       更新   更新   更新   更新   更新  │転換
                                      申込権利
                                      無期の申込をしなかった
                                      更新以降でも無期の申込可

         5年
┌──── 3年 ────┬──── 3年 ────┬無期雇用→
              更新      申込        転換
通算期間が5年を超えるとき
その契約の初日から無期の申込ができる
```

この申込は、5年を超えた契約期間の初日から末日までの間にすることができます。もし、この期間に申込をしなかった場合でも、期間雇用が更新された以降でも申し込むことができることになっています。

【参照法令・条文】労働契約法第18条

この申込は、期間雇用者の権利（無期転換申込権）で、申し込むかどうかは、期間雇用者の自由です。
　また、申込は、口頭でも有効ですが、後日の紛争を避けるために書面で行っておくほうがよいでしょう。

♠無期雇用の転換は
　期間雇用者が、無期雇用への転換の申込をすると、会社は申込みを承諾したものとみなされ、その時点で無期雇用が成立します。ただし、無期雇用に転換されるのは、申し込んだときの契約期間が終了する翌日からとなります。
　無期雇用に転換した後の労働条件（職務・賃金・労働時間など）は、別段の定めがない限り、直前の期間雇用と同じです。もし、無期雇用転換後の労働条件を直前の労働条件と異なるものにしようとするときは、労働協約や就業規則、また個々の労働契約であらかじめその旨を定めておく必要があります。
　また、無期雇用転換の申込をしないことや放棄させることを事前に約束させたり、契約更新の条件とすることはできません。

♠クーリングとは
　5年の通算契約期間については、有期労働契約と次の有期労働契約の間に、契約がない期間（空白期間）が6か月以上ある場合には、その空白期間より前の有期労働契約の期間は含まないことになっています。これをクーリングといいます。
　もし、空白期間があっても、6か月未満であるときは、その空白期間より前の有期労働契約の期間も通算します。

【図表234　クーリングのしくみ】

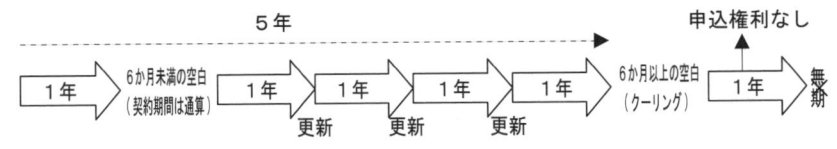

　ただし、クーリングの6か月とは1年以上の雇用期間の場合であり、雇用期間が1年未満である場合には、雇用期間の約2分の1がクーリングとなります。

【参照法令・条文】労働契約法第18条

Q115 パートタイム労働者の労働条件は

Answer Point

♤ パートタイム労働者とは、一般社員と比べて所定労働時間が短い人をいいます。

♤ パートタイム労働者というだけで賃金に差をつける理由はありません。

♤ 正社員よりパートタイム労働者のほうが、優れた仕事をしているなら高い処遇をしましょう。

♠パートタイム労働者の格差問題は

現在、会社人事の大きな問題は、パートタイム労働者と正社員の賃金格差です。社会的な問題となっています。

パートタイム労働者とは、パート労働法(短時間労働者の雇用管理の改善等に関する法律)で、1週間の所定労働時間が一般の社員と比べて短い社員をいうと、定義しています。

つまり、正社員に比べて"所定労働時間が短い"だけなのです。労基法のすべてが、パートタイム労働者にも適用されます。

♠パートタイム労働者の労働条件は

パートタイム労働者だから、賃金をはじめとして低い労働条件でいいという合理的な理由はありません。いま多くの会社では、能力主義や成果主義といった人事制度を導入しています。

ところが、パートタイム労働者は低い賃金を強いられています。ベテランのパートタイム労働者の賃金が、高卒初任給より低いというようなことも多くみられます。おかしな現象です。おかしいと思わず、"当たり前"となっているところが根の深い問題です。

「能力主義だ。成果主義だ」というのなら、パートタイム労働者も同じように適用すべきです。いい仕事ができれば、パートタイム労働者の賃金が正社員より高くたって何の不思議もありません。そうしないと、能力主義や成果主義の人事政策が崩壊します。

パートタイム労働法(短時間労働者の雇用管理の改善等に関する法律)が

【参照法令・条文】パート労働法1条～8条　労基法3条、4条

改定されました(図表235)。少しだけ強化され、差別的取扱いの禁止や違反した場合の罰則が設けられています。

【図表235 パートタイム労働指針の要点】

〈パートタイム労働法の要点〉

1 労働条件の文書交付・説明義務
  労働条件を明示した文書の交付等の義務化(過料あり)等
2 均衡のとれた待遇の確保の促進(働き・貢献に見合った公正な待遇の決定ルールの整備)
  ① すべてのパートタイム労働者を対象に、通常の労働者との均衡のとれた待遇の確保措置の義務化等
  ② 特に、通常の労働者と同視すべき短時間労働者に対しては、差別的取扱いの禁止
3 通常の労働者への転換の推進
  通常の労働者への転換を推進するための措置を義務化
4 苦情処理・紛争解決援助
  ① 苦情を自主的に解決するよう努力義務化
  ② 行政型ADR(調停等)の整備
5 事業主等支援の整備
  短時間労働援助センターの事業の見直し(事業主等に対する助成金支給業務に集中)

♠ **労働条件の文書交付・説明義務は**

労基法の明示義務に加えて、昇給、退職手当、賞与の有無について文書を交付して明示しなければなりません。違反している場合には、10万円の過料が科せられることになっています。

また、待遇の決定について考慮した事項を説明しなければなりません。

♠ **一般社員と同視すべきパートタイム労働者の処遇について差別禁止は**

業務の内容・責任の程度が一般社員と同じパートタイム労働者で、期間の定めのない労働契約(反復更新して期間の定めのない労働契約と見込まれる場合を含みます)をし、雇用の全期間で一般社員と同視すべき(職務の内容・配置が一般社員の変更と同じ範囲で変更されると見込まれる)場合においては、パートタイム労働者であることを理由にして、賃金の決定、教育訓練の実施、福利厚生施設の利用その他の待遇について差別的取扱いをしてはなりません。

一般社員と同視すべきパートタイム労働者については差別的な取扱いを禁止しました。今回の改定の大きな"目玉"だったのですが、果して対象者はどのくらいいるのでしょうか。そんなに多くなることはないのでしょう。

ただ、このことを理由として、一般社員と少しでも異なっていれば、差別をしてよいとする対応だけは避けてもらいたいものです。

【参照法令・条文】パート労働法3条、8条 パート労働指針

Q116 契約社員の労働条件・労働契約の解消は

Answer Point

♠契約社員の就業規則を整備する必要があります。
♠労働契約の解消も、就業規則に基づいて行います。
♠労働条件は正社員よりも高い処遇にして労働契約書で明確にします。

♠契約社員というのは

契約社員とは、プロジェクト事業など、社内にはいない特別な知識や技能をもつ人を期間を区切って雇用する人をいいます。

しかし、現実には、パートタイム労働者や派遣社員などと同様に、正社員になることのできない社員として契約社員があるようです。

「会社得意の身分制度」でしょうか。正社員のように、比較的安定した長期雇用ではなく、不安定な短期雇用として、場合によっては雇用の調整弁的な取扱いができるようにしたものでしょうか。

♠就業規則の整備は

いずれにせよ、契約社員の労働条件は、正社員の労働条件と異なっていることが多いようです。

とすれば、契約社員の就業規則が必要になります。そうでなれば、正社員の就業規則を適用しなければならなくなります。

♠労働契約の期間は

労働契約は、期間の定めのない契約を除き、原則として3年の期間を超えて締結することはできません。ただし、プロジェクト事業などに携わってもらう高度の専門知識・技能をもつ人(限定されています)であれば、最大5年間の労働契約を締結することができます。その範囲内で労働契約を結ぶことになります。

当然その期間中は、契約を解除(解雇)はできません。解雇するときには、合理的な理由が必要ですし(契約社員は1年を経過すれば、いつでも退職することができます)、就業規則に基づいて行わなければなりません。

残りの賃金支払が問題となりますが、それも就業規則で規定しておく必要

【参照法令・条文】労基法14条　民法628条　パート労働法

があります。

【図表236　労働契約の期間】

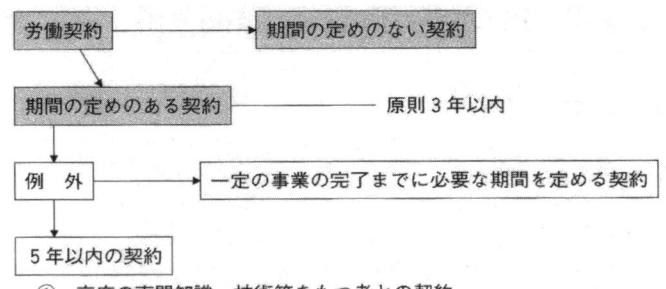

```
労働契約 ──────→ 期間の定めのない契約
   │
   ↓
期間の定めのある契約 ──── 原則3年以内
   │
   ↓
 例　外 ──── 一定の事業の完了までに必要な期間を定める契約
   │
   ↓
5年以内の契約
  ① 高度の専門知識・技術等をもつ者との契約
  ② 満60歳以上の者との契約
```

注　高度の専門知識・技術を有する者というのは、次の人です。
　① 博士の学位を有する者
　② 次のいずれかの資格を有する者
　　　公認会計士、医師、歯科医師、獣医師、弁護士、一級建築士
　　　薬剤師、不動産鑑定士、弁理士、技術士、社会保険労務士
　　　税理士、情報処理技術者試験合格者、アクチュアリー
　③ 特許発明者（特許法）、意匠登録の創作者（意匠法）、
　　　登録品種の育成者（種苗法）
　④ システムエンジニアやデザイナーで一定の実務経験を有する
　　　者、情報処理システムコンサルタント等の実務経験5（6、7）
　　　年以上の者（年収要件が1,075万円以上）
　⑤ 国、地方公共団体、公益法人等から認定を受けた者

♠契約社員の労働条件は

　契約社員は、本来プロジェクト業務等、社内ではできないか、もしくは社内にその業務を果たすことのできる人材がいないとき、一時的に雇用される人です。したがって、契約社員の賃金は、"仕事賃金"にすべきです。果たすべきプロジェクト等の対価として、賃金を決定します。

　少なくとも、正社員より低額では困ります。本来、正社員がすべきことを代わって行うのですし、また長期に安定した雇用でもないのですから、正社員よりも賃金が低いとヤル気も起こりません。

　退職金や賞与は不要でしよう。ただ、賞与については、成功報酬として支払うことは有効かもしれません。

　雇用する期間にもよりますが、福利厚生などは一般社員と同様に処遇すべきでしょう。少なくとも、契約社員が働いている間は、正社員と同じ仲間として接することが必要ですから。

　正社員にしないための契約社員としての労働条件については、一般に低く抑えられているようです。しかし、何の合理性もありません。差別待遇をするのではなく、仕事に見合った労働条件としていただきたいものです。

【参照法令・条文】労基法14条　民法628条　パート労働法

Q117　社外労働者の意味・使用者責任は

Answer Point

♤社外労働者は、会社とは労働契約を結んでいないが、請負や委託などの契約により、会社に労務やサービスの提供をするものです。
♤社外労働者に労基法は適用されませんが、安全配慮義務はあります。
♤社外労働者も同じ職場で働く仲間として処遇することが大切です。

♠社外労働者の増加

バブルがはじけた以降、多くの会社がいわゆる正社員を減らして、パートタイム労働者や派遣社員、請負社員や委託社員などのいわゆる非正規社員を増加させています。

社外労働者は、この非正規社員のうち、会社とは労働契約を結ばず、請負契約や業務委託契約などで働く社員をいいます。

派遣社員も社外労働者となります。建設業における下請負会社や孫請負会社の社員も、ここでいう社外労働者です。また、大規模な工場では、下請けや孫請会社の社員が沢山働いています。

【図表237　多様になった労働者】

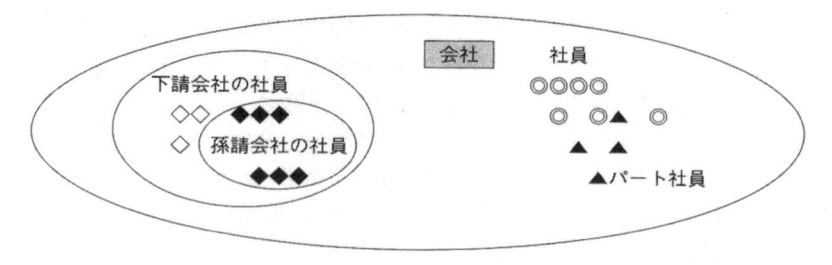

♠社外労働者と労基法の関係は

社外労働者のうち、派遣社員は派遣先会社の指揮命令で働きますから、派遣元会社に準じて労基法が適用されます。

しかし、請負社員や委託社員は、会社とは労働契約を結んでいるわけではありませんから、労基法は適用されません。しかし、実態として会社と社外労働者の間に使用従属関係が認められれば、"労働者"とみなされ、労基法

が適用されます。

♠社外労働者の安全配慮義務は

　安全配慮義務は、必ずしも労働契約関係を必要としていません。実質的に労働契約関係と同一視できる場合には、安全配慮義務があるものとされています。

　請負社員等が、元請会社の工場等で労働力を提供し、元請会社の管理する設備、工具等を使用して、事実上、元請会社の指揮、監督を受けて労働し、その作業内容も元請会社の社員とほとんど同じであつたという場合には、元請会社は、請負社員に対して安全配慮義務があるとされています。

　下請負会社の社員が、業務上災害を被った事故で、元請会社に安全配慮義務を認めた裁判例が少なからずあります。

　また、"偽装請負"のように、請負社員を直接指揮命令しているような場合には、当然安全配慮義務があるものとされます。

　なお、派遣社員は、派遣先会社の指揮命令を受けて働いているのですから、当然安全配慮義務があります。

♠社外労働者も同じ職場の仲間

　社外労働者は、会社とは労働契約関係にありませんが、同じ職場で働く仲間です。何より社外労働者も、会社の業績を上げるため一生懸命働いてくれているのです。社外労働者が気持ちよく働くことのできる環境をつくることは、会社にとっても利益となります。

　社外労働者を社員ではないからと"見下したような態度"をとる社員がいたりします。とんでもないことです。

　社外労働者を同じ職場で働く仲間として、日頃から接することが大切でしょう。

♠外国人技能実習生は

　技能実習制度は、技能実習を通じて修得した産業上の技術、知識などをより実践的かつ実務的に習熟させる機会を提供することで、諸外国等への技術・技能の移転と経済発展を担う「人づくり」に協力することを目的とする制度です。

　技能実習生は、初期講習終了後から労働関係法令が適用されます。他の社員と同じ労基法上の労働者ですから、当然会社は使用者責任を負います。

Q118　業務請負と派遣の違いは

Answer Point

♤請負社員は、請負会社と雇用関係があり、請負会社の指揮命令で働きます。発注会社（元請会社）は、請負社員に指揮命令権はありません。したがって、発注会社は、請負社員に対して原則として安全管理責任はなく、労基法の適用もありません。

♤派遣社員は、派遣元会社と雇用関係がありますが、指揮命令は派遣先会社で行います。派遣先会社は、派遣社員の安全管理責任が生じますし、労基法の適用も派遣元会社に準じて適用されます。

♠業務請負というのは

　請負とは、請負会社が発注会社(元請会社)から業務処理を請け負い、自社の社員を使用して業務処理を行うことをいいます。

　請負社員は、自社の業務として自社の指揮命令の下に、発注会社等で就労します。したがって、請負社員は、発注会社の指揮命令を一切受けることはありません。

♠請負社員に関する労基法の適用は

　請負社員と発注会社との関係は、たまたま発注会社等で仕事をするというだけで、雇用関係も指揮命令関係もありません。

　請負社員に関する労基法の適用は請負会社にあり、安全管理責任も請負会社にあります。発注会社は、労基法の責任も、安全管理責任もないことになります。

　しかし、発注会社の工場内で業務を行っているとき、「元方事業者」として、請負社員の安全管理について義務を負うことがあります。

【図表238　業務請負のしくみ】

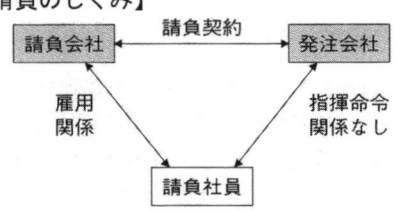

```
          請負契約
請負会社 ←─────→ 発注会社
   │                │
  雇用             指揮命令
  関係             関係なし
   │                │
   ↓                ↓
       請負社員
```

【参照法令・条文】職業安定法44条　労働安全衛生法15条、29条、30条の2

♠派遣というのは

　派遣とは、自社(派遣元会社)で雇用する社員(派遣社員・常用雇用と登録型雇用があります)を、派遣先会社の指揮命令を受けて、派遣先会社のために就労させることをいいます。

　派遣社員は、派遣元会社と雇用関係があり、派遣先会社とは雇用関係がありません。したがって、派遣社員の労基法上の問題は、原則として派遣元会社と生じ、派遣される会社とは生じません。

　しかし、指揮命令は派遣先会社から受けますから、派遣先会社も労働時間管理など派遣元会社に準じて労基法が適用されます。そして安全管理責任も負うことになります。

【図表239　派遣のしくみ】

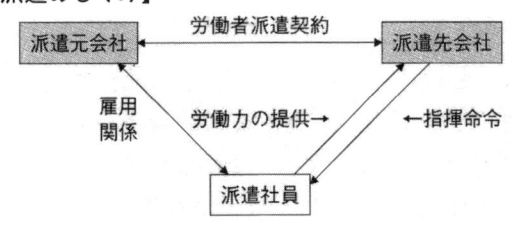

```
         労働者派遣契約
派遣元会社 ←――――――→ 派遣先会社
    ↑                      ↑
  雇用      労働力の提供→    ←指揮命令
  関係                      
    ↓                      
         派遣社員
```

♠派遣社員の労働条件は

　派遣社員は、派遣元会社と雇用関係があり、賃金や労働時間・休日等の労働条件は、派遣元会社との労働契約により定められます。この労働契約に基づいて、派遣社員は派遣先会社で指揮命令に従い労働する義務を負い、その対価として派遣元会社から賃金を受け取ります。

　しかし、派遣先会社に指揮命令があるといっても、派遣先会社で時間外労働をさせるためには、派遣元会社の就業規則に時間外労働の定めがあり、かつ、三六協定の締結と届出がなければなりません。雇用関係はあくまで派遣元会社にありますから。

♠偽装請負の問題は

　いま、「偽装請負」が問題となっています。わが国をリードする大会社が偽装請負をし、労働局から改善指導を受けていました。

　発注会社は、発注先工場内で働く請負社員に指揮命令ができないのにもかかわらず、指揮命令をして作業を進めていました。請負社員に対して指揮命令ができないとわかると、今度は発注会社の社員を請負会社へ出向した形を取ったりしていました。

【参照法令・条文】労働派遣法44条、45条

【図表240 偽装請負のしくみ】

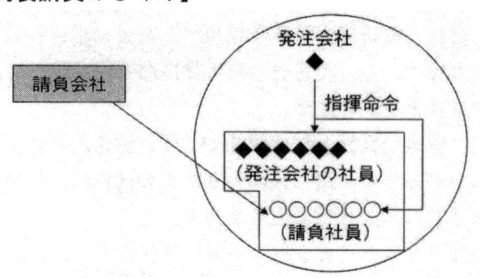

```
                    発注会社
                      ◆
                      ↓ 指揮命令
          ┌─────────────────────┐
  請負会社 │ ◆◆◆◆◆◆           │
  ───────→│ (発注会社の社員)      │
          │ ○○○○○○ ←─────────┘
          │ (請負社員)
          └─────────────────────
```

"偽装請負"で、派遣社員だと指揮命令ができるのに、派遣社員ではなく請負社員にしたのは、派遣状態が3年を経過すると派遣先会社は直接の雇用を求めなければならず、その人を雇用しなければならなくなるからだといわれています。

そこまでして、雇用したくないのでしょうか。挙げ句の果てに、「労働者派遣法が悪いから変えろ」などという声が出る始末です。

かつては禁止されていた製造業務への派遣が、"ネガティブリスト方式"により原則解禁されてから、特にこうした偽装請負が生じてきたような気がします。

一旦、法律が成立すると、こんどは次々と改定が行われて、当初の法律の目的とは異なる方向へ進むという傾向があります。果して、これでいいのでしょうか。

♠個人請負という業務委託は

通常、請負とは、請負会社が発注会社から業務処理を請け負い、自社の社員を使用して業務処理を行うことをいいます。

請負契約は、請負会社と発注会社という組織と組織の契約です。請負社員は、請負会社の社員として、請負会社のために労働力を提供します。

しかし、請負には、組織と組織の契約だけではなく、委託会社と個人受託者が契約を結ぶことがあります。そして、個人受託者は契約内容に基づいて、委託会社の業務処理をしたり、また委託会社が他の発注会社から請け負った業務処理を行います。この形が増加しているといわれています。

委託会社(請負会社)と発注会社、そして業務委託を受けた受託者の関係は、派遣会社と発注会社、そして派遣社員の関係とよく似ています。派遣ではなく、個人の業務請負とした形態です。しかし、派遣形態だと、会社は労基法の適用や社会保険の加入など、さまざまな雇用責任が生じます。

【参照法令・条文】労働者派遣法40条の3～5、44条、45条

【図表241　業務委託のしくみ】

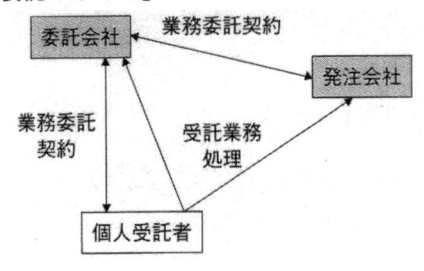

```
        業務委託契約
  委託会社 ────────── 発注会社
    ↑                    ↑
 業務委託              受託業務
   契約                  処理
    ↓                    │
  個人受託者 ─────────────┘
```

　個人受託者は、委託会社と雇用関係があるわけではありませんから、委託会社の社員ではありません。あくまで"個人事業主"となります。個人受託者は、労働力の対価としての賃金ではなく、業務処理に応じた"対価"を受け取ります。一般には、完全歩合制による出来高制となっているようです。

♠個人事業主に労基法の保護はない

　個人事業主ですから、頑張った分はすべて自分のものとなります。しかし、労基法等の保護はありません。業務処理中に傷病を負っても労災保険の給付を受けることもできません。

　また、健康保険や厚生年金保険に加入ができず、保険料を全額自己負担で国民健康保険や国民年金に加入しなければなりません。失業しても失業給付はありません。

　問題は、自社の社員を半ば強制的に個人受託者として契約を迫り、雇用関係から請負関係に変えていることです。会社にとっては、解雇の規制もなく、年次有給休暇もありませんし、労働時間の制限もありません。また社会保険や労働保険の会社負担分の必要がなくなります。

　会社にとっては、非常に都合のよい契約といえるでしょう。

　個人の自発的な意思に基づいた契約としていただきたいものです。

♠バイク便等の労働者性は

　「使用従属関係を肯定する事実として、①指揮監督があること、②拘束性があること、③代替性がないこと、④報酬の労務対償性があること等が認められるなど、総合的に判断すると労基法上の労働者に該当する」（平19.9.27基発0927004号）。

　このように、いくら業務委託の個人事業主という形を取っていても、実態として労働者である場合には、労基法が適用されます。

Q119　外国人労働者の雇用上の注意点は

Answer Point

♤ 原則として、外国人の単純労働者の受入は、認められていません。
♤ 外国人労働者にも、労働関係法令が適用されます。
♤ 外国人労働者も、社会保険や労働保険に加入させなければなりません。

♠ 在留資格を確認しよう

外国人は、入管法で定められている在留資格の範囲内でしか、就労が認められていません。

就労が認められる在留資格は、図表242のとおりです。

【図表242　就労が認められる在留資格】

教授、芸術、宗教、報道、投資・経営、法律・会計業務、医療、研究、教育、技術、人文知識・国際業務、企業内転勤、興業、技能、技能実習

外国人労働者が増え続けています。わが国は(専門・技術分野の外国人労働者の受入は積極的ですが、単純労働者の受入は原則として認めていません(現実には、研修・実習制度で働いている外国人が多くいます)。

ただ、留学や就学、家族滞在の在留資格であっても、地方入国管理局で「資格外活動の許可」を受けると、アルバイト等の就労ができることになっています。外国人労働者を雇用するときには、在留資格等を確認してください。

なお、永住者、日本人の配偶者等、永住者の配偶者等、定住者の在留資格である人は、就労活動に制限はありません。

♠ 労働条件で国籍による差別は禁止

外国人労働者に対して、不当に低い賃金で働かせたりしていることが問題となっています。

日本国内で働いている限り、日本人、外国人を問わず、労基法や労働安全衛生法、労災保険法等の労働関係法令が適用されます。しかし、外国人労働者だからといって、長時間働かせたり賃金を不当に低くすることはできません。

会社は働く場所であり、いい仕事をしてくれれば日本人であろうと外国人

【参照法令・条文】出入国管理及び難民認定法　労基法3条

であろうと、関係ありません。日本人であろうが外国人であろうが、職能が高くていい仕事をしてくれれば、それなりの賃金を支払うことは当然のことです。外国人だからと差別人事をしているようでは、ヤル気も起きず、生産性も上がらないでしょう。

♠労働条件をめぐる問題が生じないように労働条件を明記した書面を交付

外国人労働者を雇い入れた後に労働条件をめぐる問題が生じないよう、労働条件を明記した書面を交付し理解してもらうことが大切です。

厚生労働省では、英語、ポルトガル語、スペイン語、中国語、韓国語、タガログ語の労働条件通知書を作成していますから、これを利用するとよいでしょう。

日本人労働者と同様、労働関係法令を遵守してください。

♠外国人労働者の社会保険の加入は

外国人労働者も、原則として健康保険や厚生年金保険、また雇用保険の被保険者となります。

被保険者となるかならないかは、労働時間や日数または雇用期間で、外国人であるかどうかは関係ありません。

また、外国人労働者も労働者に間違いがありませんから、当然労災保険の対象にもなります。

【図表243 社会・労働保険加入の要件】

☆以下の条件を両方満たすと健康保険と厚生年金保険の被保険者
・1か月の所定労働日数が常用労働者のおおよそ4分の3以上
・1日の所定労働時間が常用労働者のおおよそ4分の3以上

☆以下の条件を両方満たすと雇用保険の被保険者
・1週間の所定労働時間が平均して20時間以上
・1年以上継続して雇用される見込みがある場合

なお、雇用対策法により、外国人労働者を採用または退職したときは、届出が義務づけられています。

♠技能実習生の労働条件を確保

技能実習生は、技術や技能また知識等を習熟させますが、労基法上の労働者です。したがって労基法等に定める労働条件を確保しなければなりません。低賃金で酷使するなど、あってはならないことです。

なお、雇用契約に基づかずに実施する講習期間中は、技能実習生に業務を行わせることは一切できません。

【参照法令・条文】外国人労働者の雇用・労働条件に関する指針

著者略歴

吉田　正敏（よしだ　まさとし）

㈱コンサルティングオフィスYOSHIDA代表取締役。
人事コンサルタント・特定社会保険労務士として企業の労務指導、賃金・退職金制度の導入、管理者教育などを行う。また、日本経済新聞社、銀行系・出版社、商工経済団体等のセミナーにも出講。
著書として、『みてわかる給与計算マニュアル』『知っておくべき雇用の実務』(経営書院)、『社会保険入門の入門』(税務研究会)、『知らないと損する労働基準法』(東洋経済新報社)などがある。

連絡先
〒640-8322 和歌山市秋月215
㈱コンサルティングオフィスYOSHIDA

坂口　育生（さかぐち　いくお）

民間企業を経て、1984年に社会保険労務士登録。2007年4月特定社会保険労務士付託。
中小企業の人事労務管理業務に従事する傍ら、中小企業育成事業団(国際研修コンサルタント)、労働基準関係団体連合会(労働条件整備コーチャー)、独立行政法人高齢・障害・求職者雇用支援機構(高年齢者雇用アドバイザー)などに携わる。
また、金融機関や生命保険会社、商工経済団体等のセミナー講師を行う。

連絡先
〒640-8337 和歌山市毛革屋丁16
坂口労務管理事務所

改訂版 いまさら人に聞けない「労働基準法」の実務 Q&A

2007年7月24日　初版発行
2013年5月24日　改訂版発行

著　者	吉田　正敏 Ⓒ Masatoshi Yoshida
	坂口　育生 Ⓒ Ikuo Sakaguthi

発行人　森　忠順

発行所　株式会社 セルバ出版
　　　　〒113-0034
　　　　東京都文京区湯島1丁目12番6号 高関ビル5Ｂ
　　　　☎ 03 (5812) 1178　FAX 03 (5812) 1188
　　　　http://www.seluba.co.jp/

発　売　株式会社 創英社／三省堂書店
　　　　〒101-0051
　　　　東京都千代田区神田神保町1丁目1番地
　　　　☎ 03 (3291) 2295　FAX 03 (3292) 7687

印刷・製本　モリモト印刷株式会社

●乱丁・落丁の場合はお取り替えいたします。著作権法により無断転載、複製は禁止されています。
●本書の内容に関する質問はFAXでお願いします。

Printed in JAPAN
ISBN978-4-86367-116-4